# 菊花王朝

两千年日本天皇史

胡炜权 著

浙江人民出版社

**图书在版编目（CIP）数据**

菊花王朝：两千年日本天皇史 / 胡炜权著. -- 杭州：浙江人民出版社，2020.5
ISBN 978-7-213-09691-4

Ⅰ. ①菊… Ⅱ. ①胡… Ⅲ. ①天皇－历史－日本－通俗读物 Ⅳ. ① K313.09

中国版本图书馆 CIP 数据核字（2020）第 042019 号

浙江省版权局
著作权合同登记章
图字：11-2019-266 号



**菊花王朝：两千年日本天皇史**

胡炜权　著

出版发行：浙江人民出版社（杭州市体育场路347号　邮编　310006）
　　　　　市场部电话：（0571）85061682　85176516
责任编辑：吴玲霞
营销编辑：陈雯怡　陈芊如
责任校对：陈　春
责任印务：聂绪东
封面设计：WSCGRAPHIC.COM
电脑制版：易细文化
印　　刷：北京阳光印易科技有限公司
开　　本：710毫米×1000毫米　1/16　　印　　张：23
字　　数：250千字　　插　　页：4
版　　次：2020年5月第1版　　印　　次：2020年5月第1次印刷
书　　号：ISBN 978-7-213-09691-4
定　　价：98.00元

**图一：重建的平城京大极殿** 2010年，为纪念平城京建立1300周年而重建。710年，元明天皇迁都平城京，当时的大和朝廷面对东北亚的局势变化，在这里拟定了许多外交、军事措施。

**图二：平安神宫** 明治天皇下令迁居东京之后，于明治二十八年（1895 年）下令在京都建立平安神宫，以纪念桓武天皇建都的历史，也为被“舍弃”的京都人提供一个回望“王都”辉煌过去的纪念之地。（参考下部第八章第 1 问）

**图三：明治天皇陵**　别名“伏见桃山陵”。明治天皇生前遗言，要求死后归葬京都，回到他的成长之地，可见他心中对京都的眷恋不曾受明治维新大业的影响。（参考上部第三章第6问）

**图四：京都御所紫宸殿** 位于京都御所中心区域的紫宸殿，是平安时代天皇接见朝臣、垂帘听政的地方。这里与清凉殿是天皇在皇宫里两个重要的活动场所，后者是天皇日常生活的寝宫。（参考下部第八章第2问）

**图五：橿原神宫**　幕末时期，幕府与朝廷为了振奋人心，高举“天皇神圣，以抗外敌”的旗帜，在现在的橿原市找到一个山丘，作为第一代天皇神武天皇的皇陵，即现在的橿原神宫。（参考下部第六章第 5 问）

**图六：仙洞御所**　现在的仙洞御所建于江户时代初期，借用道教思想，取其义为“仙人隐居之地”，是天皇成为太上天皇后的居所。但平成天皇退位后不会回到京都，而是留在东京，与新天皇交换居所。换言之，平成上皇的“仙洞御所”便是新天皇德仁的旧居“赤坂御所”。

**图七：泉涌寺**　中世以来，天皇的家庙俗称“御寺”。镰仓时代，泉涌寺获得后鸟羽天皇尊崇，后堀河天皇又将泉涌寺定为皇家祈愿寺。

**图八：东京皇居**　明治天皇与皇后在西乡隆盛等维新派功臣的要求下，迁居东京皇居，与京都御所永久分离。通过迁居，存续千年的禁宫文化和宫廷制度得以在昭宪皇后主持下进行历史性的大改革。（参考下部第十章第 4 问）

京都御所
入口
Entrance

**图九：京都御所** 这里是游客到京都必访的名胜。现在的京都御所是14世纪时由室町幕府为天皇改建而成，此后大抵没有大的变动。明治天皇迁居东京后，京都市民积极向国家申请保留御所，将其作为缅怀昔日王都的圣地之一。（参考下部第八章第3问）

**图十：衮衣**　幕末时代孝明天皇即位时穿的衮衣。衮衣是模仿中国皇帝的冕服改制而成。背后的北斗七星取意自中国道教思想，象征帝王；瑞兽（龙、凤凰、麒麟）和日月，则显示天皇的神圣。（参考下部第六章第4问）

## 了解两千年日本天皇史有利于“知日”

提起日本的天皇，中国读者的脑海里大致会浮现出两个标志性的印痕：其一为日本的“天皇”与中国历史上的“皇帝”一样，不同的只是称呼；其二为日本裕仁天皇在位期间，曾经发动了包括对中国、朝鲜以及东南亚地区乃至美国的战争，用日语的表述是“十五年战争”“大东亚战争”“太平洋战争”。不过，1945年日本战败以后，裕仁天皇既没有被远东国际军事法庭宣判为战犯，又没有被追究“战争责任”。

正是这两个标志性的印痕，给中国读者带来很多疑问和困惑。比如，中国出现皇帝一事，时间、地点、人物明确，秦王嬴政在公元前 221 年统一中国以后，志得意满，感觉自己功盖“三皇”“五帝”，于是像今天流行的“互联网 +”一样，把三皇的“皇”字与五帝的“帝”字加在一起，新创“皇帝”这一封建国家最高统治者的称呼。然后，他再把自己称为“始皇”，把以往达官贵人都可以使用的“朕”归为己有，从此拉开了“中国两千年皇帝史”的序幕。

相比之下，日本的“天皇两千年历史”就显得模糊、暧昧，总有一种说不清道不明的感觉。从天皇的起始人物，到天皇的起始时间，史家都有各种各样的说法，不像中国汉朝时期的太史公司马迁，身遭奇耻大辱，仍感责任在身，继承父志研究历史，在皇皇“二十四史”之首的《史记》中写出《秦始皇本纪》，梳理出历史的“铁案”。

接下来的话题就应该是日本天皇究竟起于什么时间，以及其首任天皇到底是不是来自中国的徐福。胡炜权先生在这本《菊花王朝：两千年日本天皇史》中一一做了正本清源性的回答。

“日本”在当下的中国是一个热门话题，似乎谁都可以聊日本，也谁都可以调侃日本，更是谁都可以“骂”日本。但是，出自“键盘侠”与“愤青”的“聊日本”，与出自“精日”与“吹日”的“聊日本”，都有一种缺乏理性和知识的共同弱点。“骂者”是“痛骂”到底，无所不骂；“吹者”是“吹捧”上天，无所不吹。我一直有一个理想，那就是让“骂日者”和“吹日者”都能够心中有货、腹中有底。《菊花王朝：两千年日本天皇史》无疑可以起到这个作用。

两千年日本天皇史的起始时间有待商榷，起始人物也有待探讨，但“天皇”的称呼源于中国本土产生的宗教——道教，这应该是没有太多疑问的。这一点，应该是“中国皇帝制度”与“日本天皇制度”可以比较研究的重要地方。

一位日本学者酒后对我说：“在历史上，日本一直想追赶中国，但是总觉得中国的变化太大太快，日本的速度跟不上。”他还举出这样的例子，说秦始皇统一中国以后，设立了 36 个郡县，以郡县制作为地方行政制度，日本后来学习中国，地方行政制度设为“都道府县”（东京都、北海道、大阪府和京都府，以及 43 个县）。可是，当日本地方政府主要为“县”的时候，中国的地方政府已经改叫“省”了，制度之更新让日本望尘莫及。他还举例说，中国在隋唐时期形成“三省六部”这样的中央官僚体制，日本派出大批的“遣隋使”和“遣唐使”学习中国，并把自己的中央政府机构部门都叫作“省”。谁料，进入民国之后，中国把中央政府机构都称为“部”，日本则依然称为“省”，不知道是追好还是不追为好。

其实，这样的困惑在日本天皇史上同样存在。日本天皇历史上，出现过中国的“骨灰粉”，也出现过“去中国化”的天皇，更出现过要与中国皇帝谋求“平等”的天皇，甚至出现过日本要帮助中国恢复“帝制”的举动，以致最后有日本天皇发动对华侵略战争的事情。可以这样说，一部中国皇帝史中，有不少“日本元素”；一部日本天皇史中，更有深刻的中国影响。若不对此加以了解，都是一种缺憾。

2019 年是日本新天皇德仁继位的一年，也是日本启用新的年号——“令和”的一年。我从 1988 年开始自费留学日本，在日本已经学习、生活、工作了 31 年。其间，日本经历了裕仁、明仁、德仁三位天皇，我经常调侃自己是“三朝元老”。裕仁天皇去世的时候，我到皇宫外面观察过排着长队的人们吊唁“记帐”；我曾经受到宫内厅的邀请，到皇宫内参加纪念明仁天皇生日的活动；我也曾经应外务省的邀请，到皇宫内参加德仁天皇的继位活动。这种近距离的观察，让我认识到日本天皇的“个性”。而将日本天皇“去概念化”，也是《菊花王朝：两千年日本天皇史》作者的用心之一。

如今，我们常常讲要“知日”，也就是了解日本。在我个人看来，“知日”非常重要。如果我们把“知”和“日”这两个字上下叠加，就是一个“智”字。因此，“知日”不仅仅是为了了解对方，也是增加自身智慧的有效途径。“知己知彼，方能百战不殆。”《孙子兵法》所强调的“知”，是为了战争；我们这里所强调的“知”，是为了中日两国永久的和平。所以，我要推荐《菊花王朝：两千年日本天皇史》这本书，因为它在促进“知日”上做出了重要的贡献。

2019 年 12 月 1 日于东京“乐丰斋”

蒋丰（著名旅日社评作家，《人民日报海外版》日本月刊总编辑，《日本新华侨报》总编辑，南京大学华智全球治理研究院亚洲研究中心主任）

## 深入浅出、通俗易懂的天皇史

“天皇”是现代世界中唯独日本才有的称谓。对于深受华夏文明影响的华语圈读者来说，与“天皇”这一称谓最接近的便是“皇帝”。两者看似相同却有着巨大的差别。与同时拥有绝对权威和权力的皇帝相比，日本历史上的天皇虽然享受至高无上的权威，却失去了总揽统治的权力。因此，天皇往往是“统而不治”的“象征君主”。

但即便如此，天皇制既是日本政治的核心构成要素之一，也是日本文化传承的特殊载体，同时还是日本人文化优越感在政治上的主要思想根源。天皇制作为世界政治史上独一无二的政治制度延续至今，它对日本社会的影响力远远超出我们的想象，具有无可替代的政治功能与文化功能。

日本思想家竹内好曾说过，天皇制存在于日本的一草一木之中。广岛大学教授小林文男也曾指出研究天皇和天皇制的重要性。在小林文男看来，如果要更好地理解日本，研究日本，进一步发展中日友好关系，就很有必要研究关于天皇制与日本人和日本社会的关系。可以说不了解天皇制，就不可能全面地理解我们的近邻日本。

尽管如此，国内学界对于天皇和天皇制的研究却较为薄弱，目前已有的研究成果大多是从历史角度进行的批判性研究。普通读者对天皇的印象往往定格于抗日战争影片中出现的皇军形象之中。针对这一现状，《菊花王朝：两千年日本天皇史》可以说为华语圈的读者提供了一个了解日本天皇和天皇制的新契机。

本书的最大特点在于其可读性较强。上部以史为线，将与天皇相关的重大历史事件串接成章。从历史发展的纵向视角，基于严谨的学术基础，以通俗易懂的文笔勾勒出日本天皇的历史形象，同时也为读者展现了天皇制的形成史及其变迁史。下部以天皇与宗教、天皇的思想、天皇的形象、天皇的生活、天皇的家族等专题的形式，从横向关联的视角，对天皇制的理论形成及其体制特征等进行了立体探讨。

全书虽然谈古论今，时间跨度长，但能够做到以点带面，将日本历史上发生的重大事件悉数收录，为读者提供一个了解日本历史的机会。例如：上部探讨的“平将门之乱”，藤原家、足利义满、织田信长、丰臣秀吉等与天皇的关系，明治天皇与明治维新，昭和天皇与战争，战后建立的“象征天皇制”以及平成天皇的主动退位等重大历史事件对日本历史的影响；下部探讨的天皇的经济来源，神国思想，近代的“大元帅陛下”形象，以及菊花、樱花与战争和军国主义思想的关系等专题，都是深入了解日本历史的绝佳切入点。

我相信本书不仅能为读者揭开日本皇室的神秘面纱，还能为读者提供一扇了解日本、理解日本人和日本文化的窗口。

蒋奇武（安徽大学外语学院讲师，日本鹿儿岛大学大学院人文社会科学研究科地域政策科学博士课程专攻）

## 华人视角的天皇史

东亚的中国、朝鲜、日本和东南亚的越南，都曾经出现过皇帝制度，延续了数百年乃至数千年时间，可以说是共通制度和文化现象。然而，起源于中国的皇帝制度，却产生了不同的“地方化”。

日本目前仍然维持皇帝制度，但吊诡的是，它却是东亚第一个走向现代化的国家。历经明治维新和第二次世界大战等巨大变局，2019 年是天皇制历史上重要的一年。原本应终身在位的天皇因为身体因素，决定在生前退位，让位给皇储。

如此重大的时刻，全世界都在关注。而中国与日本一衣带水，两者关系相当紧密，不仅在文化上相互影响，历史上也有千丝万缕的关系。可惜的是，我们缺乏对日本历史与文化的深刻认识，缺乏从华人视角出发的日本观点。

日本人读日本史并理解自身文化，此乃理所当然，那是他们生活的一部分。但是华人为什么要读日本史呢？因为中日两国有无法切断的关系，如果没有深刻的认识，则容易产生误解。胡炜权博士非常适合在华人与日本人间，作为沟通的桥梁。他出生于中国香港，精通日文，获得奖学金前往日本攻读学位，于 2019 年取得一桥大学的博士学位，并在日本学界发表多篇学术论文，如此成就，难能可贵。

我所经营的“故事：写给所有人的历史”网站，长期致力于推广历史知识，希望将历史从学院中带到社会大众面前，分享学术研究成果，我期许艰涩的历史，可以成为众人浏览和传阅的文章。胡炜权博士非常擅长书写普及性的读物，他在“故事”网站上的文章相当受欢迎，有固定的粉丝追踪。

胡炜权博士系统性地书写与整理日本历史，第一部书《明智光秀与本能寺之变》尝试解开战国史上难解的公案。第二部书企图心相当大，他以一人之力完成《日本战国·织丰时代史》，皇皇三大册的巨著，如此卷帙浩繁的通史，一般都是学术有成的学者才敢动笔，但他年纪轻轻，却展现深厚的功底。

读者眼前的这部《菊花王朝：两千年日本天皇史》则是又一部重要作品，他将华人对于日本天皇感兴趣之处，以问答方式和深入浅出的笔法来解说。这部书也是辟谣解密之书，澄清了一些没有根据的传说，将可信的历史带给华人读者。

日本人是徐福带过去的童男童女的后代？日本天皇是“万世一系”？神秘的日本女天皇是怎么出现的？还有中国历史上的“倭国”究竟在哪里？虽然每个人都能说上一两个战国武将的故事，但那些雄才大略的武将们与天皇的关系究竟如何？天皇在乱世中如何维持自身的尊严？到了江户时代，德川将军与天皇的关系如何？为什么江户时代会再次出现女天皇呢？以上每个问题都是我想问却还没有得到解答的。这部书提供给读者一把钥匙，打开了了解日本天皇史的大门，也可以帮助读者认识日本文化。

当今的天皇制度，除了受到明治维新的影响，也受到第二次世界大战后美军占领日本的影响。即使日本人宣称天皇是长久以来的传统，但内容已经变动不少。近代日本历史上最重要的问题，莫过于明治天皇与明治维新间的关系，或是昭和天皇的战争责任，以上这些问题在本书都有相当深入的探讨。

天皇制是一种制度，但别忘了天皇也是人。天皇吃什么？他信仰什么宗教？他的成长过程是什么样的？在皇居中的生活，是不是像王子公主一般？天皇养尊处优，需要担心金钱来源吗？由于现在的媒体发达，大家对于皇室生活也很有兴趣，平民嫁入皇室后，麻雀变凤凰就幸福吗？这部书的下部将天皇的大小事摊开在读者面前，让读者了解当个天皇真是不容易！

在天皇更替之际，我们等到了一部由华人所写的天皇史专著，让华人读者可以一窥日本皇室神秘的内幕，并且由此理解日本这个熟悉又陌生的国家。

胡川安（台湾“中央大学”中国文学系助理教授、“故事：写给所有人的历史”网站主编）

# 序 言

## 一部为华人读者而写的天皇解说书

2019 年 4 月 30 日与 5 月 1 日，注定成为日本现代史上重要的两个日子。

为什么呢？这不仅是因为在位 31 年的平成天皇打破近代天皇制的“终身在位”原则，成为明治维新以来首位生前退位的天皇，写下历史新页。同时，新天皇德仁即位后，潜藏已久的天皇制存续问题逐渐浮出水面，引起日本国内外思考：我们有生之年能否看到自夸“万世一系”的天皇制走向终结？

但我认为，在这个关键时刻，与其预测未来，不如趁此机会回首过往，通过堪称日本的代表元素——天皇与天皇制，重新认识日本。这便是本书的写作动机。

## 一、为什么要谈天皇？

日本的国王号称“天皇”，以其为核心，从神话时代延续至今的君主制度，据传已有2000多年历史，堪称世界上最长久的君主制度。对于华人来说，天皇与天皇制都是难以一言概之的存在和概念。客观来说，在历史、文化与宗教各方面，日本与中华文化有着千丝万缕的关系，诸多交流更是与天皇有着紧密关系。

我们应该如何理解天皇这个存在呢？我认为首先必须摒弃以往深入人心的观点，即“君主＝绝对权力者”的成见。当我们谈到天皇时，往往有两个极端又互相排斥的印象：一个是“没有权力的傀儡”，一个是“受日本人崇拜的存在”。

这样的矛盾，究其原因，是我们仍不自觉地受制于中国封建时代的影响，印象中的历代皇帝必然高高在上，是“君要臣死，臣不得不死”的绝对独裁者。所以当我们听闻天皇丧失统治实权已久，被贵族与武士摆弄、扶养，我们便认定天皇是一个没有实力的君主，从而思考“为什么这样的君主没有被废”。

换言之，我们心底认定的君主，必须是万人之上、无人不从的存在，否则弃之不可惜，没有存续的必要。受这种思想捆绑，“没有权力的傀儡”成为我们对现今天皇的根本定调之一。

另一方面，我们也受到近现代日本史的影响，尤其是明治维新以来至第二次世界大战，被军国主义摆布的日本高举天皇的神圣旗号，以“大东亚共荣”为名义，发动了大规模的侵略战争。这段黑暗历史使身为受害者之一的我们，不禁苦思天皇究竟有何等魔力，让日本从一个轻视自己国君的国家，变成一个奉他为神明，对他极端崇拜的狂热军国。

我们看不透也理解不了，只能含糊且不加思考地想象：当中存在一种不可解的羁绊和纽带，维系着日本人与天皇。

然而，我们始终不理解这样的矛盾是怎么产生的？为什么这个国家的君主制与华人一直延续的君主制不同，这样的差异又是如何产生的？

不理解的原因还牵涉一个重要的认识——我们一直被灌输一种观念，认为日本接受中华文明，大量引进中国的知识和思想，并以此强调、规定彼此的关系和己方的优越感。

可是明治维新后，日本反过来对清朝、后来的中华民国和现在的中华人民共和国，进行各种各样的反输出，华人的“世界观”“日本观”从此天翻地覆，陷入混乱的状态，到现在似乎也没能从当中走出来。“大中华主义”的历史教育和史观，又或者与之相反的“崇日”“亲日”观都深深地限制了华人去了解日本更深层的一面，本书的主题天皇与天皇制便是一例。

这种可谓以自我为中心的观念，无助于相互了解，在现今全球化的时代，也早已是过时的思想。历史说明了国与国之间的交流，不只有“谁影响谁”“谁给予了谁什么”的构图，互动关系也十分重要，不应该只在乎谁是主导、谁站在较高的位置。

总而言之，我们在研究、了解周边国家与我们的交流史和关系史时，必须摒弃先入为主的观念和独善的民族主义，以客观持平、无预设立场的前提，重新构建新型的史观和思考方式。

说了这么多，相信会有读者质疑：“日本难道没有学习、引入中国古代文化，然后活用？”“历代天皇不也大量引进中国制度，以便统治吗？”为了证明事情没有那么简单，同时为大家在进入本书核心前热身，先以一例来引导大家思考。

## 二、中国的真龙天子，日本的凤中天皇

古代中国以至现在，“龙”既是神兽，也是王权、帝王的象征。因此，我们经常在剧集、图腾、画作，以及皇帝身穿的龙袍上，看到皇帝与龙纹的紧密联系，并认为中国人是龙的传人云云。

这个文化和意识形态也影响了周边的越南王国和朝鲜王国。那么，岛国日本又怎样呢？

十分有趣的是，虽然日本与古代中国（汉、南朝、隋、唐）进行交流后，顺理成章引进了包括“龙”的思想文化在内的各种元素，但单以天皇为例，“龙＝天皇”的思想并没有完全扎根，而且很快便被中和了。

日本人确实曾以龙来比喻天皇，自平安时代以来至幕末为

止，历代天皇在即位仪式当日穿着的“衮衣”（Kone），双袖上便各绣有一条龙。即使明治维新后，仍然看到日本人将龙与天皇联系在一起。但除此以外，天皇与龙之间便几乎没有关系，天皇也不像中国皇帝以及朝鲜、越南国王那样，身穿龙袍，天皇家的纹章上也极少看到龙的身影。天皇与龙之间的“友谊”，可算是点头之交，聊胜于无。

究其原因，日本当初引入的龙文化，不只进入了政治思想领域，佛教思想里也有龙文化。如果你熟识日本神话和以此为题材的古代绘画，或许曾留意到，日本文化更倾向视龙为水神和蛇神的变形。前者受佛教故事影响，后者则受到日本神话故事的熏陶和启发。

著名的八岐大蛇的故事深植日本人的内心，各地的蛇神文化是了解日本民俗和宗教的重要因素。而受到这两个传统因素影响，日本的龙大概分为佛教的龙、中国的龙和日本的龙三种。日本的龙就是本土文化中的龙头蛇身，具有日本特色的产物。日本人对龙并不陌生，但却因为龙文化的多元发展，而没有完全将中国的龙思想文化与天皇合体。

既然如此，象征日本天皇的神兽又是什么呢？答案是凤凰。虽然凤凰与龙、麒麟、龟一样都是神兽，但为什么日本天皇更爱凤凰呢？简单来说，这一方面也是受到本土神话的影响，传说中神鸟“八咫乌”（或称“三足鸟”，日本国家足球队的标志便是三足鸟）是神的使者，引领第一代天皇神武天皇东征。

日本从中国引进道教思想后，便将里面的凤凰与八咫乌联想起来，开始对凤凰情有独钟。10 世纪左右，天皇和朝廷开始将象征永生不息的凤凰（或称“鸾”“朱雀”），以及象征吉祥、长久的植物桐、竹视为代表天皇的灵物，合称为“桐竹凤凰”，以此作为天皇家的代表图腾，绣在礼服上。

在特定场合，凤凰实际代表天皇，例如，天皇即位时身穿衮衣坐在高御座，其顶上便装饰有一只金凤凰和八只小凤凰；中世纪以后，天皇所坐的轿子也称为“凤辇”，可见凤凰与天皇的关系一度十分密切，完全凌驾于象征性的龙之上。

虽然在中世纪以后，天皇权力与权威减弱，凤凰的使用禁忌也不如之前严格，后来为人熟悉的菊纹和桐纹慢慢凌驾于凤凰之上，成为天皇的代表象征。但皇家以外的权力者使用凤凰为图案的频率仍然较低；而龙的壁画、艺术品则在佛教建筑、神话故事的绘画中时有出现，与天皇的关系仍然不甚密切。

到了明治、大正时代兴起复古热潮后，凤凰再次被皇室重视，天皇专用的火车、即位周年发行的纪念金银币上，必定有凤凰标志，而没有龙。在现代日本，受到战后和平宪法限制天皇大权的影响，凤凰出场的机会非常少，但仍然与古代一样，是象征天皇的一种瑞兽，可以说“有天皇，便有凤凰”。

以上可见，日本人选择凤凰为皇家象征，很大程度上是基于呼应传统、神话的结果，也有意见认为，这是为了强调天皇与中国的真龙天子（皇帝）平起平坐。

## 三、本书的目标与寄望

我相信单从上述龙与凤凰的例子，各位读者已然理解日本吸收中国的元素后，并非就此“山寨”模仿，而是按照自己的需要改造变形，实行本土化。而在这个过程中，随着时代改变，天皇由引进外来文化的主体演变成守护本国文化的主体，以及体现这个文化的代表，成为日本历史、文化、民俗等各方面的必需“零件”。

我们有必要抛开执着于中国封建制度的比较态度，重新从相对持平的角度去认识天皇和天皇制。

其实，我在执笔前认为，目前中文书籍已有大量原创和翻译的天皇通史书，实在没有必要再添一部。然而，综观这些作品，不是政治通史，便是以明治维新以后的断代史为主，而且大多以华人的立场和价值观去探讨天皇与天皇制。但这种没有抛开民族、国境的预设立场是不可取的。

因此，本书不是一部关于天皇历史的通史书，也不是一部以华人的观点，或套用“华人标准”去描述日本天皇的书。反之，本书透过多角度，尝试向读者持平地介绍天皇、天皇制及其周边相关事物。通过上、下两部共十章，以最基本、最简单的语句，配合最新研究成果，为不同文化程度的读者提供契机，去重新思考对天皇的理解是否有改变的空间。正因为如此，我不打算为阅读本书的读者提供一个“笔者的天皇观”，因为我更希望借此与读者一起思考这个问题。

我相信不论是出于知己知彼想窥探日本文化，又或者只是纯粹对天皇感到好奇的读者，都能够从本书获得新的线索，提出新的疑问，从而再思考。我们现在就开始深入书中探索吧！

# 天皇世系图

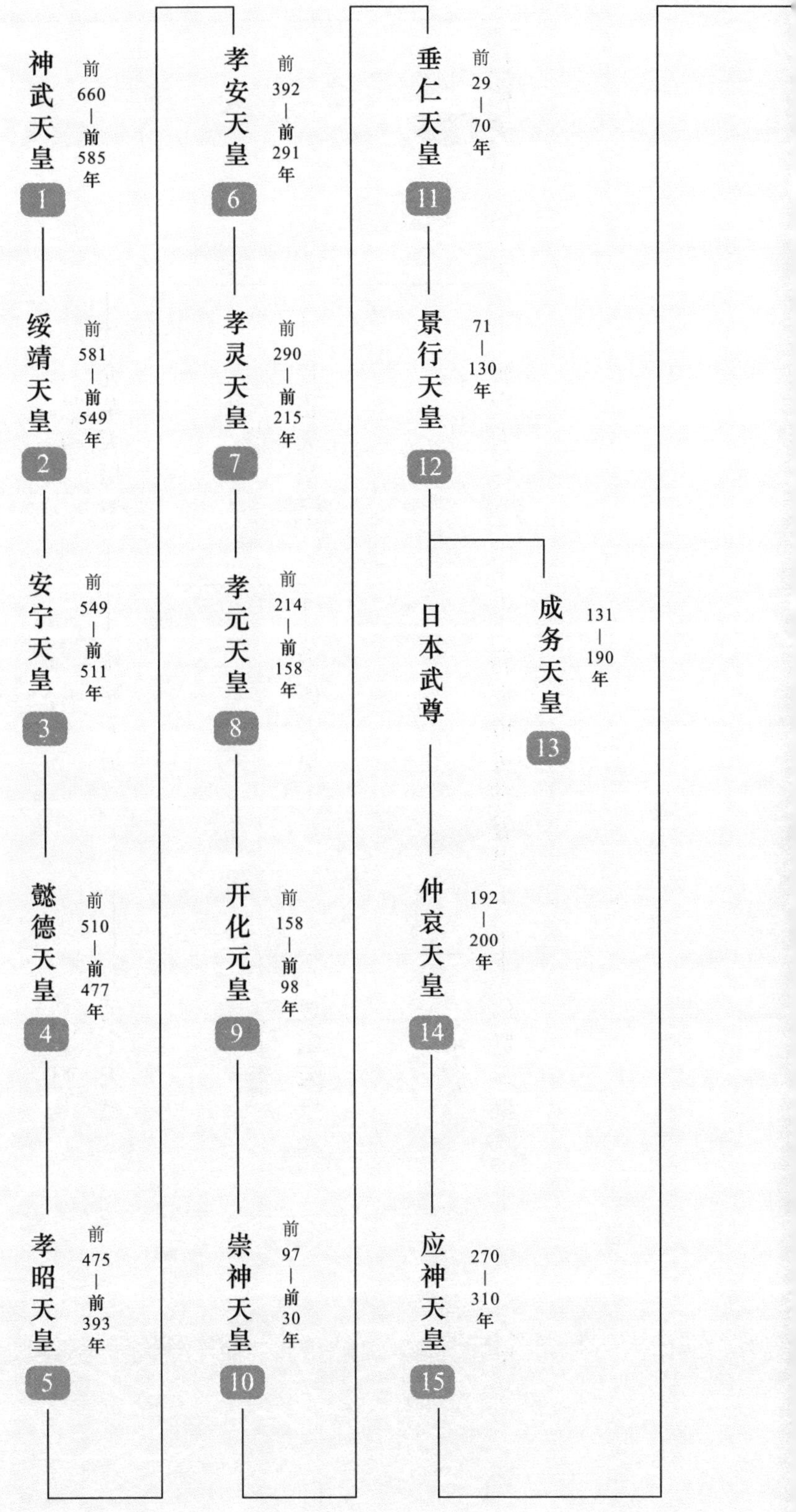


说明范例：

天皇名：神武天皇

天皇代数：1

天皇在位期间：前660—前585年

婚嫁关系：═

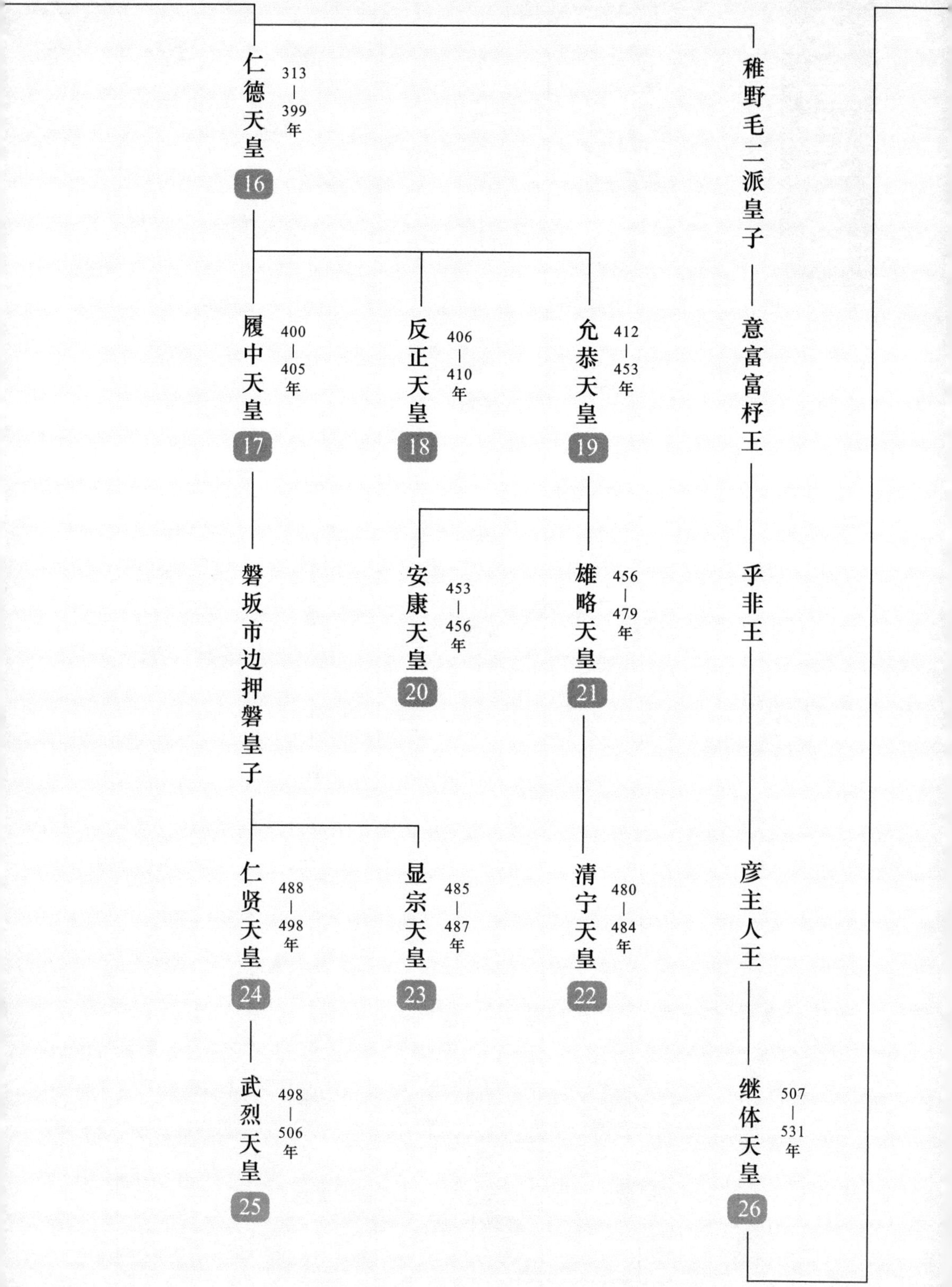
仁德天皇 313—399年 16
履中天皇 400—405年 17
反正天皇 406—410年 18
允恭天皇 412—453年 19
安康天皇 453—456年 20
雄略天皇 456—479年 21
磐坂市边押磐皇子
仁贤天皇 488—498年 24
显宗天皇 485—487年 23
清宁天皇 480—484年 22
武烈天皇 498—506年 25
稚野毛二派皇子
意富富杼王
乎非王
彦主人王
继体天皇 507—531年 26

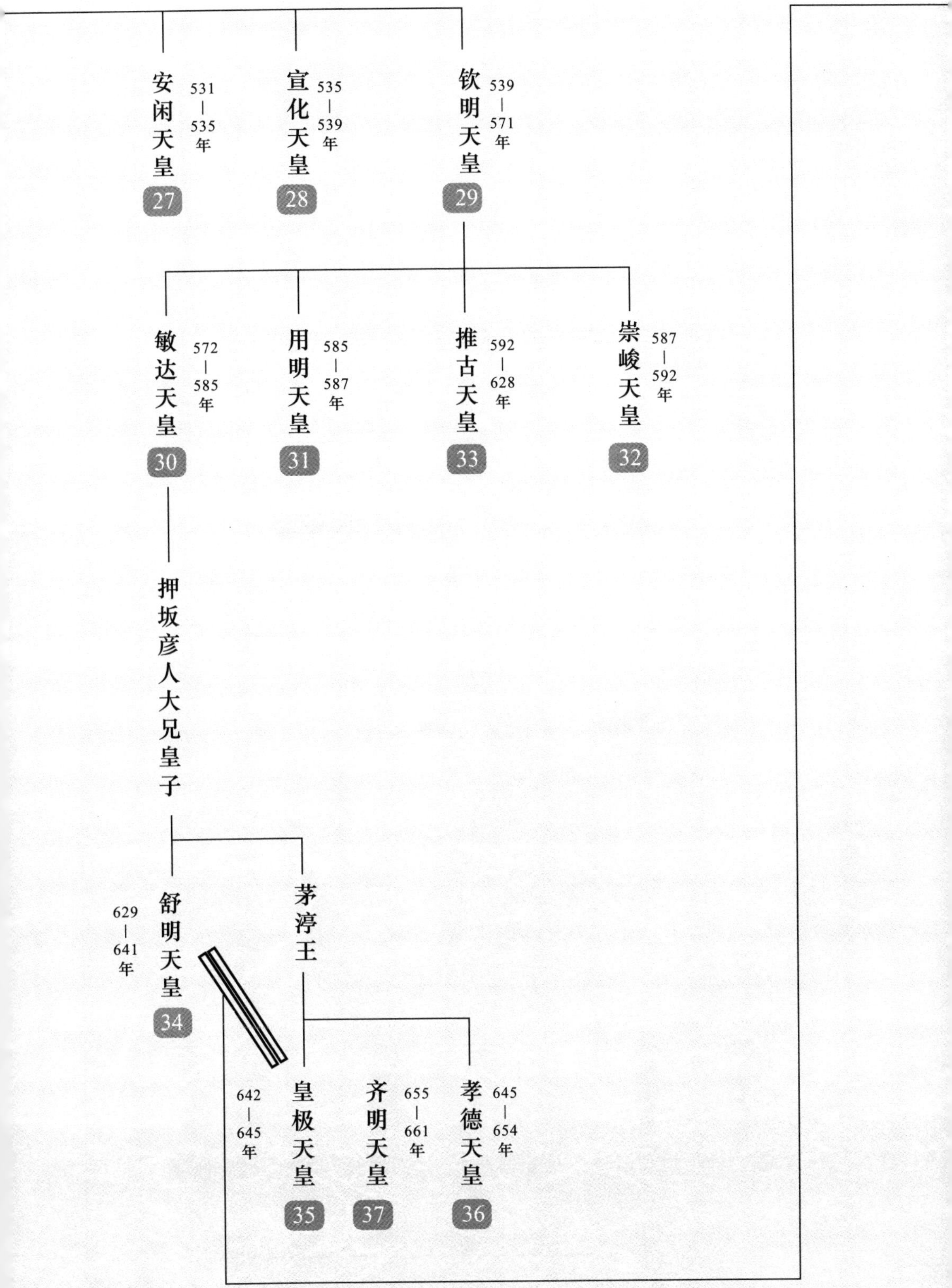

安闲天皇 531—535年 27
宣化天皇 535—539年 28
钦明天皇 539—571年 29
敏达天皇 572—585年 30
用明天皇 585—587年 31
推古天皇 592—628年 33
崇峻天皇 587—592年 32
押坂彦人大兄皇子
舒明天皇 629—641年 34
茅渟王
皇极天皇 642—645年 35
齐明天皇 655—661年 37
孝德天皇 645—654年 36

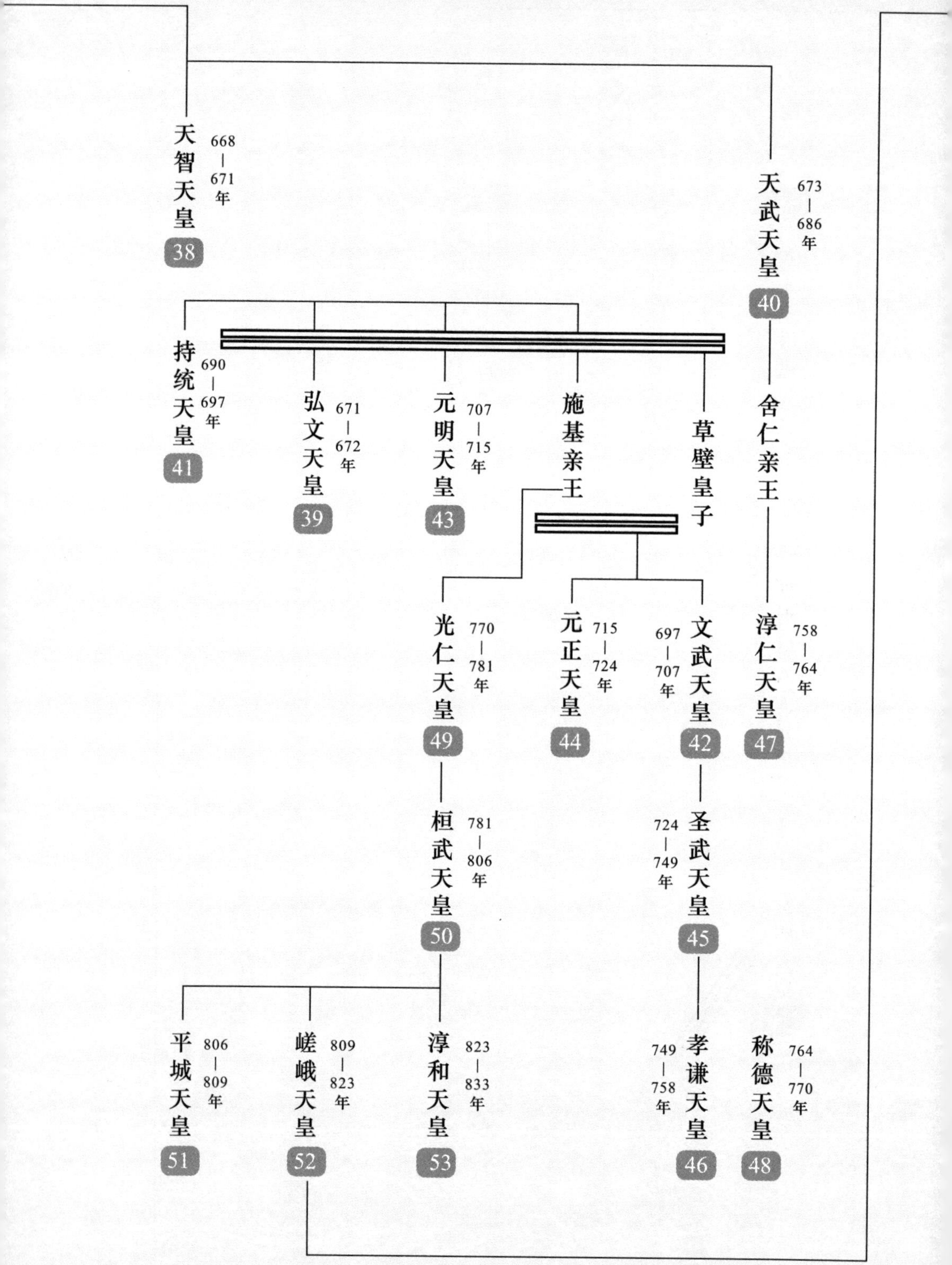

天智天皇 668—671年 38
天武天皇 673—686年 40
持统天皇 690—697年 41
弘文天皇 671—672年 39
元明天皇 707—715年 43
施基亲王
草壁皇子
舍仁亲王
光仁天皇 770—781年 49
元正天皇 715—724年 44
文武天皇 697—707年 42
淳仁天皇 758—764年 47
桓武天皇 781—806年 50
圣武天皇 724—749年 45
平城天皇 806—809年 51
嵯峨天皇 809—823年 52
淳和天皇 823—833年 53
孝谦天皇 749—758年 46
称德天皇 764—770年 48

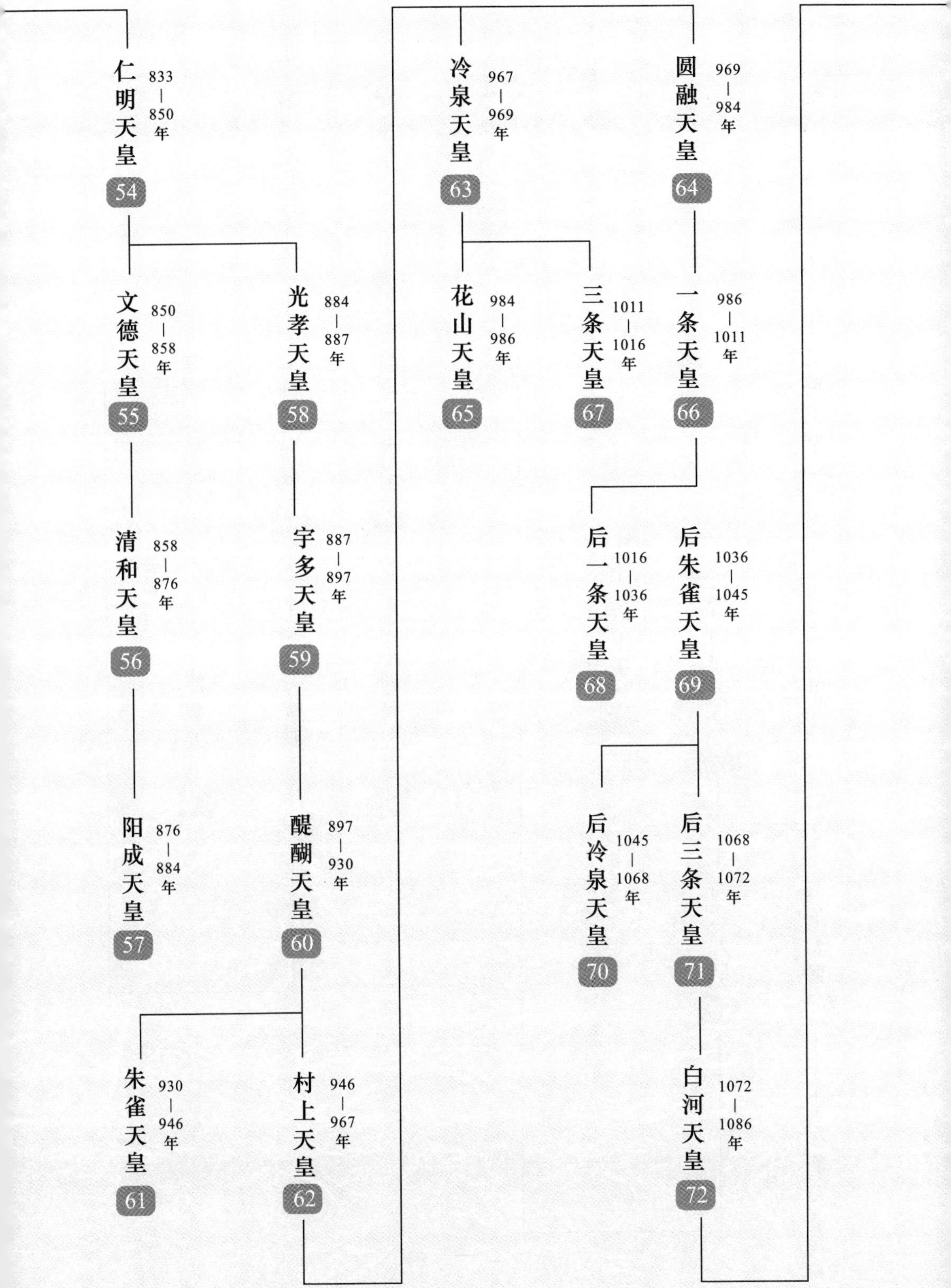
54 仁明天皇 833—850年
55 文德天皇 850—858年
58 光孝天皇 884—887年
56 清和天皇 858—876年
59 宇多天皇 887—897年
57 阳成天皇 876—884年
60 醍醐天皇 897—930年
61 朱雀天皇 930—946年
62 村上天皇 946—967年
63 冷泉天皇 967—969年
64 圆融天皇 969—984年
65 花山天皇 984—986年
67 三条天皇 1011—1016年
66 一条天皇 986—1011年
68 后一条天皇 1016—1036年
69 后朱雀天皇 1036—1045年
70 后冷泉天皇 1045—1068年
71 后三条天皇 1068—1072年
72 白河天皇 1072—1086年

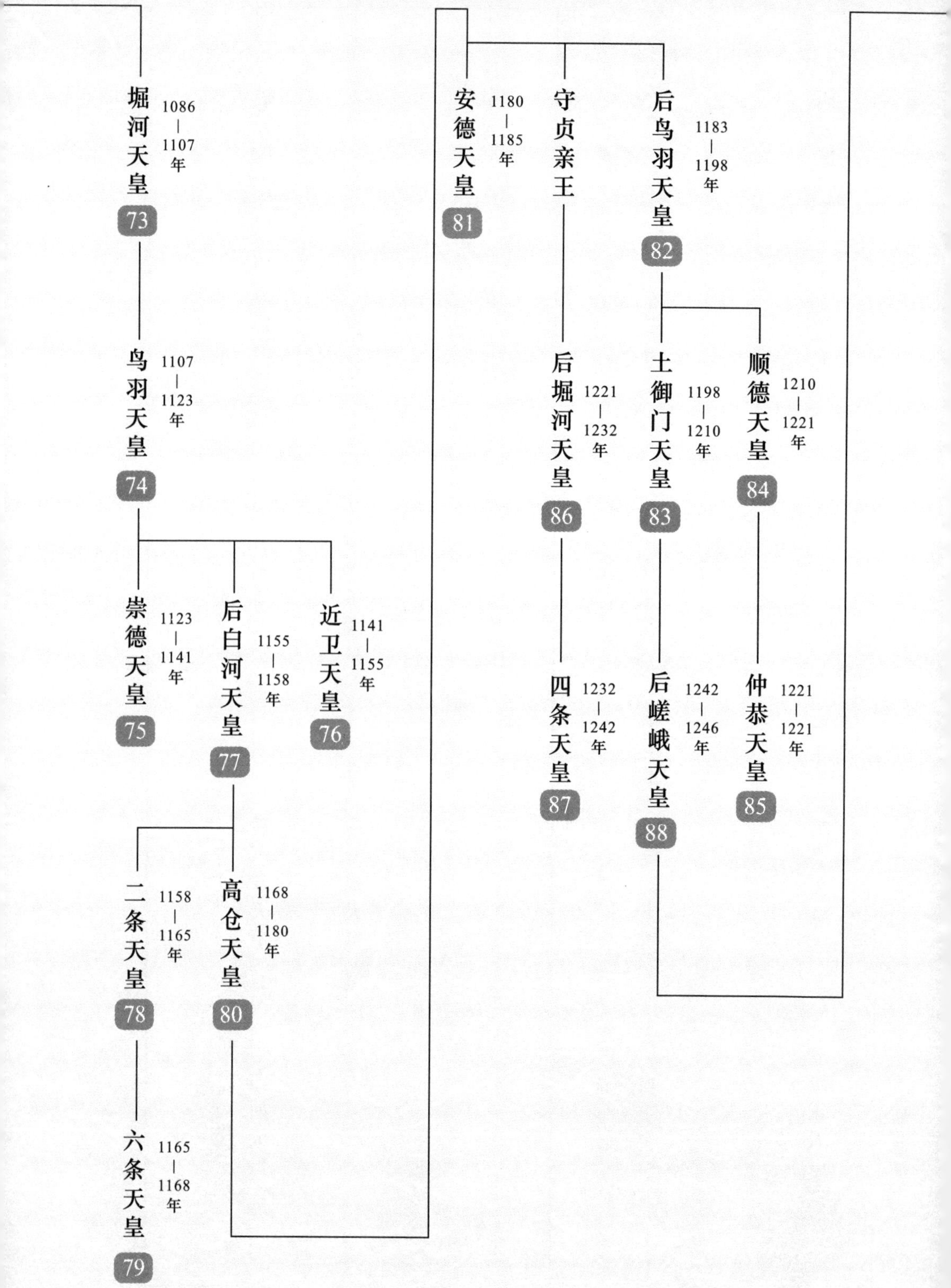
堀河天皇 1086—1107年 73
鸟羽天皇 1107—1123年 74
崇德天皇 1123—1141年 75
后白河天皇 1155—1158年 77
近卫天皇 1141—1155年 76
二条天皇 1158—1165年 78
高仓天皇 1168—1180年 80
六条天皇 1165—1168年 79
安德天皇 1180—1185年 81
守贞亲王
后鸟羽天皇 1183—1198年 82
后堀河天皇 1221—1232年 86
土御门天皇 1198—1210年 83
顺德天皇 1210—1221年 84
四条天皇 1232—1242年 87
后嵯峨天皇 1242—1246年 88
仲恭天皇 1221—1221年 85

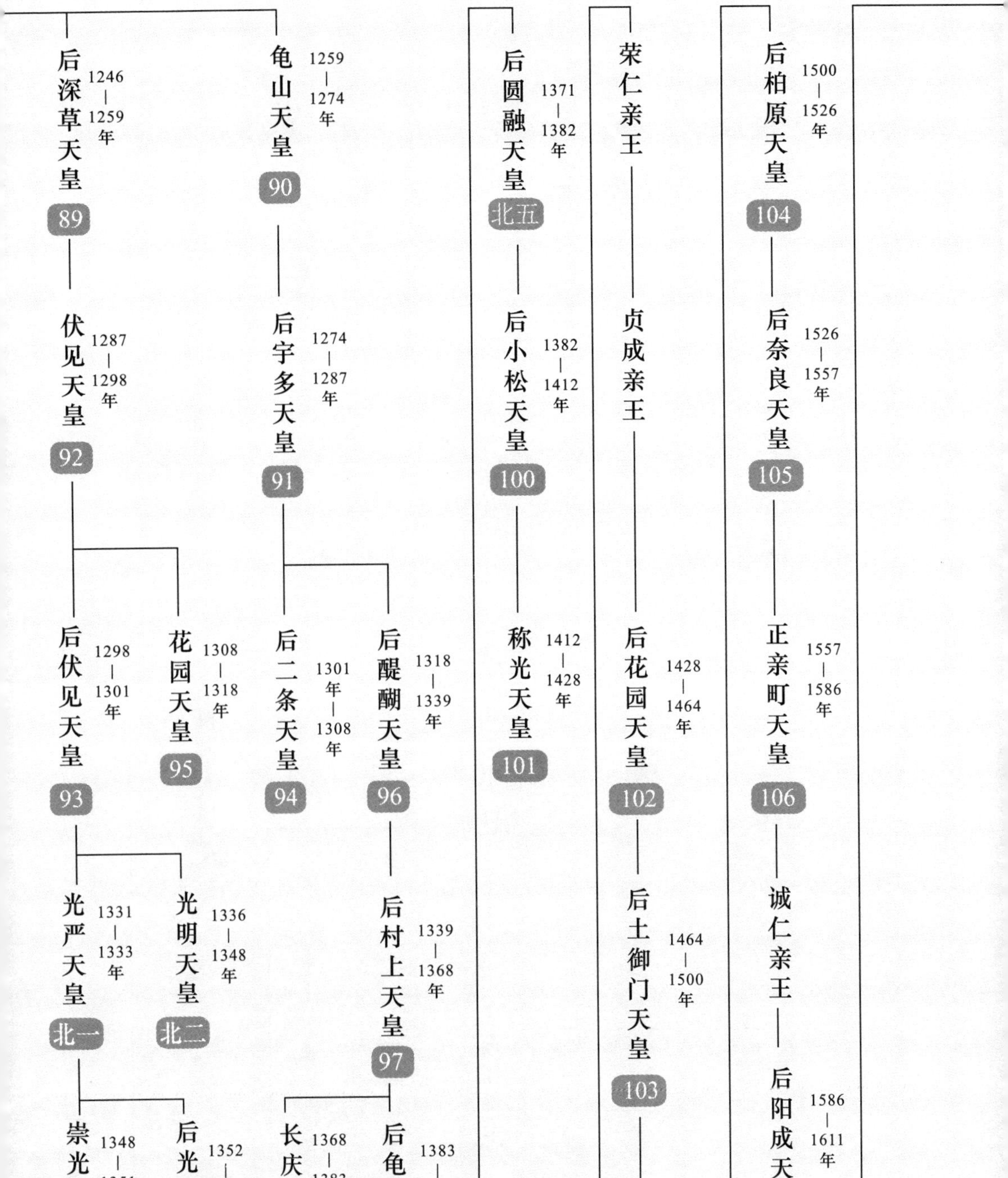
后深草天皇 1246—1259年 89
龟山天皇 1259—1274年 90
伏见天皇 1287—1298年 92
后宇多天皇 1274—1287年 91
后伏见天皇 1298—1301年 93
花园天皇 1308—1318年 95
后二条天皇 1301年—1308年 94
后醍醐天皇 1318—1339年 96
光严天皇 1331—1333年 北一
光明天皇 1336—1348年 北二
后村上天皇 1339—1368年 97
崇光天皇 1348—1351年 北三
后光严天皇 1352—1371年 北四
长庆天皇 1368—1383年 98
后龟山天皇 1383—1392年 99
后圆融天皇 1371—1382年 北五
后小松天皇 1382—1412年 100
称光天皇 1412—1428年 101
荣仁亲王
贞成亲王
后花园天皇 1428—1464年 102
后土御门天皇 1464—1500年 103
后柏原天皇 1500—1526年 104
后奈良天皇 1526—1557年 105
正亲町天皇 1557—1586年 106
诚仁亲王
后阳成天皇 1586—1611年 107

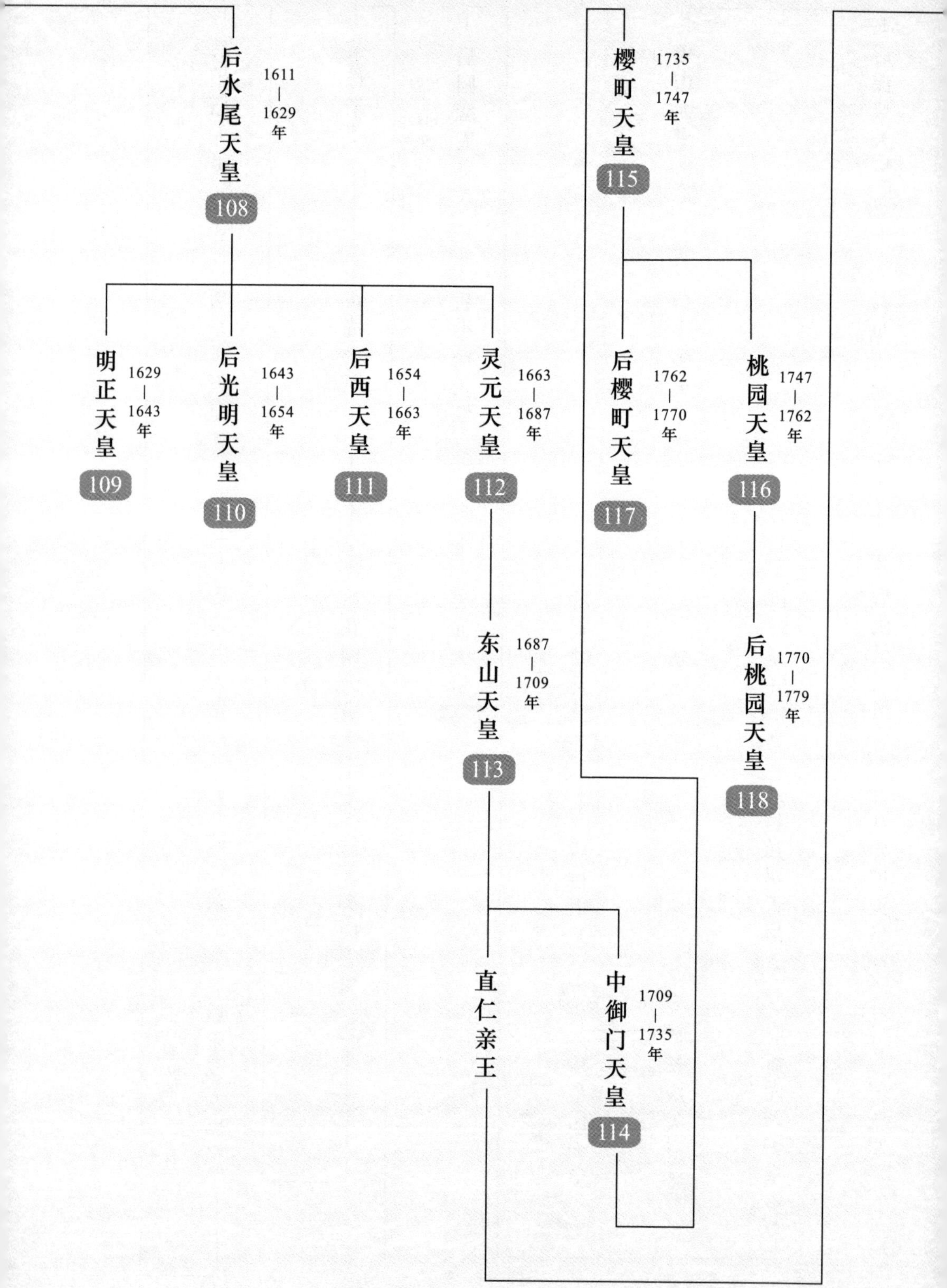

后水尾天皇 1611—1629年 108
明正天皇 1629—1643年 109
后光明天皇 1643—1654年 110
后西天皇 1654—1663年 111
灵元天皇 1663—1687年 112
东山天皇 1687—1709年 113
直仁亲王
中御门天皇 1709—1735年 114
樱町天皇 1735—1747年 115
后樱町天皇 1762—1770年 117
桃园天皇 1747—1762年 116
后桃园天皇 1770—1779年 118

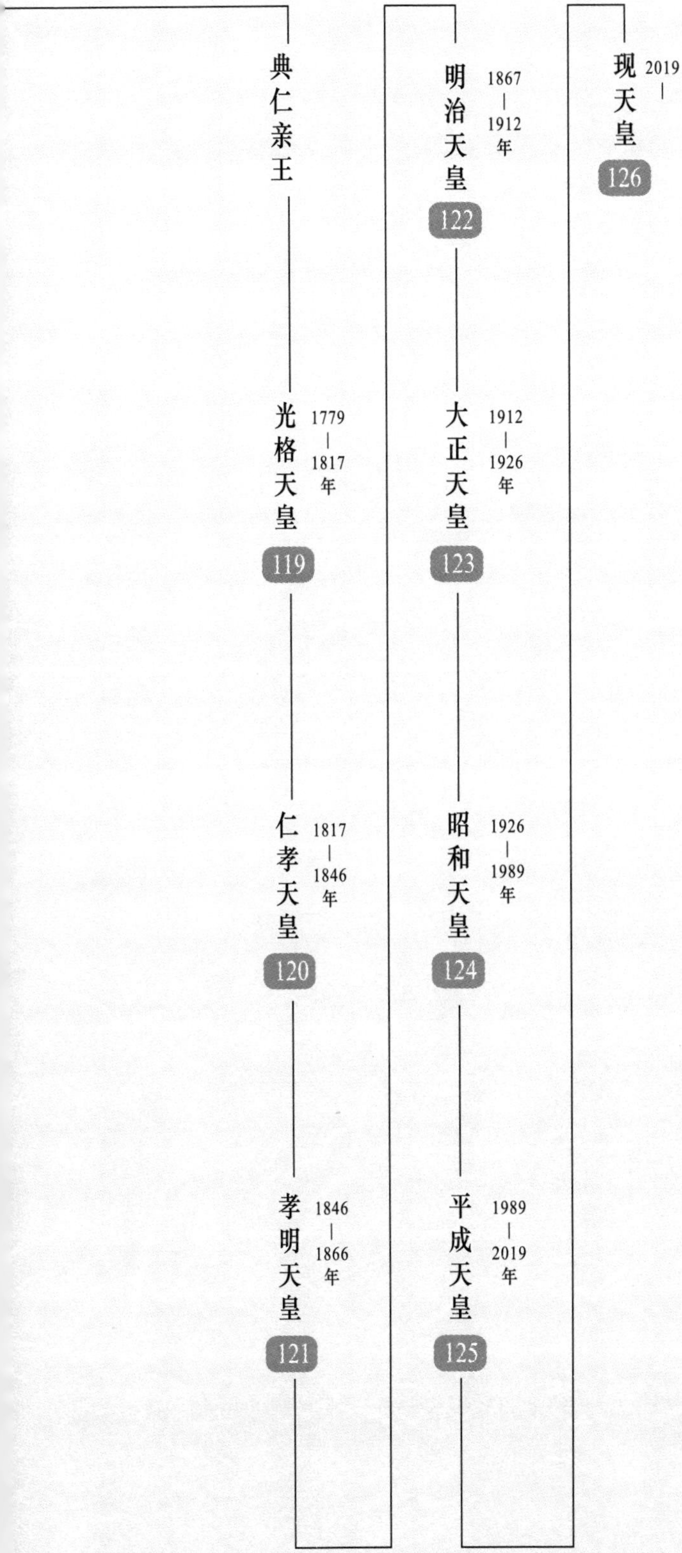

典仁亲王
光格天皇 1779—1817年 119
仁孝天皇 1817—1846年 120
孝明天皇 1846—1866年 121
明治天皇 1867—1912年 122
大正天皇 1912—1926年 123
昭和天皇 1926—1989年 124
平成天皇 1989—2019年 125
现天皇 2019— 126

# 目 录

## 上部　天皇的历史之谜

## 下部 天皇的生活之谜

# 上部

# 天皇的历史之谜

# 第一章　传说中的天皇（古代篇）

## 1. 传说中的神武天皇就是徐福？

### （1）徐福东渡到达日本？

不少人曾经听过“徐福东渡”的传说，更曾有学者撰写书籍、论文，论证徐福最终到达的就是日本，而且成为日本的初代天皇神武天皇，开创了日本建国的神话。情况究竟是怎样的呢？

众所周知，徐福东渡的故事来自司马迁《史记》卷六《秦本纪》。齐地出身的方士徐福（一作“徐市”）上书秦始皇说，海中有“蓬莱、方丈、瀛”三座神山，他想“入海求神药”，并且请求皇帝提供数千名童男童女，一起出海求仙。类似的故事也能在记载有不少神话故事的名著《淮南子》中看到，里面提到徐福初次出海，无功而返，回到秦始皇面前时表示，海神要求他带男女百工同行，即可得神药。结果秦始皇答应徐福的要求。然而，一行人出发后到达一个“平原广泽”之地，徐福便就地称王，一去不复返了。

相信大家对以上来自《史记》《淮南子》的故事都略有所闻。这个故事其实在汉朝以后还继续流传，例如，班固的《汉书》、陈寿的《三国志·吴志》都曾提到，在这里先不详细考究。我想说的是，徐福到达的“平原广泽”之地，怎么会与日本、神武天皇扯上关系？

### （2）日本当地的徐福传说

既然有说法指徐福东渡求药的目的地就是日本，他还成为神武天皇，那么日本人是否知道这段历史呢？当然是知道的。日本留存下来近 40 个与徐福有关的历史遗迹，如祭祀徐福的“徐福庙”“徐福大权现”“徐福祠”等，主要集中在九州岛西部、北部，最远的在本州岛北端的青森县。如此看来，徐福传说依然流传在现今的日本。只是去考究这些遗址时发现，不少都是在江户时代才建好，而最早提到有关徐福的日本史料，出现在 8 世纪左右，上流贵族（知识阶层）也差不多这时候才见到徐福东渡或来日本的纪闻。

日本在 7 世纪开始与隋、唐建立频繁的互动关系，因此，结合上述文献史料，我们可以想象，当时的日本人得知徐福东渡的“情报”来自曾到隋、唐留学的留学生、僧侣，然后在民间流传下来。

另外值得留意的是，我们在日本的史料中可以发现，中世至江户时代的部分日本人的确听过徐福东渡的故事，但他们从未将徐福视为神武天皇。他们重视的是徐福去仙山（蓬莱、方丈、瀛）求得神药，将仙山比拟成日本。换言之，日本的知识分子其实希望借徐福传说，强化日本是神仙所在的神国观念，而根本没承认开国之祖是一位中国方士。

### （3）中日两国关于徐福的论述

简单介绍一下神武天皇的神话故事。神武天皇是天照大神的五代孙，他的曾祖父，即天照大神的孙儿琼琼杵尊受命下凡来到九州日向国（即现在的宫崎县），管治日本。神武天皇继承王位后，在45岁时带领族人东征，最后辗转来到大和国亩傍（现在的奈良县），成为日本的开国天皇。按照神话，神武天皇在位79年后病逝，享年127岁。

显然，神武天皇的故事存于传说的云雾中，无法完全否定，也无法证实。无论如何，自8世纪以来，日本人都相信神武天皇是天照大神的子孙，绝非外国的凡人。所以，日本人从一开始就将"东渡求药"与"止王不来"分开，选取对自己有利的内容进行诠释。

既然如此，"徐福是神武天皇"的传说又是怎么出现的呢？这个说法主要来自20世纪50年代以来中国学者的论考。他们根据保留在日本的徐福传说遗迹和《古事记》《日本书纪》的记载，推断徐福就是神武天皇。

日本国内则一直以此为奇说、邪说。不过，随着考古研究成果的逐渐累积，日本学界基本上承认日本列岛在古代曾多次接纳来自中国、朝鲜半岛的文明、技术和移民。但关于徐福是神武天皇之说，大多日本人只视之为无稽之谈。

**表 1-1　日本国内徐福的相关史迹一览**

| 序号 | 县　名 | 所在地 | 史迹・遗物名 |
|---|---|---|---|
| 1 | 佐贺县 | 武雄市 | 蓬莱山 |
| 2 | | 佐贺市金立 | 金立神社 |
| 3 | | 诸富町 | 徐福登陆地 |
| 4 | | 富士町 | 温泉 |
| 5 | | 山内町 | 黑发山 |
| 6 | | 白石町 | 徐福登陆地 |
| 7 | | 伊万里市 | 徐福登陆地 |
| 8 | 福冈县 | 八女市山内 | 童男山古坟 |
| 9 | | 筑紫野市 | 天山 |
| 10 | | 糸岛市 | 徐福登陆地 |
| 11 | | 福冈市名岛 | 名岛神社 |
| 12 | 鹿儿岛县 | 屋久岛 | 徐福登陆地 |
| 13 | | 种子岛 | 徐福登陆地 |
| 14 | | 坊津町 | 徐福登陆地 |
| 15 | | 串木野市 | 冠岳 |
| 16 | 宫崎县 | 宫崎市 | 滨木绵 |
| 17 | | 延冈市 | 蓬莱山徐福岩 |
| 18 | 山口县 | 上关町祝岛 | 徐福登陆地 |
| 19 | 广岛县 | 宫岛町严岛 | 圣崎蓬莱山 |
| 20 | 高知县 | 佐川町 | 虚空藏山 |
| 21 | 和歌山县 | 新宫市 | 徐福宫 |
| 22 | 三重县 | 熊野市 | 徐福宫 |
| 23 | 爱知县 | 名古屋市热田 | 热田神宫 |
| 24 | | 小坂井町 | 莵足神社 |
| 25 | 静冈县 | 清水市三保 | 三保松原 |
| 26 | 山梨县 | 富士吉田市 | 富士山 |
| 27 | | 河口湖町 | 徐福社 |
| 28 | 东京都 | 八丈岛 | 编织物 |
| 29 | | 青之岛 | 编织物 |
| 30 | 京都府 | 伊根町 | 新井崎神社 |
| 31 | 青森县 | 小泊村 | 熊野神社 |
| 32 | 秋田县 | 男鹿市 | 赤神神社 |

## 2. 著名的邪马台国与后来的大和朝廷有什么关系？

### （1）“谜之王国”邪马台国

说到日本的古代历史，大家多少受影视作品、游戏的影响，听说过邪马台国及其女王卑弥呼（或称“俾弥呼”）。

熟悉陈寿《三国志》的朋友也一定知道邪马台国和卑弥呼的存在，出自《魏志·乌丸鲜卑东夷传》（以下简称为《倭人传》）。另外，《汉书》《后汉书》以及后来的《宋书》《梁书》《隋书》《旧唐书》《新唐书》，都有关于倭国和日本国的记载。

换言之，关于古代日本的文献资料，主要来自中国的王朝正史，其次是先后存在于朝鲜半岛的百济、高句丽、新罗等国的记载，以及日本本土考古出土的文物。如何解读《三国志》为主的中国史书，成为还原日本古代史的一大关键。正因如此，日本史学界便开始了将近100年的“邪马台国论战”，至今无法休止。详细的争论经过在此姑且不谈，总而言之，最大的争论焦点就是：邪马台国究竟在哪里？

目前为止，主流的两大说法是九州说和畿内说。支持前者的学者推断邪马台国位于九州中南部，今天的熊本县附近，后来邪马台国国王远征本州，成立大和国，即我们熟悉的“日本国”的雏形。支持畿内说的学者则认为，邪马台国一直在奈良盆地，与后来的大和国有深厚的关系。

但双方至今仍未握有足以否定对方的重要证据，我也无意在这里论断谁是谁非。

### （2）邪马台国的记录突然中断

比起上述的位置争议，我认为更重要的是：邪马台国、卑弥呼女王，与后来的大和国有什么关系？

按照《倭人传》以及学者的分析，邪马台国与卑弥呼女王出现在公元3世纪，而大和国大约在5世纪初征服各部，建立起日本列岛第一个统一的国家政权。换句话说，邪马台国与统一的大和国之间，大约有一个世纪的空白期。

《倭人传》里，邪马台国只是当时割据日本各地的诸多王国之一，在女王卑弥呼带领下强盛起来，成为诸部的盟主。然后，邪马台国通过由魏国控制、位于朝鲜半岛的带方郡（今天的开城—首尔一带），与曹魏以及后来的西晋建立朝贡关系。但是记录只到266年，即西晋建立后第二年。在这之前，卑弥呼去世后，邪马台国面临重大政治危机，最后由卑弥呼的宗女（同族女子）台与（又作“壹与”）继承王位。266年，成为倭女王的台与派人到西晋朝贡，在此之后，有关邪马台国的记录便消失无踪了。

专家学者认为，这与不久后西晋受到北方少数民族侵扰、国力衰退有关。西晋皇室南迁后，黄河流域陷入分裂内乱，波及作为中日交往桥梁的朝鲜半岛。乘势崛起的高句丽、百济以及后来的新罗，使朝鲜半岛陷入战乱。中国与朝鲜半岛局势的转变，被认为是邪马台国无法与中原王朝保持交流的主因。

进入4世纪，邪马台国的情况已无从稽考，但根据考古研究，当时的奈良盆地以及附近的大阪平原，陆续出现大小不一的古坟遗迹群。

目前学者们相信，即使邪马台国继续存在，也仍然是诸国之一，盟主地位很可能因为卑弥呼死去而旁落，由其他部落取代。

另一方面，在4世纪末期高句丽的“广开土王碑”上，记载高句丽与南方的百济以及背后的倭国时有交战。换句话说，与中原王朝交流中断的4世纪末期，日本列岛已出现一个足以率兵越过今日对马海峡的倭国。

### （3）从邪马台国到倭国转移的推断

考虑到目前的考古成果，没有证据显示当时有强大的其他文明进入日本列岛，而散落在日本西部——奈良盆地至北九州各地的古坟，也没有出现特大差异。不过，考古学家认为，几个建于4—5世纪，分布在奈良、大阪区域的大型古坟遗迹，反映当时在该地区已经逐渐出现强大的权力体。

日本古代史的主流学者相信，在后邪马台国时代，今天的奈良县一带，数个王国通过联姻结成联盟。后来，联盟式统治慢慢发展成由拥有较强统治权的“大王”领导多个相对较弱的部族，即“盟主式”联邦政体。之后，“盟主式”联邦再演变成后来与南北朝的刘宋、萧梁和萧齐交流的大和国，也就是出现在上述“广开土王碑”上的倭国。

因此，根据目前考古挖掘成果以及文献资料综合推断，卑弥呼的邪马台国与后来形成的大和国——倭国，并没有直接关系，以“万世一系”的天皇为中心的国家，起码要到5世纪末才开始成型。

## 3. 日本有两个开国天皇？

### （1）“阙史八代”天皇真的存在吗？

按照日本的宪法规定，天皇是“日本的国家与国民统合的象征”。熟知日本历史文化的人都知道，日本天皇至今已传126代，2019年5月继位的德仁即是第126代天皇。不过，从很久以前开始，不少外国人包括部分日本人都质疑：真的有126代天皇存在？

有关天皇诞生的传说，到近代为止都依据着《古事记》《日本书纪》这两部夹杂神话的历史书（有关这两部书与天皇的关系，请看第五章第3问）。这两部书成书于8世纪左右，其中都记载第1代天皇神武天皇是在公元前660年即位的。这个说法虽然自江户末期以来，已经成为日本人的常识，但直到现在，关于神武天皇是否真实存在及其即位年份，均未获证实。

不仅如此，历史学家目前也还不能确认6世纪以前的天皇，即第1代天皇神武天皇至第9代天皇开化天皇的存在。神武天皇作为“开国之祖”，即使没有史实根据，但有关他的各种神话和传说数量都远超他的八代子孙，因此，即使经不起历史学和考古学的考验，神武天皇的存在感至今仍然十分强烈。

相比神武天皇，他之后的八代天皇则显得十分渺小。关于这八代天皇（绥靖至开化），除了《古事记》与《日本书纪》的记载外，没有其他史料可考证，因此在历史学上，这八代天皇被称为“阙史八代”。“阙史”即欠缺史料证实的意思。在目前的日本历史教科书里，几乎都不称这九代天皇为实在人物，只称他们为传说中的天皇。

然而，即使难以确认阙史八代的存在，日本人也普遍难以舍弃早已在他们心中根深蒂固的神武天皇。在一般认识上，他们仍视神武天皇为开国天皇或初代天皇。

### （2）崇神天皇之谜

日本第一位真正被历史学家、甚至考古学家认可的开国天皇是谁呢？一些聪明的读者会想，是否是第 10 代的崇神天皇呢？但很遗憾的是，他也不是被史料证实存在的天皇。严格来说，第 10 代的崇神天皇至第 14 代的仲哀天皇，也是没什么史料可考证。既然如此，为什么历史学家不把这四位天皇称为“阙史”的天皇呢？

这是因为在《日本书纪》里，崇神天皇的和风谥号（请参考第六章第 1 问）是“御肇国天皇”，也就是“始治国家的天皇”。因此，即使没有史料支持，历史学家也相信崇神天皇是有着特殊意义的一位人物，他甚至有可能是一位扩大倭国统治，乃至为统一日本做出贡献的天皇。

现时的历史学家普遍认同当初日本列岛上存在多个大小部落，然后由史称倭国的大和朝廷（或大和国）进行统一，最终形成了后来的日本王国。因此，如按照谥号的意思来看，崇神天皇便是被尊崇为扩大大和朝廷疆土的君主了。当然，这些观点都只是基于《古事记》与《日本书纪》特别重视崇神天皇推测得来的。

无论如何，按照《古事记》与《日本书纪》的记载，在两书成书时，朝廷与知识阶层认定他们有两位开国天皇，一位是神武天皇——天照大神的第五代孙子、初代天皇，另一位是崇神天皇——

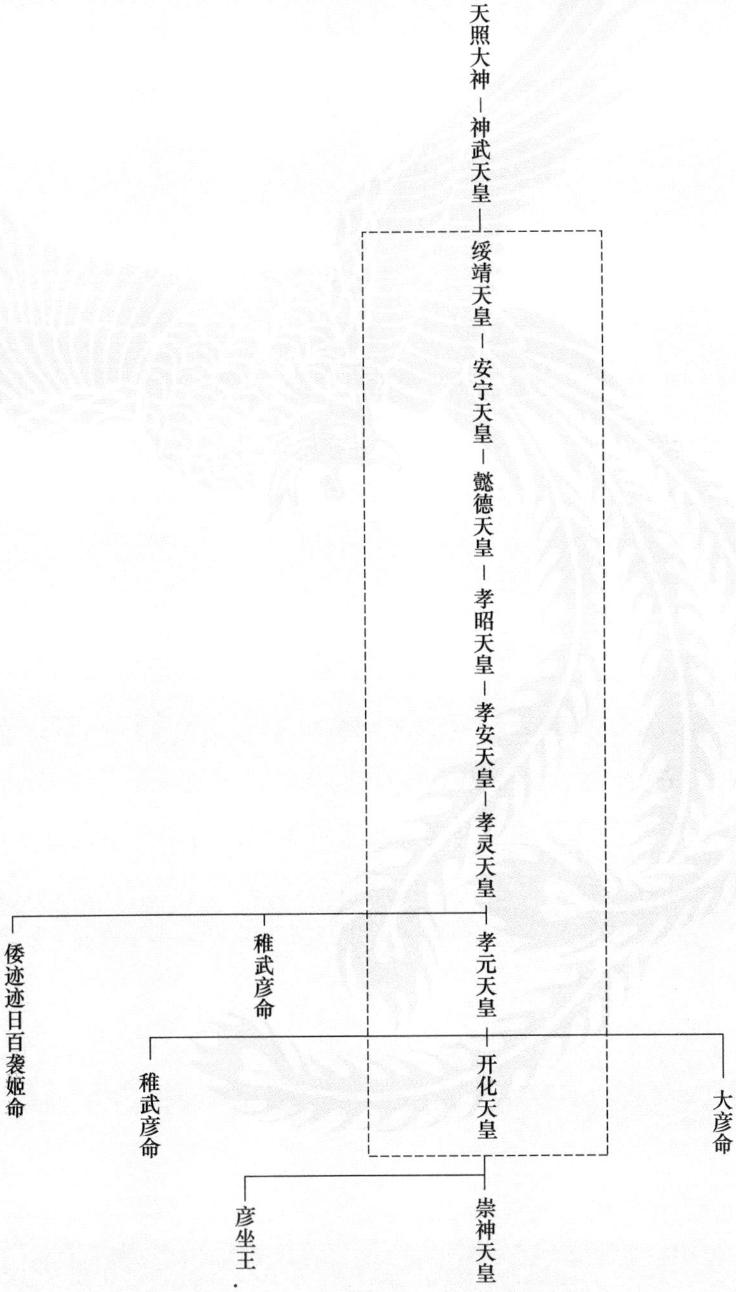


**图 1-1 首十代天皇与“阙史八代”**

第一位扩大国家规模的天皇。

### （3）第一位真实存在的天皇

关于两位开国天皇——神武天皇与崇神天皇是否真实存在过，有诸多争议，也没有足够的史料和证据去支持，但同时又难以完全否定他们的存在。那么，真正有根有据的天皇究竟又是谁呢？

按照目前的考据和研究，日本第一位获历史学家、甚至考古学家认可其真实存在的天皇是第21代的雄略天皇。这主要是根据1978年在埼玉县稻荷山古坟遗迹里发现的一把铁剑，剑上刻有“辛亥之年”“获加多支卤”大王之名。

一般认为上述的辛亥之年是471年，即《古事记》与《日本书纪》记载的雄略天皇时代，而“获加多支卤”的日文发音又与《古事记》《日本书纪》上雄略天皇的名字“大长谷若建”“大泊濑幼武”的发音近似。除此之外，《古事记》与《日本书纪》里记载的雄略天皇的事迹，也是有中国史料可以佐证的（请参考第一章第6问）。于是，主流的历史学家与考古学家都相信：雄略天皇是日本第一位有迹可循、真实存在的天皇。

## 4. “万世一系”的概念与古代天皇的诞生有什么关系?

### （1）神代以来的“万世一系”

明治时代到现在，日本当政者、神道派和保守势力都一直强调并深信，天皇是自神代以来的“万世一系”，是永无断绝的神圣存在。因此，天皇统治的日本是与其他国家不同的神国，国民必须毫不犹豫地拥护天皇统治，维持国家上下团结。这个信念虽然在日本战败后急速被否定与打压，但目前依然有不少人维护这个想法。另一方面，考古学界与历史学界在战前被政府钳制思想，也受制于“不敬罪”，自然无法对“万世一系”进行充分检讨。战后，学界从神国思想中得到解放，讨论才变得活跃。

战时的日本政府将《古事记》和《日本书纪》作为力证天皇“万世一系”的根本资料。不过，到了20世纪60年代，历史学家重新验证、分析两书的内容，论证神武天皇至开化天皇为止的首九代天皇只是传说人物，神武天皇以外的八代天皇被称为“阙史八代”（详见前一问）。而对于大和朝廷时代为止的天皇们，目前还无法证明他们的真实身份，而且按照两书的内容去复原古代天皇的继承关系，也会发现其中至少出现了几次暗示天皇家族转换的记录。

### （2）20世纪七八十年代出现的“王朝更替论”

承上所言，20世纪七八十年代以来，有不少历史学家提出了“王朝更替论”，指出古代天皇事实上是几个家族通过联姻的方式结合成现在的天皇家系。然后到了奈良时代，朝廷先后编写了《古事记》和《日本书纪》，将古代本来不是一系的几个家系合而为一，形成了“天皇一直是同一家族相传相承至今”的假象和意识，后来进一步形成“万世一系”思想。

其中，历史学家怀疑最有可能出现“王朝更替”的，是在第26代继体天皇的时候。《古事记》和《日本书纪》中记载，继体天皇本来是第15代天皇应神天皇的五世孙，以越前（现在的福井县）为根据地。到了第25代武烈天皇时代，大量王族在多场政治斗争中相继被杀，而武烈天皇又没有子女，于是群臣讨论后，决定到越前迎接分属武烈天皇远亲的继体天皇来继承大统。

由此，历史学家强烈怀疑继体天皇的来历，有人甚至认为，关于继体天皇是应神天皇五世孙的说法，是他的子孙捏造出来的，只因为想强调统治的正当性。

“王朝更替论”是战后一部分历史学家反省战前“万世一系”思想的回应，这对于我们重新思考天皇的历史发展和存在意义，有着一定的作用和贡献。然而，在缺乏史料和实质证据的情况下，这样的主张也只是一个值得思考的学说，想借此改写天皇的家系发展史，仍然十分困难。

### （3）“万世一系”的成立过程

目前来说，6世纪以前天皇的历史有待更多考古挖掘的成果，才能进行验证。现时更重要的是梳理“万世一系”意识的产生过程。

“万世一系”的意识最早是在什么时候出现的呢？按照可信的史料，如《续日本纪》等记载，第42代文武天皇于697年发布的即位宣命上，便提到了现御神、高天原（皇祖，天照大神所在

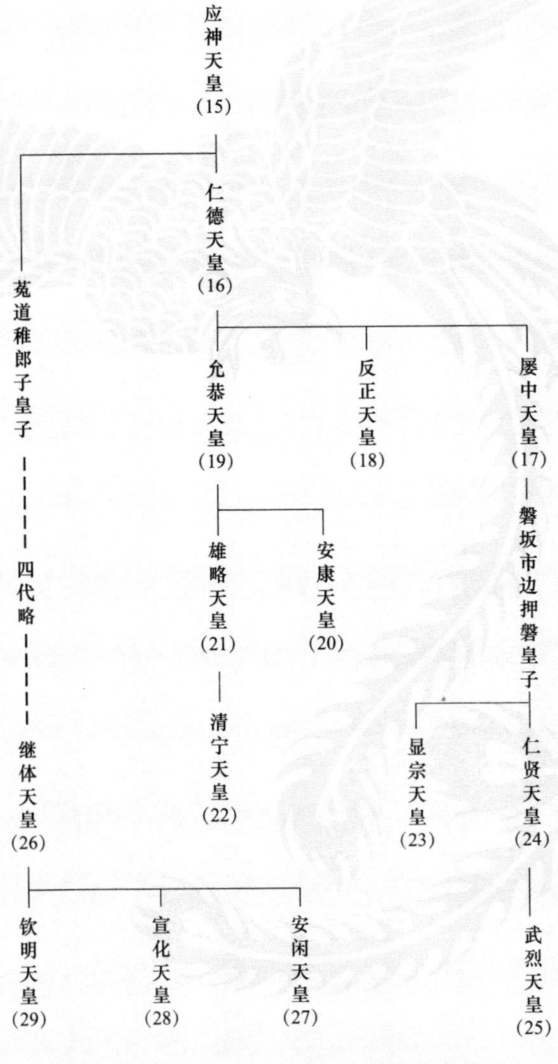


**图 1–2　公元 6 世纪中叶的天皇继承**

之地）、天津日嗣等词语，这些都是在宣命之后成书的《古事记》和《日本书纪》中出现的用语概念。

换言之，天皇作为天照大神的子孙，受命治国，此说在7世纪的奈良时代已经确立。

然而，文武天皇的宣命文只反映“当时朝廷和天皇意识到强调自己的根源”，但将这个根源升华和绝对化，则要等到文武天皇的子孙——桓武天皇的时代。

在本书第八章第1问，我们将会提到桓武天皇不只迁都到平安京，他与儿子嵯峨天皇还积极引入中国的文教思想和典章制度，强调自己的统治合情合理，是天命所归。他们希望普及“万世一系”的观念，其中一个重要工具便是中国的“德政”“天命”思想和“祭祀帝皇祖宗”的概念。

自桓武天皇开始，朝廷便积极修史，并在各种文学作品里弘扬天皇统治起源于远古神话时代，再利用祭祀部分先皇的行动，将这种思想渗透到贵族之间。自此，“万世一系”思想的雏形就形成了。

不过，还必须处理一件事——排除中国天命思想中的“易姓革命”观。所谓的“易姓革命”，是指“只要受命于天，任何人都可以取代不德失政的君主，自立为帝”。显然，弘扬“万世一系”思想的天皇，不可能接受这个观念。于是，中世以来的天皇和贵族只好进一步神化、美化过往的历史，将所有天皇视为同一家族的一分子，将继体天皇也视为旁系皇族，以树立一个对抗“易姓革命”的新思想，就是当出现不德失政的天皇时，只可找旁系出身、德才兼具的皇族来取代。因为历史上无先例可循，以他姓取代自然也就没有合法性了。

## 5. 日本的女天皇是怎么出现的？

### （1）史上有八位女天皇

在古代的东亚国家里，除了日本女天皇，就只有中国曾出现武周皇帝武则天这位女皇帝。为什么日本会出现女天皇，而且多达八位呢？

首先说明，这八位女天皇并不包括人们较为熟悉的邪马台国女王卑弥呼，也不包括《三国志》中记载的继承卑弥呼地位的台与女王。这里说的女天皇，是指有较多史料佐证其存在的推古天皇、皇极天皇（后来再任，改称齐明天皇）、持统天皇、元明天皇、元正天皇和孝谦天皇（后来再任，改称为称德天皇），还有江户时代的明正天皇和后樱町天皇。

上述有十任女天皇，但皇极天皇和孝谦天皇都在退位后不久，重新即位为天皇（历史上称为“重祚”），所以实质上只有八位女天皇。另外，八位女天皇之中，最后两任女天皇——明正天皇和后樱町天皇——与前面六任天皇，时隔近 1000 年。因此，除了问为什么日本会出现女天皇外，我们还要问，为什么会相隔 1000 年后再次出现女天皇？

### （2）第一位女天皇——推古天皇

在 7 世纪之前，当时的大王（天皇的前身）是由群臣按血统和能力来推举，并没有绝对的男女之分。成为第一位女天皇的推古天皇本来是敏达天皇的大后兼异母妹妹，她的父亲是钦明天皇。换言之，推古天皇与敏达天皇是兄妹成婚。

敏达天皇病死后，用明天皇和崇峻天皇先后继位。然而，前者短命而死，后者被臣下苏我马子暗杀身亡，王位出现短暂的真空。敏达天皇的儿子们尚且年幼，由于推古是王族成员，又是天皇的近亲，于是群臣便拥戴时任大后的她为新天皇。顺带一提，推古天皇的一个侄子便是厩户王，即著名的圣德太子。

### （3）7—8 世纪是“女帝的时代”

推古天皇开创女性天皇的先例后，除了江户时代的两任女天皇以外，剩下的六任女天皇都集中出现在 7—8 世纪。因此，不少历史学家称这两个世纪为“女帝的时代”。这六任女帝各有不同。例如，前述的推古天皇和皇极天皇（齐明天皇）、持统天皇、元明天皇都是前任天皇的女儿，嫁给分属近亲的新天皇，成为妻后，加上自身也是王族，提高了继承天皇之位的可能性和正当性。因此，她们的儿子身带双重的皇族血脉，自然更有资格继承皇位了。

换句话说，这几任女天皇继承大统，表面上虽然是过渡性质的，但是由于她们的生父、丈夫都是皇族出身，因此地位非常尊贵，性质上与江户时代的女天皇十分不同。而且，她们不是等待交接的过渡天皇，而是各自在天皇制早期扮演着重要角色并发挥着稳定作用。例如，皇极天皇让位后，因为弟弟孝德天皇早亡，政局不稳，于是她便以前任天皇的身份再次即位，以保局势稳定。

持统天皇和元明天皇时，也有类似的情况。文武天皇去世后，其儿子首皇子还年幼，所以他的母亲即位成为元明天皇。元明天皇于 715 年让位，将长女立为元正天皇，待首皇子长大后再安排

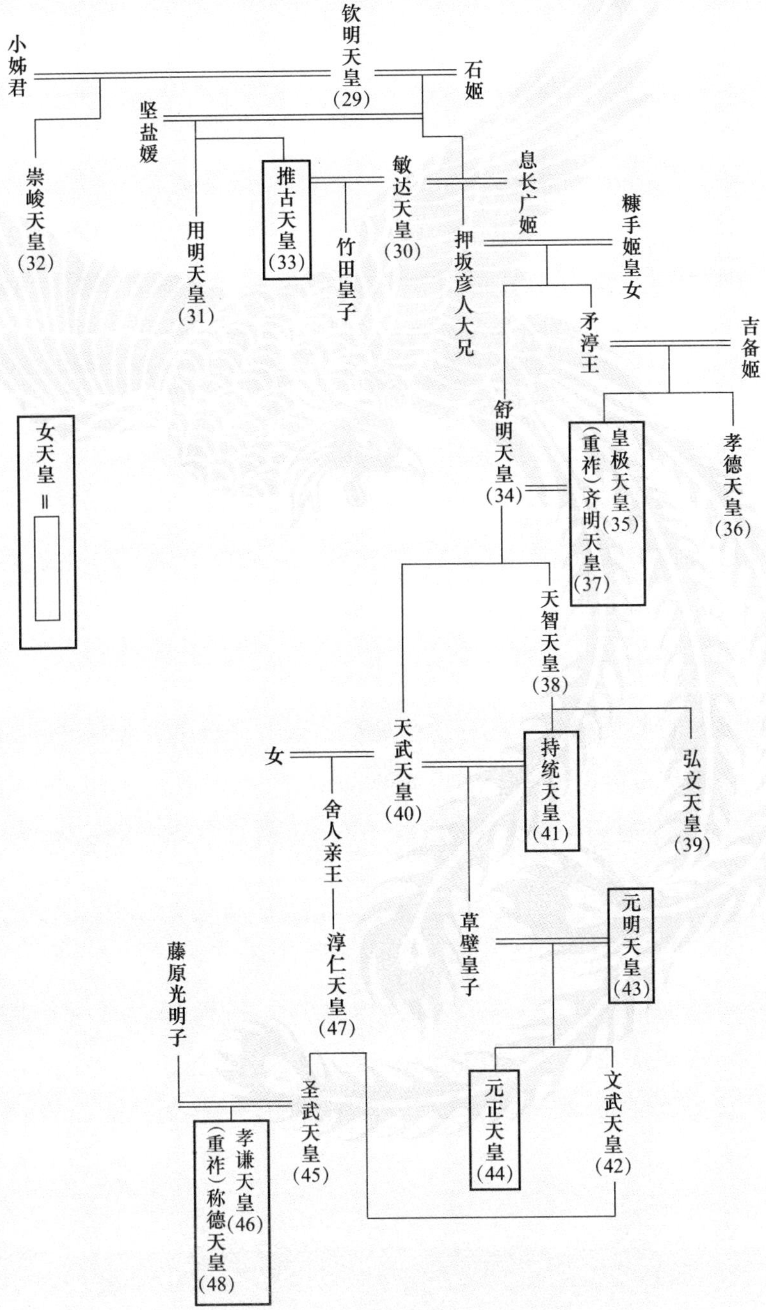


图 1-3　7—8 世纪的女天皇

元正天皇让位。由此可见，这几位以双重身份成为天皇的女帝，都有强大的影响力和权力。

至于之后的元正天皇和孝谦天皇，与前面提到的天皇相比，情况略有不同。首先，元正天皇和孝谦天皇都是终身未婚。而前文已提到，元正天皇是元明天皇的女儿，她是为了等待弟弟文武天皇成年，才被立为天皇，是带有过渡性质的。所以，元正天皇终身未婚的原因，是因为她没有传宗接代的任务。

孝谦天皇则是天皇史上第一位被册立为皇太子，再成为女天皇的人物。由于她未与王族男子成婚，所以一度将皇位传给了旁系出身的淳仁天皇，后再次夺回皇位，“重祚”成为称德天皇。

从孝谦（称德）天皇的例子，我们再次看到女天皇在7—8世纪的权限与统治，绝非虚有其表。但不要忘记，即使女天皇握有实权，但当时的大和朝廷基本上仍然以男系子孙继承皇位为优先条件，一旦女天皇无法确立这个后继人选，便会出现政局动荡。

孝谦天皇第二次继位后，就因为无法完成这个政治与历史的使命，最终由群臣合议，推选出皇族出身、称德天皇的妹夫继位，是为光仁天皇。

详细的政乱不在此赘述。总之，自此之后，鉴于女天皇继位后潜藏的危机教训，自光仁天皇开始（770年即位），皇族女子再也没有继承天皇之位，直至850年后的江户时代，才又有女皇明正天皇即位。

## 6. 天皇有姓氏吗?

### （1）八色之姓与和风谥号

一直以来，日本人与外国人都想问："天皇有姓氏吗？"回答这个问题之前，先为大家整理天皇与日本人姓氏诞生的大概过程。

大约在3世纪中期，当时被称为"倭国"的日本还没有文字，上流阶层以职名和所在地为氏，如大伴氏（职名）、苏我氏（地名）等。

到了670年，天智天皇实施了著名的"庚午年籍"（日本历史上最早的国民户籍账册，已散佚），他的弟弟天武天皇除了另外制作了"庚寅年籍"（也已散佚）外，又为从属国家的官员和地方豪族设立"八色之姓"，按地位高低排列为：真人、朝臣、宿祢、忌寸、道师、臣、连、稻置。自此之后，豪族群臣受封于天皇，领取了赐予的姓氏作为身份象征。

那么天皇有没有为自己和家族创立姓氏呢？曾有说法指出，创立八色之姓的天武天皇死后，他的和风谥号为"天渟中原瀛真人天皇"。换言之，天皇很有可能用了八色之姓中最高级的"真人"作为自己的姓氏。顺带一提，所谓"和风谥号"，便是以古日本语和思维去纪念、评定天皇生前功德的谥号，而且专门在国内使用，与模仿中国、朝鲜半岛，以汉音双字作为纪念，主要用于国史上的"汉风谥号"有所不同。

话说回来，由于天武天皇以后的天皇都没有用真人自称的相关资料，因此，更多历史学家认为，真人不是指八色姓中的真人，而是仿照唐高宗采用道教思想，将皇帝比作道教中的仙人（真人）。换言之，天武天皇的和风谥号“天渟中原瀛真人天皇”与八色之姓毫无关系，一切只是巧合而已。

### （2）倭之五王曾以“倭”为姓

其实在天武天皇之前，在日本以外的史料里，也能找到倭国时代的大王曾向外国提到自己姓氏的记载。这个重要的线索来自中国南北朝时期南梁沈约撰的《宋书》。

根据《宋书·倭国传》记载，当时倭王倭赞向刘宋要求建立外交关系，并且请求皇帝刘裕赐官。接着，倭赞的弟弟倭珍，还有18年后被推断是倭王同族的倭济、其子倭兴和倭武两兄弟均先后派使者向刘宋朝贡，并请求赐予“将军”等称号。倭武更是分别与刘宋、萧齐和萧梁建交。这五位倭王在历史上一般被称为“倭之五王”。

这五位倭王均曾以“倭”（yamato）为姓，并且被记录在中国王朝的正史上。关于他们究竟是主动以“倭”为姓，还是刘宋、萧齐、萧梁因他们是倭国国王，所以记载为倭姓，目前在史学界仍然有争议。但整体来说，后一种说法获得较多历史学家的支持。

目前史学界根据最后一位倭王倭武在中国正史的活动时代，推断他是雄略天皇。然后，再按照以上的亲族关系，进一步推断倭赞、倭珍，同族的倭济、倭兴分别是仁德、履中、允恭和安康四位天皇，但这样的说法还没办法得到确证。

## （3）《隋书》记载：倭王姓阿每

倭武在萧梁立国初期（502 年），仍然与中国进行交流和朝贡，但似乎没有跟接续的南陈有交流的记录，也没有出现在《陈书》之中。而倭国（《隋书》写作“俀”）与隋朝交流，已经时隔近 100 年（600 年），也就是史称“遣隋使”的时代。

按《隋书・倭国传》记载，倭国派来的使者向隋文帝杨坚说明了倭国国王的姓名。使者称“倭王姓阿每，字多利思比孤，号阿辈鸡弥”。乍看之下，与南朝时代的倭姓完全不同。不过，日本历史学家重新按照这些汉字的读音进行解读后，得出“阿每”（ame）是“天”的音译，“多利思比孤”是“降临”之意，而“阿辈鸡弥”则是“天儿”“大王”的意思。

换句话说，“阿每・多利思比孤・阿辈鸡弥”就是“从天降临的大王”，是“天皇”在古日语中的同义语，也就是说，在《隋书》留下的倭国国王姓、名、号其实都不是当时天皇的姓名，倭国使者只是将“天皇”的同义语分拆成姓、字、号来告知隋文帝，不打算按照中国习惯为天皇定一个中国风的名讳。更直接一点说，倭国已有与隋朝平起平坐的意识。

## （4）唐宋之后不再探求天皇的姓氏

到了 8 世纪初，当时已改称国号为“日本”的奈良朝廷与唐朝交流，唐朝曾按照在长安留学的日本僧侣、学生的说法，在写给天皇的国书中称“日本国王主明乐美御德”。“主明乐美御德”其实就是日语“天皇”的读音转化为汉字，而这也是一串赞美字词，反映了日本僧侣利用机会美化自己国王的称号。唐朝似乎不知其意，直接照用。

之后的《宋史》则改称日本国王的姓为“王”，但没有更多的描述。宋朝以后的中国正史，没有再对天皇之姓有什么记载，一方面是同时代的天皇已经不再是执政的国君，而成为“统而不治”的国家代表；另一方面，在中国王朝的情报里，天皇的存在感也每况愈下，所以对天皇姓氏的求知欲也随之消失。

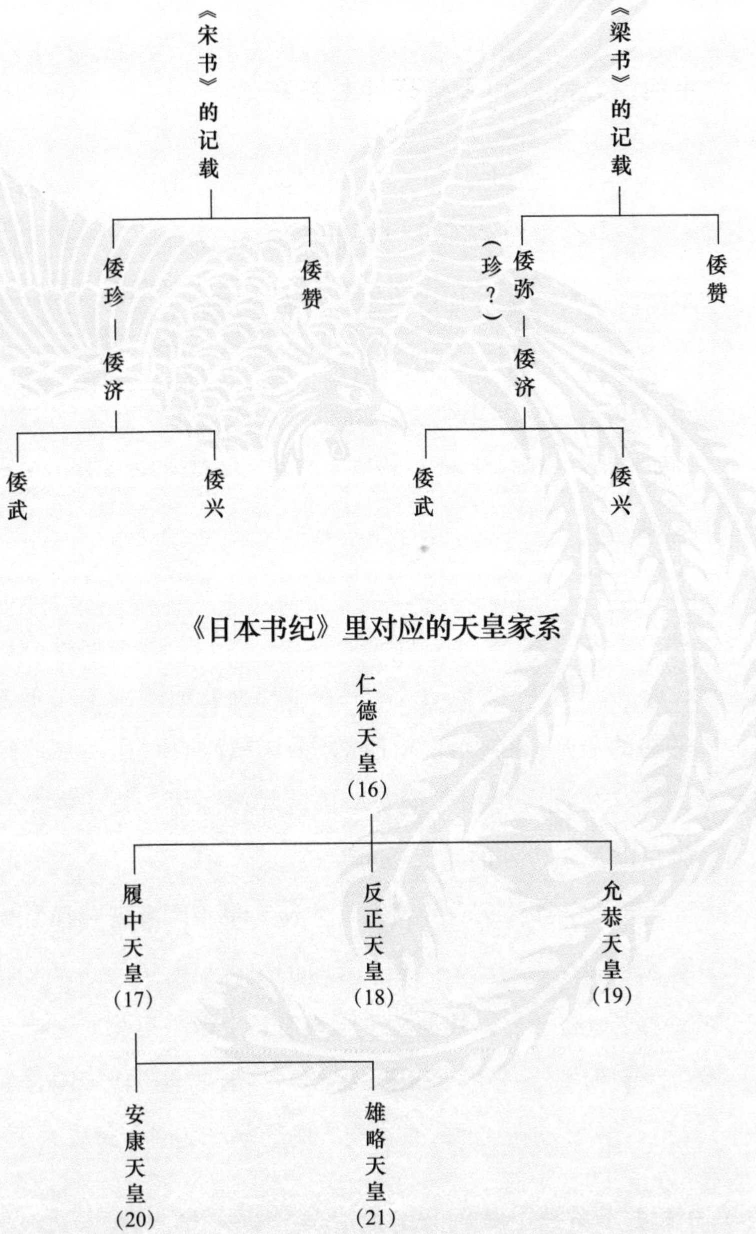


**图 1-4　中国史料与日本史料中的“倭之五王”**

## 7. “平将门之乱”和天皇有什么关系？

### （1）日本史上著名的“平将门之乱”

“平将门之乱”是日本历史上十分有名的政治事件，考虑到不少读者不了解这个事件，因此先简单说明一下。

该事件发生在939年底，与同时期在西日本发生的“藤原纯友之乱”都是10世纪日本最大的地方乱事，历史学家一般合称“承平天庆之乱”。

平将门之乱的主角平将门（？—940）是著名的桓武天皇的五世孙，他的父亲一辈被赐“平”姓，从此他们一族便被称为“桓武平氏”。将门的祖父高望王获封为上总介，随即到了关东的上总国（现在的千叶县中北部）任职，主责镇讨当时在关东地区十分猖獗的强盗集团。也因为这个原因，高望王便一直留在当地，成为当时盘踞关东南部的一支王孙贵族。

既然是天皇子孙，又身为贵族，为什么平将门会发起叛乱呢？参考后来成书的《将门记》所述，起乱的主因是为了争夺家产。平将门的父亲平良将死后，其伯父平国香等想夺取平良将的遗产，平将门便与他们相争。另外，又因平将门与邻国常陆国掾（地方官的一种）源护有婚嫁之争，于是原本族人间的争产变成了跨境的大乱。

### （2）日本史上第一个被判枭首的贵族

平将门决定与上述的敌人对抗后，随即起兵发难。但随着战事扩大，他与前来平乱的常陆介（常陆是现在的茨城县）藤原维几展开战斗，并获得胜利。他乘势攻入常陆国，攻陷了常陆国府（常陆国的官署）之余，邻近的下野（现在的栃木县）、上野（群马县）、相模（神奈川县东部）、下总（千叶县北部）、武藏（东京都和埼玉县）、安房（千叶县南部），即关东八国，连同西南的伊豆国（神奈川县西部），都先后落入了他的手中。

不仅如此，平将门还将这几国的官印全数收走，这意味着他夺去了这几国的统治大权。这样一来，原来的私斗私怨便上升为公然反叛天皇朝廷的行为了。不过，平将门起乱的时间不长。受朝廷之命出兵讨伐的关东军事贵族平贞盛和藤原秀乡等人，在征东大将军藤原忠平率领正规军到来之前，已经击杀平将门，成功镇压叛乱。平将门被送到京都枭首示众，成为日本史上第一个被判枭首的贵族。

### （3）新皇与天皇分庭抗礼

比起同时期发生的藤原纯友之乱，平将门之乱深深烙印在京都贵族们的记忆以及后来的史书中。平将门战死后，京都发生了一连串天灾瘟疫，人们认为这是平将门对败死愤愤不平，于是作祟害人。更重要的是，传说平将门在起乱时曾自称“新皇”，成为关东八国之王，与京都的天皇分庭抗礼。

《将门记》里提到了平将门称皇的经过。当时他攻下上野国之后，一名巫女自称是八幡大菩萨的使者，要将帝位授予他，而且还出现了已故名臣菅原道真的灵魂。

道真在平将门之乱前，在政治斗争中受累被贬，最后死在九州。据《将门记》记载，道真的灵魂表示会跟八幡大菩萨一起率领大军，协助平将门成为新皇。当然，这只是文学里的场面，不能当真。

然而，这个故事引发了不同时代人们的讨论，更有人认为后来创立镰仓幕府的源赖朝，很可能就受到《将门记》的影响，才会决定成立幕府。但平将门自称新皇这个说法没有史实根据，只能说是一个传说。

比起平将门是否真的自称新皇，《将门记》的作者故意提到八幡大菩萨协助他称皇的情节，以及他与天皇的关系，更值得我们留意。

八幡大菩萨也称“八幡神”，原本是九州丰前国宇佐（现在的大分县）八幡宫的祭神，后来被认为是曾派员出征朝鲜半岛的应神天皇的分身，更是佛教里的菩萨。故此，自奈良时代直至平将门之乱时的10世纪，作为天皇分身的八幡神，已经是天皇与贵族们深信的神祇之一。

### （4）授予天皇之位的八幡神或天照大神

即使《将门记》里说八幡神显灵是无稽之谈，但其背后的意识却十分重要——包括《将门记》作者在内的当时人相信，要挑战天皇或者与天皇平起平坐，就必须获得能授予天皇之位的八幡神或天照大神的授权（天照大神在《将门记》里没有出现）。

八幡神愿意显灵相助的人当然不会是凡夫俗子，相助平将门也因为他是天皇的后裔。换句话说，八幡神授予皇位的人，必须是皇族才行。《将门记》表面上看似描写了一个王孙谋反失败的故事，但它说明了成为天皇的必需条件，以及天皇与神祇的关系。平将门的失败并不意味着八幡神无能，反而更强调八幡神显灵，配合平将门的皇族血液，才有资格与天皇处于平等的位置，一较高低，甚至获得与天皇分土而治（关东八国）的机会。

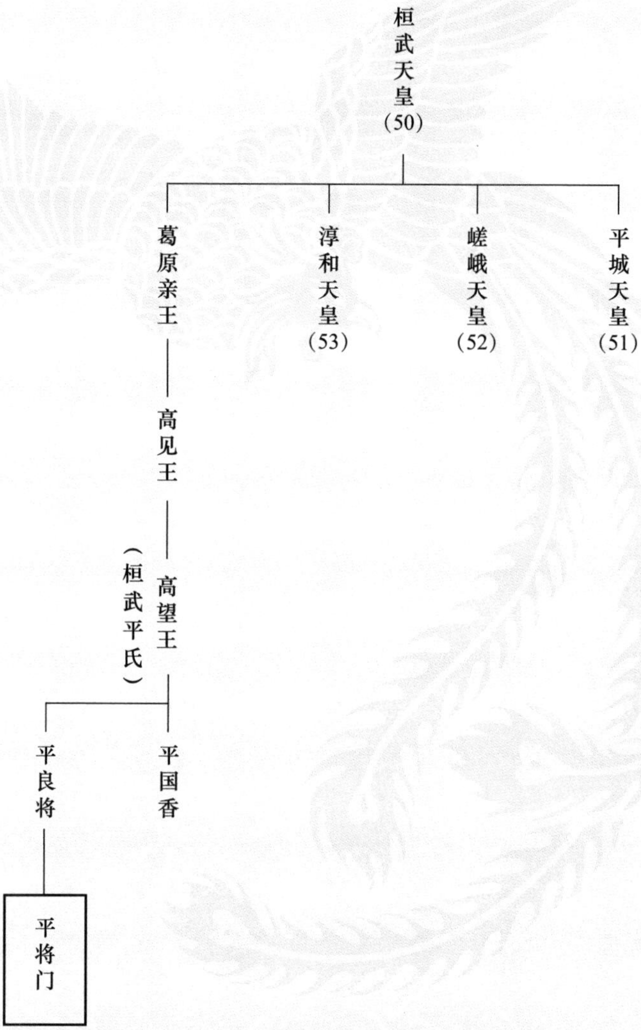


图 1-5 平将门与天皇的关系图

# 第二章　乱世中的天皇（中世篇）

## 1. 天皇为什么与藤原家共治天下？

### （1）“摄关政治”的迷思

相信不少读者听过“摄关”这个名词，“摄”是摄政的简称，而“关”则是关白的简称。“摄政”顾名思义就是摄理政事之意。天皇年幼时，摄政协助幼帝主理国政，天皇成年后，摄政改称关白，协助天皇总揽政事。换言之，摄政与关白本来是两个因应不同情况而设置的特别官职，但一直到10世纪为止，虽时有设置，但都是临时性质，不是常置官职。

至平安时代初期为止，摄政本来只限天皇的家族成员来担任，而且一般都是皇太子或至亲的皇族。而在1000年后的明治维新时，一直标榜“王政复古”的日本政府为了宣示天皇摒除权臣专权的意志，恢复由成年皇太子担任摄政。昭和天皇便曾在太子时期担任摄政，协助体弱多病的父亲大正天皇管理国家。

话虽如此，10世纪后半期开始，摄政与关白已经完全成为藤原氏中的藤原北家（又称“良房流”）的囊中物，直到明治维新，前后持续将近1000年。就日本的历史发展过程来说，皇族摄政存在的时间还是相对短暂的。

### （2）天皇不是傀儡

希望读者留意，藤原氏能够晋升“摄关”之位，继而把持该职将近千年之久，是因为藤原北家在11世纪时成为天皇的外戚，从此与天皇家建立唇齿相依、难分你我的关系。这使得不少人以为藤原北家已经不用理会天皇是长是幼，可以恣意妄为，代替天皇掌管国家，而天皇似乎成为“花瓶”。

可是，摄关政治并没有那么简单。藤原道长虽然将藤原北家推向最高峰，世称“御堂关白”，但事实上他从未担任过关白，只曾担任摄政一年。还有，自他的五世祖（首位非王族摄政藤原良房）直至道长之父藤原兼家为止的一个多世纪里，代代皆出关白和摄政，但不要忘记这一百年同样是天皇史上少有的亲政时代，那时候宇多天皇、醍醐天皇、朱雀天皇和村上天皇四代的治世，在日本历史上被称为“圣代”“盛世”。可见道长以前的藤原北家即使身兼关白和摄政，其实也无损天皇的统治权。

藤原北家成为摄关，不代表天皇变成傀儡，这是为什么呢？

### （3）摄关藤原家的真正武器——外戚身份

摄政与关白到10世纪前半期为止，都是不常置之官（令外之官）。按当时的规定，两者只是辅助之职，不能干涉天皇管治，也不可参加天皇与朝廷大臣（太政官）商议国政的公卿会议。另外，当时在天皇与太政官之间，还存在一个名为“内览”的官职，他有权在公卿会议审议之前阅览天皇的决策案和旨意草案。显然，这个内览之职才是真正左右政策的职位，但担任内览的公卿不一定是藤原氏出身，内览与摄关本是两个系统。

不过，在道长登场之前，上述的规定逐渐出现变化。962年，藤原伊尹（道长的伯父）趁在位的冷泉天皇（村上天皇之子）体弱无子，决定先下手为强，发动“安和之变”，排斥有力政敌源高明，使藤原北家完全垄断了朝政。自此，藤原北家的地位渐次巩固，摄关正式成为常置之官，藤原北家也独占内览。到了道长时代，以内览把持朝政，继而独占摄政、关白之职的“摄关藤原家”正式诞生。

上文曾提到道长非但没有担任过关白，而且只担当了摄政一年。但是，由于他一直担任内览，因此依然能在朝廷里呼风唤雨。当然，这不代表外戚的身份不再重要。道长进入政坛后，先后将自己的4个女儿嫁给天皇和皇族子弟为妻，确保不论天皇是谁，藤原家的外戚身份都得以万全。

然而，这并不意味着天皇家从此成为傀儡，摄关藤原家的诞生不等于天皇衰微。藤原北家的子孙即使占据了朝廷最重要的职位，但他们想要把持权柄，关键还是靠宗族女子成为天皇的后妃和母后。换句话说，藤原道长的子孙要继续握有权位，第一，在任的天皇必须一直早逝，由藤原北家出身的母后代幼帝统率皇室；第二，天皇得继续迎娶藤原道长的宗族女子为后。藤原北家的这些女子成为天皇的母后以后，便可以利用国母的身份，协调夫家天皇家与娘家藤原家双方的利益，姻亲成为两家共治天下的关键。

另一方面，藤原道长和他的子孙虽然靠宗族女子成为国母，再把持朝政，但既然摄关是辅助之职，天皇成年后，藤原家也没有阻止之理。而且，自 8 世纪以来，“天皇是神的子孙”的观念逐渐根深蒂固，藤原氏为了保证自己有大义名分去扶持天皇家，只能利用宗女延续下去。

### （4）藤原氏成为佐翼之臣，再被削弱权力

自 7 世纪中叶的白村江之战（663 年）后，日本外无敌患、内无战乱，没有任何政治条件可以动摇天皇的存在根基，藤原氏最终选择了“佐翼之臣”的角色。

11 世纪初，藤原道长之子赖通接掌摄关、内览之职，在位的后三条天皇年轻力壮，决定在不影响国政的前提下，限制藤原家族的势力，振兴天皇的权威。天皇迎娶了同是藤原家出身，但属于势力较弱的分家女子为后，变相地削弱了赖通的摄政名分。自此，叱咤朝野百余年的摄关藤原家迎来了君权重新膨胀的时代，即史上有名的“院政时代”。

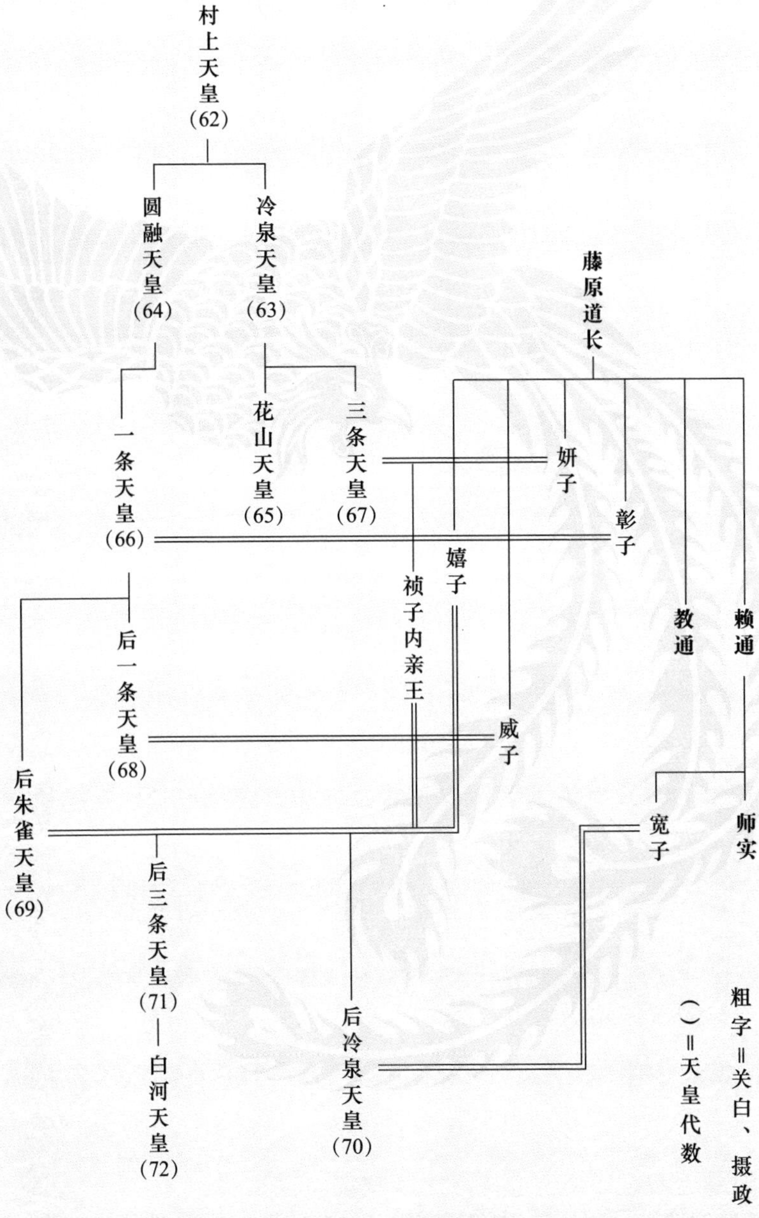


图 2–1　天皇与摄关藤原家的姻亲关系

## 2. 院政是怎样的制度？

### （1）二王共存：天皇与太上天皇

退位后的天皇，其正式名称是“太上天皇”，简称“上皇”。上皇的历史悠久，早在公元7世纪的奈良时代便已经存在。在这之前的大和时代，天皇（本来称为“大王”）与贵族联手共治。但自11世纪开始，为“院政时代”。太上天皇一般被称为“院”或“上院”，“院政”就是退位天皇仍然握有执政实权，并且以“天皇家之长”“天皇之父／祖父”的至尊身份，与在位的天皇以及摄关藤原家合力统治国家，是一种极为特殊的政治制度。

从历史发展来说，院政并非一开始就存在。奈良时代出现太上天皇，是由于当时王族之间的争权政变繁多，在没有确立皇太子制度时，天皇为了确保自己的血脉能够继承王位，于是选择了生前退位、先立继承人为天皇的做法。与后来的院政不同的是，那个时代的太上天皇与天皇不一定是父子关系，有的是母子、祖孙、兄弟等，而且奈良时代的太上天皇普遍不会主动干政，也没有自己的官署和势力。

虽然如此，真的到了危急关头，奈良时代的太上天皇可以重新成为天皇，这在奈良时代有过两例。一般来说，奈良时代的太上天皇还是为守护天皇统治制度安定而存在的。

随着王权交接恢复稳定，太上天皇没有被废，仍然存在。到了9世纪末，贵族之中一个有力贵族——藤原氏——获得天皇重用而崛起。当中的藤原北家利用外戚身份，手握最高辅政之职摄政和关白，奉天皇为君，代管国政，史称“摄关政治”。而那时候太上天皇仍然存在，这意味着最高权力是天皇、太上天皇、摄关藤原家三方共治。

约100年后，与藤原氏没有直接血统关系的后三条天皇即位，决定收回部分权力，削弱藤原家的威势。他的继承人白河天皇沿袭其方针，同时仿效藤原氏的手法，积极利用太上天皇的身份代替天皇执政，院政自此诞生。

值得我们留意的是，自平安时代开始，太上天皇与天皇之间原则上只限父子、祖孙和兄弟关系，奈良时代的女天皇已然被完全否定了。而且，院政也只限由现任天皇的父亲或祖父来开设。这个规定象征着当时日本上流社会增强了“父权为贵”的意识，以及父子相承的必然继承条件。在这个原则下，一旦天皇膝下无子或儿子尚幼，在主观感情上是不想由弟弟接任下一代天皇的。不过，如果太上天皇仍在，又手握院政之权的话，天皇受制于父皇的权势，也只能传位给弟弟，间接埋下了兄弟两支血脉明争暗斗的危机，这个危机也在200年后成为事实（请参考本章第4问）。

### （2）从兴起到终结，院政分为四个时期

作为天皇之父，白河上皇以来的院被冠以“治天”或“院治天”之名，以曾为天皇之尊以及现任天皇之父获得凌驾于天皇之上的权威，而且身为退休人士，院比较不受朝廷的礼仪和规范限制，可以随心所欲地指导天皇治国。

上述所谓的“治天”之语，来自大和时代国王的称号——治天下大王（后来改为“治天下天皇”）。“天下”也就是日本国的意思。

因此，“治天”本来是天皇的代名词，太上天皇恒久出现后，也成为上皇的别称，所以，“治天”存在两义，一些记录称上皇为“院治天”来划分。又有另一种分法，将现任天皇称为“院”，太上天皇称为“上院”。为免读者觉得复杂，本书一律统称为“太上天皇”。

由于当时的朝廷实际上已经放弃了源于中国王朝的中央集权制度，改为与藤原家为首的朝廷贵族和各大寺院“瓜分”日本的国土，代为自己的庄园，再由天皇以国君的名义做出承认。而天皇本人退休成为太上天皇之后，也加入了“瓜分”国土的行列，而且利用国君的权威，大量拿下日本各处的土地作为自己的庄园，称为“院领”。

换言之，院政兴起时，日本形式上是集权，实际上则走上庄园制度。然而，天皇作为国君和当权者，不能以权谋私，但太上天皇则没有这个政治约束。因此，只有早日成为太上天皇，才能继续以庄园领主兼天皇家之长的双重身份，谋取最大的利益，并且成为日本国内最大最强、有权有势有财的权力者。院政自白河上皇在 1086 年让位开始，一直到光格上皇于 1840 年去世为止，前后共维持了 700 多年。历史学家一般将这 700 多年的院政时代分为四个时期，院政在这四个时期也存在着不同的特质。

第一个时期：从白河上皇开始实行院政到鸟羽上皇为止的 60 年，是院政的草创期，各种与之相关的独立官署院厅、院的执事院司等，在这一时期陆续诞生。

第二个时期：后白河上皇到后鸟羽上皇的时代，前后约 60 年。这时期正值武士崛起，但也是院政最鼎盛的时期，两者联手削弱了摄关藤原氏的势力后，一段时间内保持合作无间的关系。可是 1221 年，承久之乱爆发，院政与朝廷势力被武士政权——镰仓幕府——盖过，院政能够呼风唤雨的时代也到了尾声（详见下一问）。

第三个时期：承久之乱后到南北朝时代开始为止的100年间（1221—1321年），是院政权力受到幕府压制的时代。虽然当时朝廷受到镰仓幕府的干预与影响，国家统治大权也握在幕府手上，但贵族和寺社的支配权仍然由院政支配。在这100年里，经过数代院与天皇的努力，适应社会时政的变化，改革了朝廷的架构，成为后来朝廷的基本形态，直至幕末。

第四个时期：室町时代以后到明治维新为止的600余年。虽然院政依然存在，但随着室町幕府在京都成立，这个“皇家最后堡垒”的统治权慢慢受到室町将军的干预，形成了天皇与将军共存共荣的状态。在这种情况下，院政已经变成徒有其表的制度。那个时代以后的天皇即使让位成为院，也不再像过去一样可以呼风唤雨，基本上是与天皇唇齿相依，去应对幕府。

到了1840年，光格上皇逝世后，院政便不再出现，可以说自动结束了。顺带一提，2019年退位的平成天皇在退休后，被称为“上皇”，当然在宪法之下，这位时隔近180年来首次出现的上皇将不会实行院政，而是名副其实的退休天皇。

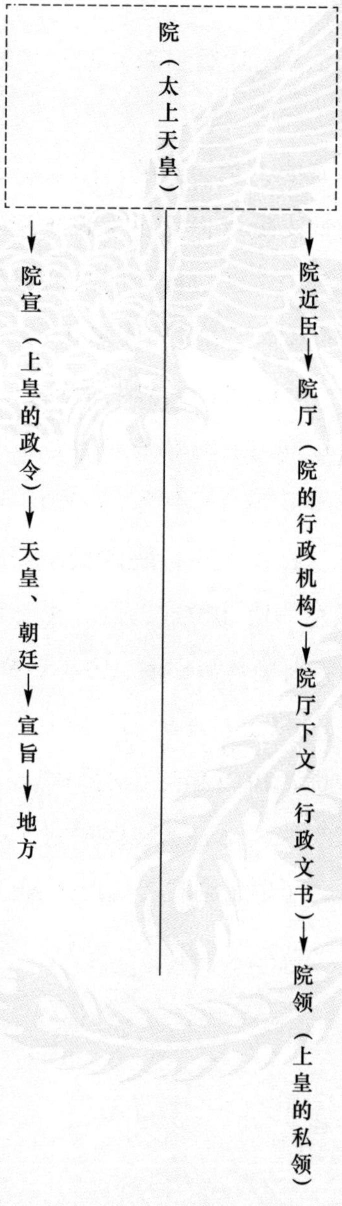


图 2–2　平安时代“院政”的权力架构

## 3. “承久之乱”为何给天皇制带来重大影响？

### （1）什么是承久之乱？

1221年，发生了日本史上十分著名的承久之乱，这是日本国史教科书里必然提到的一课。对天皇来说，这是一个空前的历史大事件。简而言之，承久之乱的起因与后鸟羽上皇有关。当时领导朝廷、开设院政的后鸟羽上皇不顾朝廷内部的反对，在1221年向镰仓幕府宣战。上皇一方原本形势大好，但镰仓幕府迅速决定应战，并且发动三路大军直扑京都，最终上皇方大败。他本人被幕府捉拿后，与另外两个已让位的上皇——土御门上皇与顺德上皇——都被流放外地。后鸟羽上皇被流放到隐岐，土御门上皇被流放到阿波（今天的德岛县），顺德上皇则被送到佐渡岛（今天的新潟县）。而在兵乱前刚就任的仲恭天皇（后鸟羽上皇的皇子，正确名称是“九条废帝”，“仲恭天皇”是明治维新后追封的）以及他的两名皇弟，一样遭到流放。

11世纪发生的保元平治之乱，战败的崇德上皇也被处以流放之刑，被放逐到四国赞岐（今天的香川县），可以说天皇被放逐不是没有先例。可是，1221年的兵乱后，战败方的数名天皇与皇子都一一被处罚，人数之多，在日本历史上是绝无仅有的。

战事后，取得空前胜利的镰仓幕府便开始加强对朝廷与京都的控制，甚至在京都设置了著名的“六波罗探题”，专门监视朝廷的举动，又干预天皇的继位等原本不得过问的天皇家事。换言之，承久之乱使幕府有了干预朝廷的口实，强化了镰仓幕府对国家的控制。另一方面，幕府加强控制朝廷的结果，是使部分贵族和王族心生不满，这在某种程度上也间接地引致了100年后后醍醐天皇因为不满幕府决策，决定仿效后鸟羽上皇去挑战幕府，而他最终成功了。为什么上皇们与朝廷会突然向镰仓幕府宣战？

### （2）天皇与幕府的战争

天皇向幕府宣战的原因，一般说法是因为后鸟羽上皇对幕府专横、控制国政感到不满。可是，这不过是军记物语的说法，并没有确实根据。事实上，后鸟羽上皇本来跟幕府的关系十分不错，更与当时的镰仓幕府第三代将军源实朝（源赖朝之子）有一定的交情。

总而言之，上皇对幕府并不是从一开始便心生恨意的，那时候的幕府没有控制朝廷之举，西日本各地区仍未完全受镰仓幕府控制，幕府的势力范围和重心依然以东日本为主，更没有插手天皇与朝廷内部的事宜。所以，军记物语的情节只是附会之说。上皇动兵的真正原因有二。

一是与上皇相知相交的第三代将军源实朝，被幕府执权北条家和他的生母北条政子暗杀，使幕府与朝廷关系出现不稳。二是源实朝死后，幕府决定让九条家的子弟来当新将军，实权则由北条家把持。

九条家是朝廷贵族中地位最高的摄关藤原家的有力分家，当时后鸟羽上皇同意了这个安排，但有朝臣认为九条家出任将军，不仅会伤害他们的利益，而且九条家将因此壮大，使朝中各家贵族（尤其是摄关藤原家的其他分家）之间的势力失衡。于是，不满九条家独享利益的贵族们便向上皇表达不满。

一系列由源实朝被暗杀所引发的人事、利益问题，最终使上皇决定以武力迫使幕府撤回招请九条家子弟当将军的决定，改由其他人（例如他的皇子）来出任，以保朝廷内部的和顺。但是上皇的要求打乱了幕府的盘算，结果遭到幕府拒绝。威信尽失的上皇决定与幕府兵戎相见。换言之，上皇本来针对的是新将军的人事安排，而不是幕府本身。

### （3）战败背后的天皇观

天皇战败是因为幕府拥有强大的军事资源，但是在起兵之初，敢响应幕府的号令，将矛头指向天皇的武士寥寥无几。因为当时的镰仓武士一直都以侍奉天皇、护王护国为最高使命，不存在与天皇、朝廷敌对的思想。所以镰仓幕府得知上皇要号召全国上下去打倒幕府时，北条家也出现空前的信心危机。

然而，就在这危急存亡之际，两名从京都来效命的中下级贵族大江广元（战国名将毛利元就的祖先）和三善康信向幕府进言，并要求幕府立即出兵进击京都，更指出兵讨幕的上皇是“祸乱天下”的坏天皇，幕府和天下人有责任“拨乱反正”。

同时，在京都的九条家也对上皇的行为感到不满，更主张贵族为了天下和祖宗基业，以及身为“佐翼之臣”，有必要阻止行为不正的天皇，以保天皇家的存续。

换言之，当时的上流社会是将天皇与天皇制度分开来理解的，他们誓死保护天皇的安全与天皇家的存续，但同时也义不容辞地将不合众人利益的天皇赶下皇座。这个思想与当时盛行的儒家德治思想有莫大关系——只要是祸乱天下、私德有亏的天皇，都会被认为是难以胜任天皇大任的“失败品”。当要更换天皇时，贵族不能以下犯上，与天皇对立，而是另立新天皇后，由新天皇来处罚旧天皇。承久之乱后一众天皇被流放，也是由新天皇下旨决定的。

承久之乱在日本天皇历史上究竟有何意义呢？除了是天皇史上少有的大败北，也使天皇正式成为武士政权下的监视对象和保护人物，其自主权和统治权进一步受到控制。也就是说，承久之乱使幕府得以控制日本全国，包括了天皇政权，确实堪称划时代的重大事件，也为天皇历史发展带来重大转折。

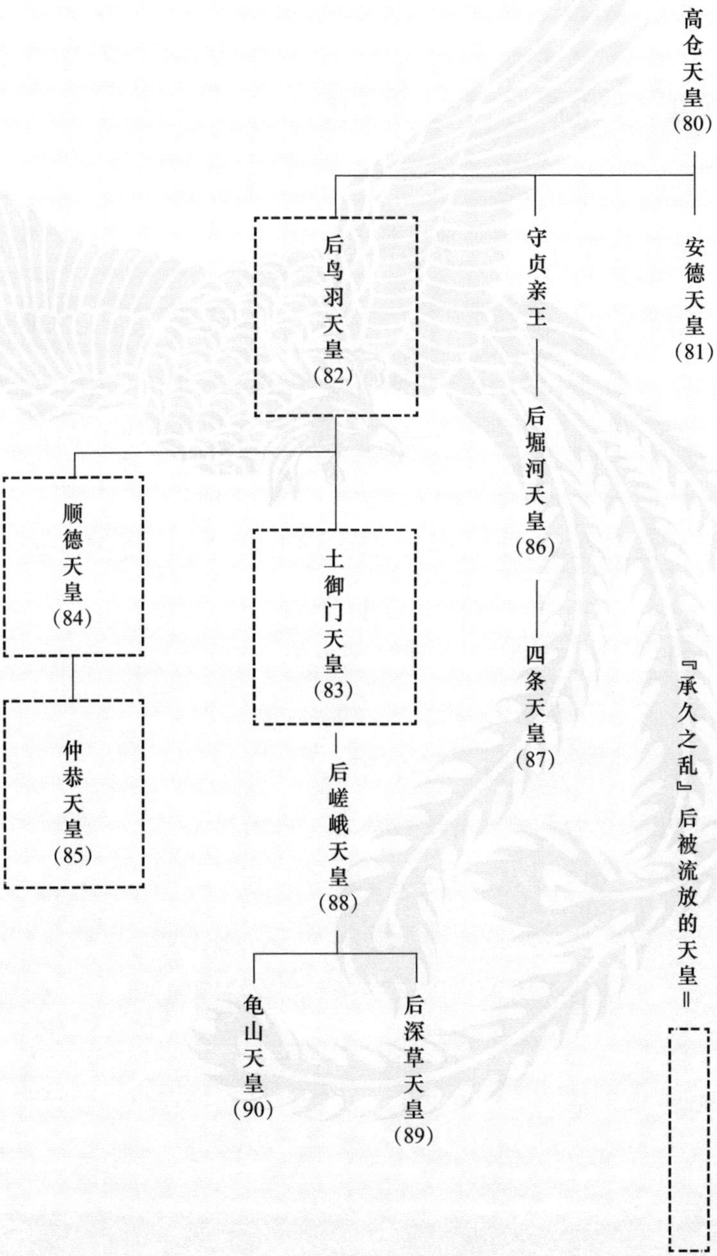


图 2–3 “承久之乱”时期的天皇关系图

## 4. 天皇的内讧催生了南北朝时代？

### （1）绝无仅有的皇家分裂危机

公元5世纪，在中国历史上出现了南北朝时期，800年后的14世纪中期，日本同样有一个南北朝时代，但不同的是，中国的南北朝时期是来自北方的少数民族入侵中原地区，并且在黄河流域建立了政权，与长江流域以南的汉族政权对抗。日本的南北朝时代则没有外族入侵，也没有敌对的他姓政权，而是出现两个各拥天皇的朝廷，然后互相否定对方，引发了持续60年的内乱。

为什么会出现这个日本史上的重大危机？这还要追溯到13世纪，并且认识一个历史名词——“两统迭立”。

两统迭立是指在镰仓幕府后期，当时的太上天皇后嵯峨上皇让两个儿子成为天皇——兄长是后深草天皇（他的子孙称为“持明院统”），弟弟是龟山天皇（此脉则称为“大觉寺统”）。

后嵯峨天皇其实希望幼子继承大统，但当时长子后深草已成为天皇，于是后嵯峨天皇以父皇身份让后深草退位，由龟山天皇继位。此例一开，再下一任的天皇会是谁，便引起朝中关注。可是，后嵯峨天皇在还没决定下一步时，便已经逝世，当时朝廷里已有两位太上天皇——后深草、龟山，在位的后宇多天皇是龟山上皇之子。

镰仓幕府的执权北条时宗向后嵯峨天皇的宠妃，即龟山天皇生母大宫院询问后嵯峨天皇生前意愿时，龟山天皇的血脉自

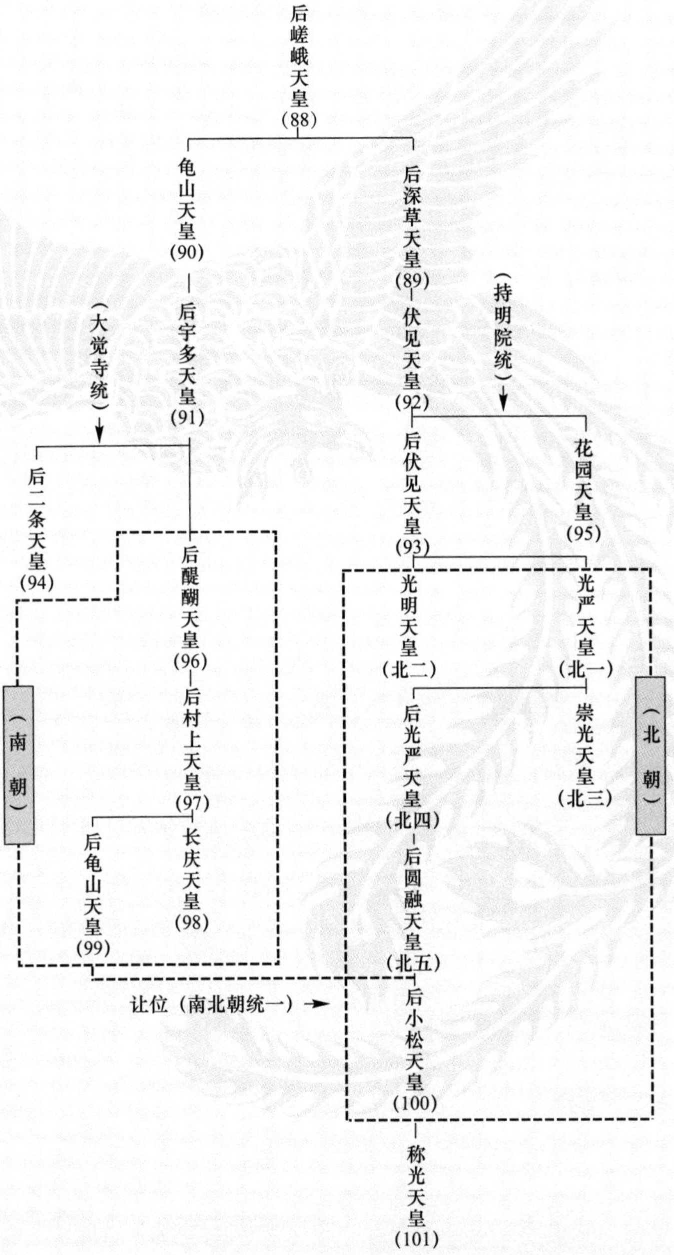


图 2-4　日本南北朝时代的天皇关系图

然成为必然之选。可是幕府同情后深草天皇的处境，加上当时正值中国的元朝向日本施压之际，时宗为免节外生枝，于是决定执行折中方案——让后深草上皇的长子成为后宇多天皇的皇太子，即后来的伏见天皇，而后宇多的长子（后来的后二条天皇）则成为伏见天皇的皇太子。自此，后深草、龟山两兄弟的子孙轮流成为对方的继承人和候任天皇，让位后的天皇只能在儿子成为天皇时，才能以太上天皇的名义握有统治朝廷的实际权限，即院政。不过，由于当时强调父子相承，院政的开设权只能在自己的血脉成为天皇时才得以启动，对方的子孙成为天皇时，则由其父或祖父来开设院政，成为具有实权的太上天皇。因此，站在任何一方的角度而言，他们都希望自己手下那个名义上的皇太子、对方血脉的天皇赶快下台，让与自己一脉相承的人继位。

显然，北条时宗这个做法表面上看似维持了朝廷和睦，但实际却使得后深草、龟山的子孙千方百计地要扳倒对方，早日实现“皇统一统”的终极目标。可是，碍于幕府以仲裁者的身份平衡两方，两家的“心底话”一直难以言明，同时也开始将怨气和不满指向幕府。

### （2）挑战命运的后醍醐天皇

将这一情绪表露出来的是属于龟山上皇血脉（大觉寺统）的后醍醐天皇。后醍醐天皇是后宇多天皇的次子，后二条天皇的弟弟，原本没有希望继承皇位。可是，兄长后二条天皇早亡，加之他的儿子邦良亲王年幼，天皇之位依规定回到持明院统的花园天皇手上。按照上面轮流继位的原则，年长的后醍醐天皇成为父皇后宇多手上唯一的牌，于是，奇迹般的机会降临了。

可是，从结果来说，这才是后醍醐天皇不幸人生的开始。由于后宇多仍然属意已故长子后二条天皇一脉，即后醍醐天皇的侄儿邦良亲王继承王位，后醍醐天皇继位充其量只是过渡性的安排，待邦良亲王成年后，后醍醐天皇的“历史任务”便告完成。

比起其他受两统迭立影响的天皇，后醍醐天皇显示出不甘心的态度。1324 年，一直在背后操控谋划的后宇多上皇因病去世，邦良亲王也在两年后的 1326 年病故，后醍醐天皇的命运又迎来一个新转机，他只需要考虑怎么应对持明院统的天皇。

后人感觉后醍醐天皇是一位想打倒幕府，实现王权再兴的天皇。其实他一开始想打倒的不是幕府政权，而是两统迭立的局面，然后实现皇统一统。然而，从结果以及当时的现实来说，要达到这个目标只有两个可能，一是幕府取消两统迭立原则，另一个则是打倒幕府。

后醍醐天皇最终决定要推翻幕府，可见他个人意志之强与执着之烈。经过了两次起事失败（1324 年“正中之变”、1331—1333 年“元弘之乱”），他终于得到了不满镰仓幕府统治的武士的响应，并于 1333 年将其打败，奇迹般地实现了没有幕府将军和摄关干预的“王政复古”，而且否定了持明院统天皇的继承权。

后醍醐天皇打倒幕府后，如何善后和安抚各个既得利益者的问题接踵而来。结果证明他对此没有充分的准备，独自撑起来的“建武新政”经过三年挣扎，终于在怨声载道下崩盘，被一心想重建武士政权的足利尊氏打败，第二个控制天皇的幕府政权由此诞生。

后醍醐天皇与他的子孙逃到吉野，联合一度被打压的持明院统天皇与足利尊氏建立的室町幕府继续抗争。后醍醐天皇结束了两统迭立，结果却将问题推向更复杂的局面，形成了日本历史上长达 60 年的南北朝时代。

## 5. “日本国王”足利义满打算篡夺天皇之位？

### （1）最广为人知的室町幕府将军——足利义满

相信不少读者通过著名日本动画“一休”认识了室町幕府第三代将军足利义满。撇开动画，义满仍然是最为华人所熟识的室町时代的日本人。这不是因为他开创了灿烂的北山文化，使室町幕府走向安定强盛，他被我们记得的最大原因，是他曾被明朝册封为“日本国王”，等同代表日本向明朝称臣纳贡。

也因为这个原因，足利义满在江户时代后期便被尊王派狠批，他的名字以及他的室町幕府，成为“轻蔑天皇与国家的逆贼、权臣”的代名词。又有历史学家认为，义满打算利用明朝册封“日本国王”为大义名分，否定天皇的合法性。这个观点也影响到华人世界，使我们以为他真的是一个想取代天皇，自立为“日本国王”的野心家。真相真的是这样吗？我们先简单介绍这位风云人物。

室町幕府第三代将军足利义满（1358—1408）在1367年继承父亲足利义诠的权位成为将军，当时他不足10岁，全赖室町幕府的老臣细川赖之、斯波义将和其他幕臣辅政，才得以顺利接掌大位。

当时，使日本分裂为二的南北朝争乱已近尾声，幕府拥立的北朝天皇，其地位已经稳如泰山。到了1392年，以义满为首的幕府终于诱使在大和国吉野（现在的奈良县）和九州负隅顽抗的南朝天皇妥协，承认了北朝天皇的合法性，史称“南北朝合体”。

在这前后，义满也分别将威胁幕府的强大诸侯——山名家与大内家打败，迫使他们成为幕府体制下的藩臣；同时，义满利用余威，打压在南北朝内乱时期大权独揽的九州探题今川了俊，并迫使一直想并吞幕府的亲戚镰仓公方足利氏满再次臣服于幕府。自此，室町幕府统治下的日本总算回归和平稳定。那时候，义满不过23岁。

平定外乱之后，足利义满接下来面对的问题便是如何处理与天皇和朝廷的关系。身为幕府将军，又是北朝天皇的保护者，足利义满早早便身处高阶官位，在完全统一日本的1392年，他已经是仅次于天皇、与摄关平起平坐的“准三后”（当时的荣誉称衔，地位仅次于皇后、皇太后与太皇太后，实质上就是地位仅次于天皇，与摄白同等之意）。

正所谓少年得志，义满才24岁便位极人臣。但是，义满晋升的步伐还没有停止。他接着在1394年将将军之位让给了长子，即第四代将军足利义持，自己成为最高官位的太政大臣。之后他又辞去所有官职，决定出家，法名“道义”。这样，他就成为一个不受官职制度左右，而且不受世俗之礼约束，却又手握所有权力的统治者，也就只有天皇在权威及地位上能与他相比肩了。

### （2）“日本国王”与天皇的关系

重新统一日本的足利义满与天皇又是怎样的关系呢？其实，当时的后圆融天皇与足利义满是同年岁的年轻帝王，他对于义满人气疾升、炙手可热，的确感到不快。加上朝廷贵族陆续惟义满马首是瞻，不少人甚至游走于幕府与朝廷之间，左右逢源。后圆融天皇看在眼里，自然火冒三丈，不时做出一些过激行为。例如，他怀疑自己的妃子与义满有染，于是发生“家暴”事件，对妃子拳打脚踢，被群臣发现后，又突然扬言要自杀了断；后更因为不满贵族向义满献媚，于是“罢工”不上朝。

但讽刺的是，正因为天皇的“超个性”行为，导致朝廷运作不时出现问题，最终导致朝臣向权倾天下的义满求助，结果间接地提高了义满的地位与威望。而且，后圆融天皇驾崩后，义满认为新上任的后小松天皇父母双亡，为国家不幸，于是让自己的妻子当上了天皇的义母，自己则成为天皇的监护人。他利用这个机会提高自己的地位，各种仪式都按照天皇的等级来进行。义满去世后，朝廷更主动追封他为太上法皇（出家的太上天皇），但遭到幕府拒绝。这些行为都被质疑义满有夺国野心的历史学家列为“罪证”。

对于这批历史学家以及认为义满有心篡夺天皇之位的人来说，最重要的证据莫过于他向明朝称臣，受封为“日本国王”。明朝曾在日本仍处于南北朝分裂的时期，派使者到九州，要求当地的南朝势力打击猖獗的海盗行为。这个消息辗转传到了义满耳中，他与幕府担心外国以为南朝才是日本的代表权力。

到了 1401 年，已经位极人臣、结束南北朝的义满终于向明朝派出使者，要求交流和进行贸易。当时他使用的头衔是“日本准三后源道义”，完全是“日本制造”的头衔，明朝对这个称号完全不理解。明朝只接受其他国家以国王为代表向其称臣，对于日本的官制认识不足，于是回信时便册封义满为“日本国王”。

义满和幕府希望与明朝交流和贸易，现在也理解了明朝的“游戏玩法”，两年后（1403 年），便决定顺应明朝的要求，上表称臣，接受明朝的册封。

这似乎是明明白白的卖国、欺君行为，但我们要理解，“日本国王”之称在当时的日本国内属于极隐秘事项，而且只限在幕府写给明朝的外交文书上使用。幕府与义满从一开始便没有打算让国内的权贵知道这件事。他们之所以这样做，是因为接受册封才能与明朝贸易，而并不打算利用这个封号在国内耀武扬威。

在当时贵族们的历史观里，日本从没有向中国称臣的记录，也不存在这种观念。义满与他的幕臣，还有当时的武士、贵族，尊崇天皇为神圣存在的意识深入骨髓，从史料里未曾看到他们有过否定天皇的记载。而且，义满即使真的想利用这种方式改变制度和历史，也难以获得支持。

无论如何，义满在日本国内外的举动的确使他成为日本的国家代表。但是，借国外势力来否定天皇不太现实，而在国内要靠权臣身份去否定天皇，又没有合法的依据。最后，义满突然逝世，所有的问题都成为不解之谜。眼下质疑义满有意取代天皇的说法，也只能说是“诛心”的阴谋论了。

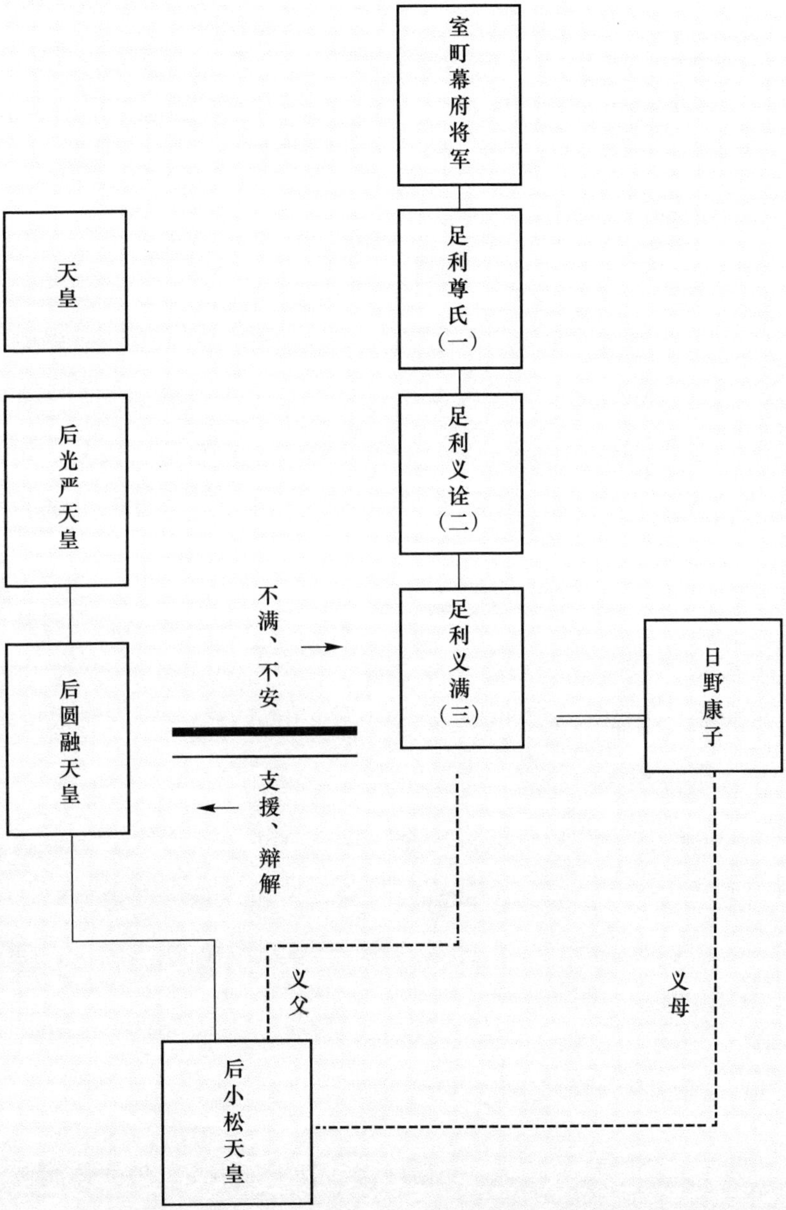


图 2–5　后圆融天皇与足利义满的关系

## 6. 战国时代的天皇有多潦倒？

### （1）天皇的战国时代

说到战国时代，不少人可能立即想到盘踞日本各地的战国大名怎样叱咤风云、驰骋天下，当时身处京都的天皇却一直默默无闻，仿佛与战国时代毫无交集。这当然是因为我们都认为天皇在那时候是没有权力的政治象征，只是接受室町幕府，以及后来的战国大名，还有三个“天下人”——织田信长、丰臣秀吉和德川家康——供养的存在。

而且，受到游戏和小说影响，不少人听过以下说法：那时候曾经有天皇靠卖自己的字画以及向大名卖官鬻爵来赚钱为生；天皇驾崩后迟迟不能下葬，最终遗体在盛夏里发臭发胀，历时良久才凑足钱举行葬礼。

以上这些说法均不能说完全正确，有些更是夸张其事、道听途说。活在这100多年的战乱时代里的四位天皇，努力地排除万难，以免祖业丧于己手。究竟这四位天皇是如何走出困境，使天皇制得以继续发展的呢？

### （2）生于乱世的四位天皇

关于战国时代的始终，到目前仍然有不少争论，但大体而言，是15世纪末至17世纪初的100多年，其间有四位天皇在位，分别是后土御门天皇、后柏原天皇、后奈良天皇和正亲町天皇。后土御门天皇即位于 1464 年，三年后便爆发了著名的“应仁·文明之乱”（1467—1477 年），而最后的正亲町天皇则在丰臣秀吉统一日本前 4 年（1586 年）让位给孙儿后阳成天皇。

| 代　数 | 天　皇 | 生卒年 | 在位期间 |
| --- | --- | --- | --- |
| 第 103 代 | 后土御门天皇 | 1442—1500 | 1464—1500 |
| 第 104 代 | 后柏原天皇 | 1464—1526 | 1500—1526 |
| 第 105 代 | 后奈良天皇 | 1496—1557 | 1526—1557 |
| 第 106 代 | 正亲町天皇 | 1517—1593 | 1557—1586 |

换句话说，后土御门天皇的治世刚好是室町幕府走向衰亡的前夕，而正亲町天皇的让位，则标志着战国时代已步入黄昏，处于两者中间的后柏原天皇和后奈良天皇则经历了战国时代最混乱的岁月。

除了活在乱世，战国时代的天皇与其他时代的天皇最大的分别是终生在位。战国时代之前和之后的天皇，直至 400 年后明治维新为止，生前让位是理所当然的做法，以确保自己选定的继承人继承大统。可是，在战乱频仍的战国时代，天皇与朝廷的保护者室町幕府早已自身难保，没有余力去供养天皇，幕府将军因为卷入战乱，经常转战于京都的外围。

失去了靠山和“赞助人”的天皇被迫离开常住的皇宫，到京都内其他地方避难。事已至此，为了活命和保持朝廷运作，以天皇为首的京都贵族只能靠自己闯出一条活路，以保朝廷不会与幕府一起灭亡。

随着战乱持久，情况越来越不利，朝廷因为缺乏幕府提供资金而运作不了，陷入停摆状态。不仅如此，天皇的生活开支所需也因为没有支援而出现困难。天皇与朝廷贵族只好减少各种圣俗仪式，或者将仪式规模缩小，小规模的就干脆停办，以求度过时艰。其中，最受影响的便是天皇的葬礼和新天皇的即位仪式。

“战国四天皇”之一的后土御门天皇在1500年去世，他的葬礼受到战乱影响，足足拖延了43天才完成。他的继承人后柏原天皇在1526年去世，葬礼同样因为战乱和经费问题延误了22天，下一任后奈良天皇的葬礼则足足等了77天才完成。

另一方面，天皇的即位礼自后柏原天皇起，相关仪式如大尝祭（详见第五章第4问）等一律停办。即便是从简后的即位礼，也足足拖了20年又6个月才顺利完成，那时的后柏原天皇已经是半百老人了。相比之下，他的继承人后奈良天皇和正亲町天皇的即位礼虽然只拖了数年时间就完成了，但也肯定成为两人的人生遗憾。

作为一国之君、天神的子孙，连即位登极和下葬举丧这种大事，都因为战乱而没有办法顺利完成，足见战国时代的天皇算是处于1000多年天皇史的谷底，那是天皇史上的“黑暗时代”。

### （3）天皇的战时经济学

虽然极尽潦倒，但正所谓“绝处逢生”，四代天皇都想办法来度过困局。其中一个重要的方法，便是积极与当时崛起的战国大名交往。从前室町幕府仍然强大的时候，朝廷与天皇根本不会与地方诸侯积极交往。然而，幕府已经危在旦夕，新崛起的战国大名也急需获得权威来确保霸权获得正当性，除了将军，没有比身为“天神子孙”的天皇更尊贵的权威了。因此，天皇与大名一拍即合，天皇通过授予官位来换取献金，挽救濒临破产的财政。

不过，如果战国大名出身太低或出价太低，天皇也不会轻易答应。事实上，“战国四天皇”中的后奈良天皇多次因为卖官鬻爵而感到有莫大的罪恶感。为了生存，天皇们做出了很大的改变，违背自己的良心，承受道德谴责。

另外，当时天皇与宗教界有较紧密的来往，各寺院的新任住持最终都想通过天皇下令承认来获得保障，他们也会献金。朝廷的贵族也会到处奔走，为自己、朝廷和天皇筹措财源，曾有贵族向后奈良天皇求要天皇手写的佛经，做出门保平安之用，之后却转售给地方的大名牟利。

这个故事成为我们常听到的“天皇卖字画谋生”的故事原型，其实并非如此。天皇写佛经给贵族是事实，但其实没有变卖之意。而从结果来看，天皇靠着贵族的智慧，与各地方势力建立了关系。

天皇与贵族这种谋生之道，一直到70年后（1500年后土御门天皇驾崩起算），织田信长于1569年拥戴室町幕府第15代将军足利义昭上京任职，才算告一段落。

## 7. 天皇与织田信长、丰臣秀吉的关系如何？

### （1）信长忠于天皇还是想取代天皇？

提到织田信长，一般读者都会认为他杀人如麻，是遇神杀神、遇佛杀佛的乱世枭雄。那么在战国时代无力至极的天皇，究竟是如何与占领京都后的信长相处的呢？

从前，有人认为以信长的火爆性格来看，他必然会霸凌天皇，予取予求，天皇也一定对信长恨之入骨。但是，随着研究的深入，这种推测已经过时了。

其实，织田信长出身的织田家早已与天皇有联系。他的父亲织田信秀曾赠送礼钱给当时的后奈良天皇，以缓解朝廷的财政困难，后奈良天皇也曾下赐礼物给信秀。因此，在信长进出京都之前，织田家算是与天皇建立了基本关系。不过，正所谓“一朝天子一朝臣”，后来天皇换成了正亲町天皇，信长也取代了父亲驰骋天下。信长进京时，还曾经让已经受够了战火打击的天皇与朝廷感到害怕，以为他又是来此捣乱的。

时隔数年，信长在1569年与将军足利义昭入京实行统治，1573年信长迫使义昭离开京都后，便正式接管了京都。在那个时候，信长与天皇的关系总体而言还算是良好的。例如，很多人知道“天正”是信长向朝廷提议使用的年号，但却不知道更改年号的意愿是天皇先提出的。前一个年号“元龟”使用了3年多，但因为连年战乱祸及京都，天皇便向将军足利义昭与信长提议更改年号，希望转换景象。等义昭逃出京都，信长完全控制京都后，便立即回应了天皇的要求，向朝廷提议改年号。

第二个例子是实现天皇让位的承诺。平安时代以来的天皇政治制度中，天皇生前让位，然后实行院政，辅佐新天皇，是最理想的做法。这是为了确保天皇指定的继承人顺利在上皇的保护下安全接班，然后由上皇身居幕后，打点一切。我们在前文提到，战国时代的天皇因为没有经费进行让位典礼，就连筹办天皇葬礼、即位之礼都有困难，最终正亲町天皇之前的两位天皇都老死在天皇之位上。

信长接管京都后，很快便向朝廷承诺，自己将大力协助天皇实现让位的心愿，又大量献上金钱和物资，让贵族和天皇开心不已，高呼“朝家再兴”。当然，信长这样爽快回应，除了他个人的意愿外，也是因为要尽快找到统一天下的正当性，洗刷他赶走足利义昭的不忠污名，可谓互惠互利。

信长也利用了控制京都的机会，开始整顿朝廷的风气。在前一问里提到战国时代的天皇与贵族为了谋生，可谓“节操”见底，使得滥发官位、贪腐让利等问题丛生，而且最重要的是贵族们就连侍奉天皇的工作也没有做好，经常旷职，甚至在天皇不知情的情况下伪造圣旨，损害天皇权威。

信长曾明言：“天皇声誉不好的话，我也毫无面子。”因此，等他稳定京都后便开始介入朝廷，处理了这些渎职懈怠的贵族，而且在1575年向朝廷公布了“公家法度”，改革贵族风气败坏的恶习流弊。

信长的改革和财政支援，终于使朝廷从潦倒穷困的谷底逐渐走出。天皇与朝廷眼见信长快要统一天下，便提议让信长选择当将军、关白或者太政大臣。然而，在信长死于1582年的本能寺之变后，朝廷再次陷入不安。不过，新的“救世主”很快便出现了。

### （2）“相敬如宾”的天皇与秀吉

继承信长遗志照顾天皇的人，就是打败明智光秀，成功为信长报仇的丰臣秀吉。对于平民出身的秀吉来说，要立即与天皇建立关系谈何容易，好在有一批贵族为秀吉出谋划策，为他与天皇建立了桥梁，而且让他在一年半内连升五级，位列贵族。

结果，秀吉终于在1585年成为关白（与太政大臣并列的最高官职），以天下霸主的身份与天皇建立更紧密、更顺理成章的关系。到了1586年，双方互派使者定期沟通，正式建立了稳固的沟通平台。

秀吉照顾天皇是不是比信长更周到呢？答案是肯定的。首先是前文提到的天皇让位一事，秀吉终于在成为关白之后的1586年，协助正亲町天皇让位给孙儿后阳成天皇，当上太上天皇，恢复天皇制度应有的模样。

接着，秀吉又下令恢复保护贵族和天皇的御领，继续改善天皇和朝廷的财政状况。不过，秀吉这个横空而出的权力者——天下人，突然摇身一变成为武士关白，打破了千年来朝廷由摄关藤原家把持的局面，这对贵族们的冲击自然十分巨大，不少人敢怒不敢言。

可是，秀吉的回应不是血腥镇压，而是在天皇与贵族面前进行全面的家世调查，重新确定各贵族在朝廷的地位，让贵族起码在表面上服气。

还有，为了借助天皇在诸侯和贵族面前展现自己的权威，秀吉利用天皇的信任，获得统一天下的正当性，为了让自己创立的政权更为特别，秀吉请求天皇赐自己和家族新的姓氏“丰臣”，并列在传统的源、平、藤原和橘四家之中。

作为报答，秀吉出资修建日久失修的皇宫和上皇居住的御所，还多次宴请天皇出席盛大的茶会与和歌会，协助天皇回到从前的光辉岁月。

以上所见，信长与秀吉一方面以忠于天皇为己任，另一方面也利用重建天皇权威，为自己与手中的政权“贴金”，找出一个树立新政权体制的模式。

换言之，在后来成立的德川幕府出现前，信长、秀吉和天皇曾经有机会摸索出一条新的政治体制道路。可是，最终都没有成功。但即便如此，我们可以肯定天皇是造就两人称霸的不可或缺的元素，而天皇和天皇制也多亏他们而获得重生。

# 第三章　从江户时代到明治维新（近代篇）

## 1. 德川幕府的《禁中并公家诸法度》是用来钳制天皇的法规吗？

### （1）德川幕府发布的三部法度

天皇家熬过战国时代的洗礼历练，到了织丰时代，受惠于织田信长与丰臣秀吉的帮助，天皇终于重新迎来了“春天”。以往衰微颓丧的朝廷也慢慢恢复过来，人心回归，仪式重来，一切好像都很美好。

德川家康夺取天下之后又如何呢？1615年的大坂夏之阵（消灭丰臣政权的战争）后，再无势力对德川幕府构成威胁，德川幕府随即发布了《禁中并公家诸法度》，明文规范天皇、朝廷与公卿贵族的行为。

这部著名的法律是不少人研究德川幕府与朝廷关系的基本材料。但早在它出现之前，德川幕府已在1613年对朝廷与重要佛教寺院发出了《公家众法度》和《敕许紫衣法度》。《公家众法度》

有三大重点。

第一，幕府严格要求京都的公卿贵族（主要针对高级以下的普通贵族）要专事学问，以保家业长久。

第二，要贵族们守法自律。

第三，要求公卿恪守“天皇之臣”的职责，在皇宫和天皇面前要勤务办差，不可懈怠。

一旦贵族们违反以上三点要求，幕府将代天皇对他们进行处分。

《敕许紫衣法度》则是针对佛教的法规。“紫衣”是高级僧侣才可穿着的紫色袈裟，这个法度就是任命高僧的法律。本来，寺院高级僧侣的任免权握在天皇手上，但通过这部法令，幕府以“受天皇委托”的名义，插手天皇与宗教界的关系，强行代理天皇与佛教界的接洽。包括天皇的家寺泉涌寺在内的七所京都重要佛教寺院，其住持向朝廷申请紫衣许可之前，必须接受幕府检查，然后才可由朝廷任命（泉涌寺因为与天皇渊源太深，后来获得豁免）。

以上两部针对贵族与重要佛寺的规定，可以说是幕府加强控制朝廷的先声，并为后来的《禁中并公家诸法度》铺路，以免太过突然，使幕府与天皇、朝廷的关系在丰臣政权灭亡后顿时进入紧张状态。那么，长达 17 条的《禁中并公家诸法度》究竟是不是如一般指责的那样，是一部德川将军钳制天皇行动与权力的法规呢？答案是肯定的，也是否定的。

从肯定的角度来说，直至江户时代，的确还没有一部法规，是由天皇以外的权力体明文指出天皇、朝廷贵族应尽之责。以前只有天皇或太上天皇以前辈、经验者的身份告诫子孙而已。

从否定的角度来说，《禁中并公家诸法度》是一部江户时代版的“皇室典范”加“朝廷业务守则”。细看与天皇相关的内容，我们便可发现主旨不是限制天皇的权力，而是以白纸黑字使天皇回归应有的位置，甚至可以说是恢复天皇应尽的职责。

例如，经常被引用的《禁中并公家诸法度》第一条提到：“天子诸艺能之事，第一御学问也。”这里的学问是指读书与和歌，而且是饱览中国的经典著作，以及成为和歌界的最强歌人。这些规定看似是幕府堆砌的理由，但本书第七章第1问将会提到，早在平安时代就已经存在类似的规定。

### （2）幕府与天皇并非对立

虽然对那些认为“天皇必须是最高权力者”的人来说，第一条主旨从表面看来，的确像是幕府干政的条文，但那其实是断章取义。而且，发布《禁中并公家诸法度》的人是幕府与时任关白，是双方达成协议后的产物，不是幕府一意孤行的“霸王条款”。

再说，法例上虽然明确规定幕府有处罚贵族的权限，但从后来的真实例子来看，不仅鸡毛蒜皮之事的处罚权都在朝廷手上，大的违法行为也由朝廷最高领导关白、摄政与幕府商议后，再由关白、摄政执行。幕府表面上握着最高权限，但却不曾轻易使用。

更重要也是最基本的，幕府制定《禁中并公家诸法度》的背景原因，是因为由战国至织丰时代以来，长达100多年的混乱致使朝廷的规则松散不堪，而旧时天皇与贵族为了谋生而放宽规范的问题，也广泛出现在史料之中。对于已然统一天下的幕府而言，利用法制整理朝廷秩序，回到其应有状态，以及恢复天皇本来的理想状态，皆能为幕府建立权威，使朝廷、幕府以及各藩信服，最终使幕府获得了统治的大义名分。

对于天皇而言，与幕府磨合的确不甚愉快顺畅，致使当时在任的后水尾天皇最终以让位的方式向幕府表示抗议（详看下一问：为什么江户时代重新出现了女天皇）。

不过，天皇让位后，随着幕府做出一定退让，幕府与天皇的关系也得以改善。除了后水尾天皇当政时代，以及幕末动荡时期，天皇、朝廷与幕府基本上都能维持良好、协调的合作关系。其中一个重要的佐证便是灵元上皇评价幕府将军有“重朝家之心”，又说可以借幕府之力复兴朝廷，重振纲纪。

可见，后世认为幕府与朝廷处于对立关系，幕府将军霸凌天皇的观点，既是受明治维新以后的史观影响，也是由于不少人都视天皇为唯一的最高权力者，视幕府体制为不正常，所以无视一些历史事实。

## 2. 为什么江户时代重新出现了女天皇？

### （1）女帝再现——明正天皇

第一章第5问已经向读者说明古代出现六位女天皇的原因，以及她们的特别之处。其余的两位女天皇均出现在800多年后的江户时代，她们是明正天皇和后樱町天皇。为什么时隔数百年后，她们又被拥立为女天皇呢？与六位先祖又有什么不同？

明正天皇是自神武天皇以来第109任天皇，她是后水尾天皇之女，母亲是德川幕府第二代将军德川秀忠的五女儿，名为德川和子。换言之，明正天皇身上流着德川幕府将军家的血，其身世背景完全与古代的女天皇不同。古代的女天皇都拥有双重皇族血统，既是公主，又是天皇妻后。但明正天皇既不是皇子，身上也只有一半的皇族血液，为什么会当上天皇呢？

其实，明正天皇根本不是继承天皇的人选，她的父皇后水尾天皇与德川幕府的关系一直不甚良好。明正天皇继位的15年前，德川幕府灭亡了丰臣家，夺取了全日本的统治权。

接下来，明正天皇的外祖父，也就是德川幕府第二代将军德川秀忠，为了巩固幕府的威信，延续亡父德川家康的路线，加强对天皇家与朝廷的控制。当时已经成为后水尾天皇中宫（皇后）的和子，在不久后生下了皇子高仁亲王（明正天皇之弟），秀忠本应像当年的藤原道长和平清盛那样，以天皇外戚的身份权跨公、武两方。可是两年后，高仁亲王夭折，和子后来也没再生下皇子，秀忠的计划完全化为泡影。另一边的后水尾天皇也因为不满德川幕府得寸进尺，对朝廷过于强硬，于是趁着高仁亲王夭折之机，突然将皇位让给了明正天皇，自己成为太上天皇，以发泄对德川家的不满。

换言之，明正天皇的继位完全是父皇发泄不满的结果。跟古代一样，没有多重皇族血统的女天皇不能结婚，因此明正天皇铁定不能有后代，同时生母德川和子之后也再没有生下男嗣，因此明正天皇的继承人只能是没有德川家血脉的皇子。

更讽刺的是，后水尾天皇成为太上天皇后，却与其他妃嫔生下多个皇子，仿佛就是要向幕府表示不认输，不接受幕府的摆布。因此，天皇让女儿明正天皇完成她的任务（向幕府示威）后，皇位便转到没有德川家血脉的异母弟弟后光明天皇的身上。一直强势的幕府也只能妥协，让后光明天皇以和子的养子之名成为天皇，勉强保住了颜面。

### （2）最后的女帝——后樱町天皇

相隔 133 年后，江户时代再次迎来了女天皇后樱町天皇，这也是日本历史上最后一位女天皇。不过，后樱町天皇继位的原因与朝廷、幕府的政治斗争无关，可以说完全是无奈之下的紧急措施。

比起明正天皇盘根错节的继位原因，后樱町天皇继位的过程，却与现时日本皇室的情况颇为类似。后樱町天皇的父皇樱町天皇膝下只有后樱町天皇与她的弟弟桃园天皇两人。樱町天皇去世后，皇位传到了桃园天皇手上，不巧桃园天皇早逝，膝下只有两名年幼的皇子，而且较小的皇子早已约定成为旁系亲王家的养子，没有继承皇位的资格。

至于年长的皇子英仁亲王也尚且年幼，不知能否长大成人。为了避免年少天皇无嗣夭折的可能，朝廷决定先让后樱町天皇当上天皇。而且，为了安全成事，朝廷以桃园天皇“遗愿”的名义，通知了幕府。面对突如其来的女帝登基，幕府最终同意的原因也是因为已有明正天皇的先例，明正天皇本身也是德川幕府第二代将军德川秀忠的亲外甥女，故难以否决，加上考虑到当时天皇家的确有难处，于是予以同意。

最终，众人一直担心不能顺利长大的英仁亲王健康成长，朝廷与幕府也按照计划，在英仁 8 岁时让他即位成为新天皇，也就是后桃园天皇。后樱町天皇则顺理成章地成为太上天皇，继续守护自己的侄子。

值得一提的是，江户时代女天皇的特殊性。江户时代，儒家“男尊女卑”的思想隆盛，女天皇因为不可产下含有他家血脉的子嗣来继承大统，从一开始便被认为是不完美的存在。就算是朝廷支配方面，也必须由关白以摄政的名义代办，两位女天皇比起江户时代的男性天皇，更像花瓶、装饰品。

从中可见，明正天皇与后樱町天皇的诞生是诸多困难同时出现下的折中之策，后樱町天皇的即位更是百般无奈。朝廷与幕府本来便没有想让女天皇再出现，因此当英仁亲王顺利长大，危机解除后，女天皇从此成为绝唱，走入历史长河。

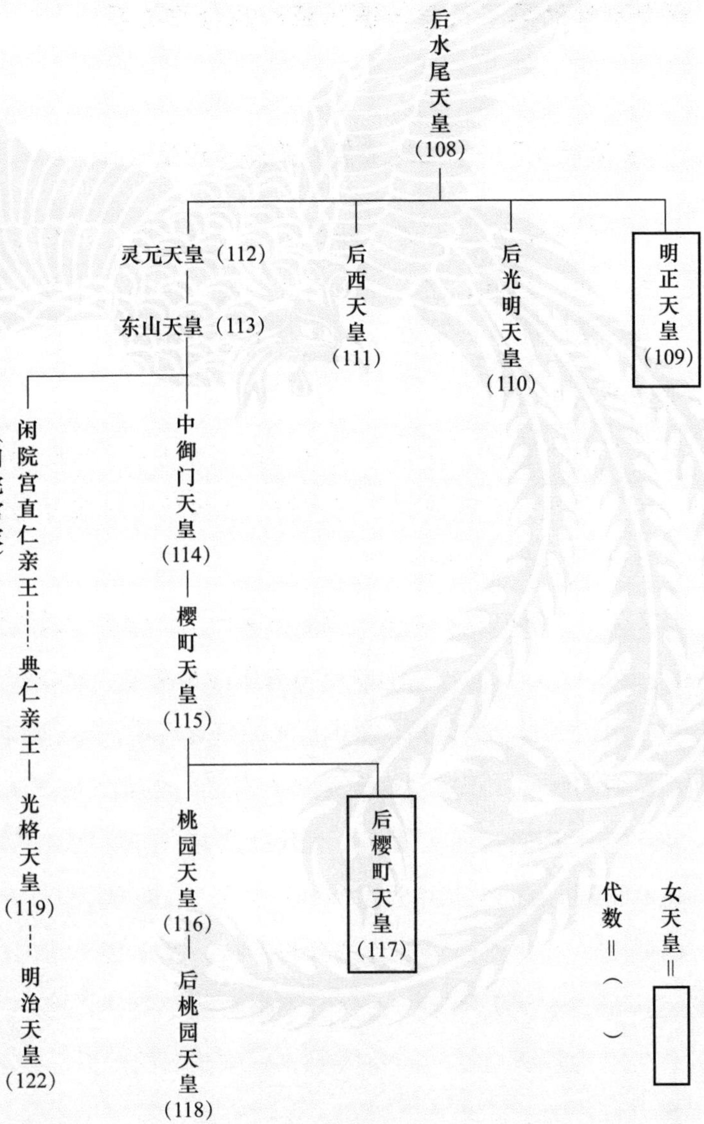


**图 3–1　江户时代的天皇世系与女天皇**

## 3. 两个事件动摇了天皇与德川幕府的合作关系？

### （1）“宝历事件”——挑战《禁中并公家诸法度》

前一问提到，天皇与德川幕府除了初期的磨合，双方的关系大抵维持良好。然而，踏入江户时代中期（18 世纪中期），蜜月期已过，大大小小的问题随着时代与人事的更替而慢慢浮现。接下来要谈到两个事件。

第一个事件是发生在 1757 年（宝历七年）的“宝历事件”。简单来说，就是京都朝廷的下层贵族试图挑战当年幕府与朝廷订立的《禁中并公家诸法度》。

前文提到《禁中并公家诸法度》的第一条，规定了天皇要专心于学问与和歌，以恢复古来天皇应有的职能和本分。专心于学问是指各种中国传来的政治典籍，至于日本的传统典籍，如《日本书纪》则属于次要的学问。正所谓规矩是由人来定，也是由人来改变的。即使这个订于初期的规定僵化，而且社会的身份阶级基本维持不变，也不能阻止江户时代中期日本的社会观念出现变化。

18 世纪中期，人们对僵化的身份阶级以及千篇一律的生活开始感到厌倦，中下级武士、百姓与下级贵族都对现实感到不满。而且，当时对外贸易受到严格限制，日本国内的内需已经到达瓶颈，最重要的消费品和交易品——米的价格又受天灾影响而越来越贵，不论是武士、贵族，还是百姓，都出现经济困难，无法安稳生活。

终于，各地百姓发起暴动，拒交田租，下级贵族则以投闲置散的方式进行消极的抵抗。他们由言语上的顶撞到实行旷工，希望获得改变的机会。这些下级贵族们受到当时强调“日本优越不凡”的国学影响，进一步质疑《禁中并公家诸法度》尊崇中国古典的基本态度。

1757 年，垂加流神道（重视神国思想的神道流派）一位出身下级贵族的神道家竹内敬持（式部），连同受其影响的几个中下级贵族，偷偷地向当时的桃园天皇讲授重新解释、立注过的《日本书纪·神代卷》，强调日本从神话时代起建立国家的过程，以求天皇理解他们想象中的理想国家的样子。成事之后，他们获得了天皇的重用，从而获得了进入上流社会的机会。

这些人的行动很快便被最高级的贵族——关白近卫内前发觉和制止。不过，他们很快又聚集了一些志同道合的少壮派下级贵族，打算再次挑战。当时的桃园天皇年轻而好奇心重，对他们的讲法感到意犹未尽，半年后，又听这些贵族讲学。

可最终还是纸包不住火，关白近卫内前等高级贵族得知他们死不悔改后，决定要实施重罚，以保证实行至今的秩序可以维持，也阻止下级贵族越过他们搭上天皇，做出过激行为。其实他们最大的担忧是，一旦事件不在早期及时扑灭，等传到幕府耳边，难保不会出现朝廷难以控制的局面。

结果，关白为首的高级贵族及早下手，天皇虽然没有受到牵连，但怂恿天皇参与的贵族分别处以罢免、去职和软禁在家的惩罚，始作俑者竹内敬持则被处以较重的逐京之刑（终身禁止回到京都）。

为什么“宝历事件”会受到关注呢？那是因为事件中涉事的

下级贵族虽然被处罚，但是他们心里受到提倡尊王、神国的近世神道影响，对现有的朝幕关系与制度萌生质疑（后来甚至有推翻之意）。

虽然“宝历事件”被暂时压下，但是与他们志同道合而不在明处行动的贵族，以及下层武士阶级却受到影响，越来越质疑现有体制。这些质疑成为后来“尊王攘夷”中最激进的声音，将幕藩体制与朝幕合作视为敌人。

### （2）“尊号一件”——被否定的天皇孝心

另一个打击天皇、朝廷与幕府关系的大事便是史称“尊号一件”的事件。前文的“宝历事件”来自朝廷下级贵族，对天皇的影响不算直接，但“尊号一件”则直接导致天皇与幕府关系出现裂痕。

起因与当时天皇家出现继承危机有关。1779 年，后桃园天皇（桃园天皇的继承人）英年早逝，其后没有男性继承人。朝廷与幕府决定不再拥立女天皇，改为册立出身王族旁支，分属后桃园天皇远房堂弟的男性王族为君，即著名的光格天皇，他当时只是 8 岁的小孩。

10 年后的 1789 年，18 岁的光格天皇借着正式执政的机会，希望利用自己的权力，让自己的生父典仁亲王获得太上天皇的荣号，聊表孝顺之念。但是，幕府以典仁亲王不是天皇为理由而否决。

问题的关键还是与《禁中并公家诸法度》有关。第二条规定指出，礼法上亲王的地位和待遇次于关白、摄政。所以即使贵为天皇的亲生父亲，典仁亲王也只能与其他亲王一样，向关白、摄政低头行礼，不能被百官尊敬，同时也不能开设院政。这个严苛的规定对身为人子的光格天皇而言，是沉重的打击。

原本献赠尊号给自己父亲，理应是天皇独断专擅之事，又是尽伦常天理的行为，但是基于朝、幕合作的基本原则，以及实际主导权在幕府手上的现实因素，必须得到幕府同意才能成事。如今幕府一声否定，顿成泡影。

可是年轻的天皇与朝廷中同情天皇的贵族坚持己见，多次要求幕府答应，却被幕府“既读不回”。三年后的1792年，不满之情到达沸点的天皇，决定召集中上级贵族到御前，要求他们集体表态，打破了由摄关做全权代表的惯例。结果，主张慎重的摄关成为少数派，附和天皇的中级贵族中山爱亲，还有支持他的一众贵族则决定铤而走险，在没有摄关和幕府的同意下，单方面决定献赠尊号。幕府得知后既震惊又不满，使得朝、幕关系陷入前所未有的低点。

脸上无光的幕府终于以处罚来强硬表态。幕府使者到京都后，在摄关的协助下处罚了中山爱亲等贵族。这个结果与“宝历事件”一样，表面上好像解决了问题，但众多不满却持续发酵，朝廷内部的愤恨继续累积。

经历这两个事件后，朝廷内部已经种下半世纪后反幕府体制的种子。可见，后来的倒幕运动不只是一小撮下级武士（如坂本龙马、西乡隆盛等）的妄想。这股经过上百年积累的“负能量”由“黑船叩关”引燃，成为一股强大动力，将幕府体制推向终结。

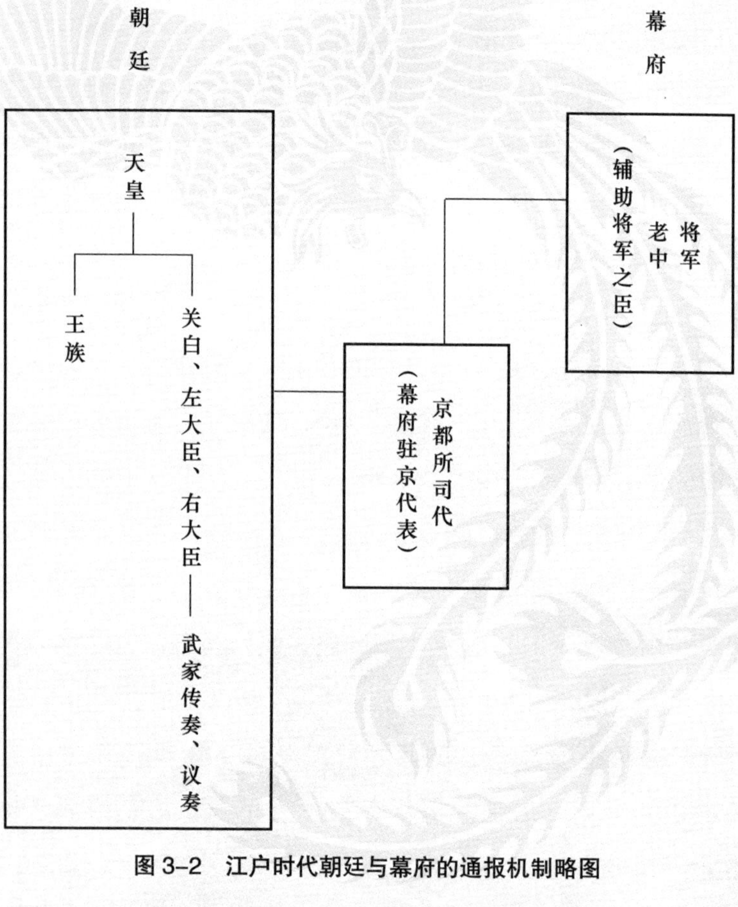


图 3-2　江户时代朝廷与幕府的通报机制略图

## 4. 孝明天皇为什么曾经坚持排外攘夷？

本章的第 1 问、第 2 问已经为读者说明了江户时代的天皇如何与将军打交道，第 3 问也提到了孝明天皇的祖父光格天皇锐意重振朝纲与天皇家的权威，与幕府关系一度紧张。接下来这一问，将为大家解说光格天皇的孙子孝明天皇的“攘夷”观。

### （1）难以评断的孝明天皇

孝明天皇（1831—1867）是日本第 121 代天皇，也是明治天皇之父。随着近年的“幕末热潮”，不少人也认识了这位天皇。在大多数的介绍里，孝明天皇的形象都是差不多的——保守顽固又不会变通。当美国先后两次派舰队来日本要求通商时，他一直坚持“攘夷”，拒绝和批评江户幕府决定让步的“开国”方针。不过，后来发生的“禁门之变”（长州藩中的激进“尊王攘夷”派发动的武装冲突，又称“蛤御门之变”“元治之变”），又使天皇改变方针，坚持既要“攘夷”，也继续与幕府保持良好关系。

明治维新后，日本人对孝明天皇拒绝开国，公然与幕府对抗，普遍出现两极评价。一边是站在天皇权威上升的角度，认定孝明天皇是一位勇敢有胆识的君主；另一边是站在开国进步的史观角度，认为天皇轻视当时的危机，是昧于时势的强硬保守分子。在此先不论谁对谁错，这两种评价其实有一个共同点——天皇坚持“攘夷”。为什么他对外国人那么反感呢？

## （2）孝明天皇对开国的恐惧

1858 年 1 月 11 日，天皇写信给关白九条尚忠，提到了对于“开国”的忧虑：“若从朕之一代发生了那样的事（开国通商），可谓后代子孙之耻辱……对各代祖宗之不孝，朕将无处容身，十分忧惧。”

孝明天皇真正惧怕的是自己同意开国的先例，会玷辱祖宗英名，为后代子孙带来难以磨灭的耻辱，他不想当这个“遗臭万年”的罪人。那么，为什么天皇视开国为不孝和耻辱呢？

这与当时日本的国家观与世界观有着密切的关系。17 世纪初，江户幕府成立后，限制外国人进入日本。但日本与邻邦明朝与后来的清朝，还有朝鲜王国、琉球王国仍然保持一定程度的交流；同时还容许荷兰在九州长崎进行贸易，并且以此每年向荷兰索取有关世界时事的情报。

不过，这些最新消息全都集中在幕府高层身上，除了少数获幕府信任的藩和高级贵族外，天皇的朝廷与其他小藩，以至民间，都无权过问。因此，在有限的情报流通下，长期稳定的日本社会各阶层催生出一种普遍的观念，用现代话来说就是“自我感觉良好”的世界观——觉得日本是最优秀、独一无二的国家，其他国家都是劣种“蛮夷”，愚昧落后。熟知国外世变的幕府当然明白真相，但这样的误会对幕府继续统治并无伤害，因此便没有加以制止。

直到欧美国家先后带着坚船利炮出现在日本人眼前，日本各阶层仍然相信日本是“世界里无出其右、系出神武天皇的神国”。身在京都、体内有着皇家血脉的孝明天皇与贵族们也如此坚信。

因此孝明天皇才强调他不想做出有辱国家荣誉的“不孝行径”，身陷与蛮夷平起平坐的“耻辱”。

我们可以说，天皇真正拒绝的不是通商，否则便不会容许荷兰人200多年来一直来日本，大部分攘夷派认为开国即等于让“神国”日本与一直以来蔑视为蛮夷的外国缔结平等的条约，这颠覆了他们的世界观、国家观，甚至伦理观。因此，即使幕府派人向天皇和朝廷说明国外形势，晓以大义，天皇反而更视开国为威胁。

天皇展开的“反击”除了向幕府提出抗议，拒绝批准幕府签约外，还将矛头指向没有清楚表明旨意的朝廷贵族，又以退位来威吓幕府，希望幕府知道他的不安与恐惧。他还试图将激进的攘夷派贵族和列藩带进来，增强舆论气势，进一步向幕府施压。

### （3）倒幕攘夷派的反扑

然而，在井伊直弼的判断下，幕府还是与美国缔结了《日美修好通商条约》。井伊直弼更亲自向天皇说明签约只是“权谋”，待国家军备精良，足以对抗外国列强，便会中止与列强交流。井伊直弼的辩解获得了孝明天皇的谅解。转眼间，与天皇和朝廷修好的幕府，出手打压各地的激进攘夷派，而天皇本人则回到与幕府合作的路线上。

不久后的1862年，孝明天皇更让亲妹和宫下嫁当时的将军德川家茂，也同意讨伐与幕府敌对的长州藩，表达坚决与幕府共存的决心。正当朝幕关系破冰之时，天皇突然在1867年初染病去世。他死后，曾一度获他拉拢，后来又被打压的倒幕攘夷派随即进行反扑。一年后的1868年，江户幕府在接连的政治、军事失利下，被迫终结260余年的统治。

## 5. 幕末时代的日本人怎么看待天皇？

### （1）尊王攘夷思想的诞生

说到幕末与维新，便立即想到“尊王攘夷”的思想。这个思想源自江户时代中期，是受到朱子学的名分论影响转化而成的产物。其中一个重要的源头是有“德川御三家”之称、拱卫幕府的重要德川家分支——水户德川家。他们的第二代藩主德川光圀（也就是著名时代剧《水户黄门》中的史实人物），在17世纪后期，仿照中国王朝官史的规格，开始编纂第一部大型日本通史《大日本史》。这个庞大的修史工程历时四代，经过多次暂停，终于在18世纪末期完成。

《大日本史》深受朱子学的影响，在负责后期修书的儒士藤田幽谷的带领下，按照政治名分论的立场，特别强调天皇是国家顶端的存在，而幕府将军则从天皇手上获得了“大政委任权”，得以驾驭各地诸侯和所有武士。然后以将军为首的武士阶级为中心，其他阶层则顺从幕府统治、安守本分，日本自然得以太平。

与这种“尊王”思想相辅相成的就是“攘夷”思想。在前一问提到，江户时代的日本人在重新认识国家与外国关系时，将中国王朝以外的朝鲜王国、琉球王国都视为低日本一等的“藩国”，而当时已来到东亚地区的西欧诸国则和北方的虾夷（现在的爱奴族）一样是“蛮夷”。

以理想上的天皇为顶端，外有神明加护的神国日本，绝不可能与藩国、蛮夷同等，更不接受被他们的压迫和威胁。当时的尊王论者更将16世纪末的禁止基督教的行动，和发生在17世纪中期幕府镇压由日本基督教徒借反抗藩主苛政为名而引起的“岛原·天草之乱”，视为日本坚拒外国干扰的成功例子。以天皇为尊的日本必须以攘夷为己任，保卫国家的神圣。当然，对武士出身的人而言，“尊王”和“攘夷”的重任必然落在幕府的“征夷大将军”身上。

在这个思想体系中，天皇成为体现神国日本的必要存在和核心，构成了“神明→天皇（朝廷）→将军（幕府）→藩主→武士→百姓”的统治理论。由此可见，“尊王攘夷”思想与“神国”思想是互相呼应的。通过编纂《大日本史》而集结的“水户学派”认为，日本之所以能走出战乱，享受200多年的太平盛世，全都归功于这种君臣关系顺应“天命”，井然有序。他们坚信普天之下，万国之中，就只有神国日本才能做得到这种“创举”。

幕府一开始虽然对这种“因为尊王，所以长治”的“尊王论”有些抗拒，但是不久之后，面对社会的矛盾日益深重，幕府高层深知自己不可能永久强势。加上在18世纪初，幕府相继出现继承人早死的问题，为了保住威信，自然选择走捷径，接受、套用了这个理论。到了幕末前夕，幕府自己也积极高举“尊王”大旗，使各地诸侯和平民继续拥护幕府体制。

但这个本来为幕府正名的思想，最终在一连串外交失利、内政失误下，反过来成为刺向幕府的尖刀和“倒幕”的根本思想来源，葬送了1000年的武士统治历史。

### （2）百姓如何看待尊王攘夷

“尊王攘夷”是一种由上而下的政治思想，它最终成为革新日本历史，推倒武士时代的原动力。然而，它并非一开始便为了反对幕府体制而存在。起码在18世纪，上层社会的幕府、朝廷，以及深受儒家与近世神道影响的中上级武士阶层大多认为，只要幕府带头“尊王”和“攘夷”，那么便无必要也没有道理去质疑幕府统治的正当性。换言之，最初的“尊王攘夷”思想与幕府统治是互为因果的。值得我们一问的是，平民百姓又是怎么想的？很多人以为那时候是“全民尊王”“全民攘夷”和“全民倒幕”。可事实上不尽如此。

的确，随着江户时代学术的发展，思考日本价值与定位的学术风气在这200多年太平盛世里急速发展。以弘扬国家的真善美与精髓为目标的“国学”也在17世纪崛起。其中以大儒家平田笃胤为首的“平田派国学”和上述的“水户学派”，将学说渗透到部分地方豪强和商人阶层，形成所谓的“草莽国学”。

不过，这并不代表“草莽国学”的影响力深入了所有百姓中。事实上，对于“尊王攘夷”表示反感的百姓也不在少数。例如，第六章第6问提到“文久修陵”，即修复传说中初代的神武天皇陵寝，当时便惹来陵寝所在地的橿原住民反感。而十分流行的“讽刺版画”，许多就揶揄了尊王论者是“狐假虎威”的鹰犬，只会虚张声势，劳民伤财，造成动乱，破坏了他们的生活。

现代人以为当时是铺天盖地的“尊王攘夷倒幕”，这些被轻视的讽刺版画渐渐被人遗忘，而传达出低下阶层对“尊王攘夷倒幕”的真实态度，也在维新后被“和谐”了。

另一个反映部分幕末普通百姓看这场“尊王动荡”的例子，出现在戊辰战争时的江户。当时的江户民众眼见萨摩、长州等藩以年幼的明治天皇之名，领导推倒幕府派系的战争，便创作出各式各样的讽刺版画，将天皇画成小孩子，揶揄他只是萨、长诸藩的傀儡，毫无判断力。

与其说江户民众不尊王，不如说这反映了他们眼中的新政府本质，以及他们对于国家文化中心被一直制造事端的萨、长诸藩占领，表达出明显的不满与愤恨。

以上例子说明，在一般民众心里，幕末时代的天皇仍是虚无缥缈的幻影。民众通过各种书籍，知道天皇位于国家的顶端，然而对于身在权力斗争以外的他们而言，“尊王”与“攘夷”是遥不可及的，与他们的生活关系不大，天皇是谁，应该怎样看待他（她），只是概念上的问题而已。

这反映了在后世被浪漫化的幕末，其背后存在更现实尖锐的民众视线，也成为明治维新后明治政府努力想提高天皇威信的根本原因。

## 6. 明治天皇如何迎接明治维新？

### （1）突如其来的革命

1866 年 12 月 25 日，孝明天皇急病驾崩，才 14 岁的皇太子睦仁便接任为明治天皇。随着亲幕府的孝明病死，倒幕与护幕的形势完全逆转，以明治天皇祖父中山忠能为首的倒幕派，开始与西国雄藩联手倒幕夺权。

由翌年的王政复古开始，经过 1868 年的伏见鸟羽战争以及会津战争，接连而至的大事件对年纪尚幼的明治天皇来说，可谓毫不相干。他仍然是符合大众想象的傀儡君主。等候拥立他的倒幕派代他打倒幕府，确立真正的“王政复古”，迎接天皇“万机亲裁”的一天。

从现今的角度来看，“明治维新”是日本走向现代化的代名词。对于当时一心推动改革的维新政府来说，要走向现代化便要先富国强兵，向西方列强学习，摆脱老旧的封建社会体制。因此，打倒不利于进步的幕府体制，将象征权威的天皇牢牢握在手里，是理所当然的事。不过，维新政府接下来发现，打倒他们眼中视为“保守”的幕府后，还有比幕府更棘手的问题——如何为以天皇为中心的朝廷去旧立新。

倒幕派等待着明治天皇转身成为破除封建、带领日本“富国强兵”的新君主，意味着这位从未接触西方事物、甚至未曾踏出京都禁宫半步、在日本人民心中最神圣的青年天皇，需要巨大的转变。可以说在维新派的心中，从一开始就有“天皇现代化”的计划了。

然而，对于天皇身后大部分的朝廷倒幕派来说，实现倒幕是为了尊王和攘夷，而不是要“迎夷”及西化，更不可能接受朝廷及天皇也一并西化。在这个矛盾之中，我们无法得知明治天皇当时的反应，但他身边的女官及攘夷派贵族，俨然成为维新的拦路虎。

为了杜绝攘夷派的干扰，由强硬的西乡隆盛带头，以大久保利通和木户孝允为辅，对天皇身边的人事进行了重大调整，顽抗交出天皇控制权的长桥局、大典侍等女官被免职，只剩下部分攘夷派的青年贵族作为侍徒留守。虽然保守派力量被大幅削弱，但排除他们还需要一段时间。

### （2）青年天皇的创举与自觉

在排除守旧派人事后，维新政府的高层为了使明治天皇成为日本唯一“万机总揽”的君主，还让他走出深幽的禁宫。1868年初，明治天皇首次以政治上“一国之君”的身份接见了法国、荷兰的外交使节。这是律令时代接见中国大唐名僧鉴真之后，天皇接见外国人的首例。

另外，同年3月中，维新政府又成功促成明治天皇走出京都这个巨大封闭的空间，巡视大阪，并检阅大阪湾的海军。这是明治天皇第一次见到大海，他也是数百年来第一位亲眼看到大海的天皇。这对维新政府或天皇来说，极具象征意义。除了以上的创举外，明治天皇“受惠”于维新，还做了很多历代祖宗没有做过的事，例如为他重开的“天长节”（天皇诞生日），被法定为全国的假期，以彰示“皇恩君威”的政治目的，强化维新政府的权威。后来，他第一次穿上西装军服，以和洋混合的方式宴请百官和外国使节，成为“天皇大元帅”。

维新派的这些安排，说白了便是一场场精心策划的“政治秀”。而君威是到了明治天皇成年后，扶持他为君的木户孝允、岩仓具视、大久保利通等人相继死去后才慢慢形成的。

事实上，明治天皇还是皇子时，常对侍候他的侍从颐指气使，稍有不如意便恣意打骂，而且会接连生气几天。即使在父皇孝明天皇急病驾崩，他仓促继位后，粗暴的性情也没有立即转变。更麻烦的是，他从小酷爱喝酒，不时出现烂醉如泥的情况。他也十分喜欢骑马，表现出嗜武的一面。

大概是因为明治天皇年少以来多舛的成长经历，没有给他稳定的成长环境，才使他形成这种复杂的个性，但若长久发展下去，人们无法期待他具备“新日本国”带领者应有的君威及德性。

为此，木户孝允、侍从长东久世道禧、后来的侍读长元田永孚等，都苦心劝说、教育明治天皇。这些努力的成果却讽刺地因为十年后爆发的西南战争，使明治天皇陷入前所未有的精神压力，后来更是因此大病了一场。

### （3）真实的“明治大帝”像

险些动摇明治维新成果的西南战争结束时，明治天皇大病初愈，从那时开始，熬过“试炼”的他的确与病前的“挂名”天皇有所不同，他开始对政事有兴趣，投注心力于其中。虽然受限于维新政府，但或许是受到新政府空前的政治危机打击，他开始意识到自己与维新政府唇亡齿寒的关系。十年以来侍读们的君德教育，也终于让他开始有了众人期待的君主风范。令后世敬仰的“大帝”才开始出现雏形。

从明治天皇继位前的成长之路来看，他一直没有准备好要成为带领日本新生的君主。他之所以成为新政府的象征，最初可能只是一连串机缘巧合，各种新创举看来都是被安排好的。或许可以说，他从未想到自己会为天皇家历史写上各种新的篇章，但从结果来看，他是站在历史转折点上的关键人物。

在 150 多年后的今日重看这段历史时，少一点神话及美化，多一点客观及理性，对明治天皇与他的国家革命的看法，才会有新的角度。由任人摆布到彰显才略，明治天皇的政治道路、君主命运其实几经艰辛，既苦涩，又迂回曲折。

## 7. 病弱的大正天皇任内曾发生两起宫闱事件？

### （1）天生不完美的天皇——大正天皇

说到近代天皇，应该立即会想起明治天皇和昭和天皇。因为在近代以来的150年里，两人对日本和周边地区的历史都具有深远的影响。那么在他们之间的大正天皇又是怎样的呢？

除了大正天皇的年号“大正”，以及他在位时，日本正处于社会转向的重要时期“大正民主时代”外，人们对这位天皇的了解可谓少之又少。究其原因，最大而又唯一的理由便是大正天皇不具备担当一国之君的能力。他成为天皇是诸多无奈和困窘之下的结果。

大正天皇在位的14年间，只是一个与摆设无异的君主？当时的日本政府又如何克服这个困难？接下来先简单介绍大正天皇。

大正天皇名叫嘉仁，1879年出生于东京的青山御所（今天的东京都涉谷区）。生母是明治天皇的典侍（妾侍）柳原爱子。顺带一提，在明治天皇晚年以前，日本政府一度承认柳原爱子为大正天皇的生母，更公告全国。可是到了后来，基于社会提倡一夫一妻制，政府为了维护天皇形象，在没有明确的新说明下，官方报道上将大正天皇改为明治天皇皇后一条美香（昭宪皇后）的儿子，其生母柳原爱子终其一生都没有获得皇太后的尊称。

大正天皇是明治天皇的三儿子，出生后因为脑部出现病患（后来被推断为脑膜炎），一直体弱多病，困扰终生。其实以众皇子的长幼排序和体能对比来看，大正天皇绝对不是继承明治天皇伟大帝业的良好人选，然而，由于他的其他皇兄弟先后夭折，加上他出生 10 年后的 1889 年，日本政府订立了《帝国宪法》和《皇室典范》，后者明文否定女天皇的可能，明治天皇和日本政府最终只好册立病弱的嘉仁为皇太子。

即使嘉仁成为皇太子，他还是在与病魔战斗，难以执行国政，这一定程度上加快了当时日本民主政治的步伐和国会政党政治的成熟。

自皇太子时代至 1926 年病逝为止，大正天皇绝大部分的时间都处于休养期。即使是近代天皇必须躬亲执行的祭祀，大正天皇也有困难。因此，后来的原敬内阁和元老山县有朋、松方正义等人，迫切希望大正天皇与贞明皇后能生出健康的皇子，早日进行交接。不过，这使得当时天皇、皇后与内阁曾出现两次不愉快。

### （2）“宫中某重大事件”与皇太子摄政问题

虽然大正天皇体弱多病是人所共知的事实，但这并不代表他一直卧病在床，任由内阁摆布。幸好他后来也与皇后成功生下四名健康的皇子，扫除了政治危机。

长子裕仁（后来的昭和天皇）16 岁时，便被册封为皇太子。不久后，第一次世界大战接近尾声，全球性经济不景气波及日本，在一连串的社会运动和劳工问题下，首相原敬等内阁高层决定加速推动皇太子裕仁接掌国政，稳定人心。

为此，政府安排了皇太子裕仁成婚，又让他在 1921 年访问英国，向国内外展示日本未来天皇是充满活力和见识的新希望。可是，这两个具有先见之明的安排却激起了两次矛盾。

首先是后来被称为“宫中某重大事件”的皇太子婚姻问题。裕仁与旧王族出身的久迩宫良子（后来的香淳皇后）在1919年6月订婚，但由于良子患有色盲症，又与旧萨摩藩主岛津家有血缘关系，使得属于旧长州藩的政府官僚感到不满。良子的色盲也引起皇族与大臣的不安，他们担心天皇的子孙会受到影响，于是一度反对婚事。

不久之后，对婚事态度消极但不主动干预的首相原敬于东京遇刺身亡，另一个倾向反对的元老山县有朋也在翌年初病死，反对声音随即变弱。最终，裕仁与良子在1924年顺利成婚。然而，这婚事依旧引起了天皇、皇后与太子、太子妃之间的不和，在当时更传出天皇与皇后迟迟不与儿媳良子见面的传言。

“宫中某重大事件”扰攘的同时，政府继续推动皇太子裕仁逐步摄理国政，更向大正天皇提议启动旧《皇室典范》第19条，以天皇长久不能处理国政为由，另立太子为摄政，代天皇处理国务。

其实关于设置摄政问题，早在明治天皇时代，伊藤博文与井上毅已经讨论过，最终决定坚持天皇终身制，不另立摄政（参考第四章第6问）。虽然大正天皇的情况有异，但这个决定却让他感到不满，更透过皇后向内阁表达拒绝设立摄政的意思。

可是，到了1921年，大正天皇的身体状况恶化，前述的社会问题也日渐激化，日本政府亟须皇太子来稳定人心。于是，在大正天皇无奈同意下，政府在当年底对外以“天皇患上不治之病”为由，宣布太子摄理国政。政府为了消除外界的疑虑，更通过宫内省公开历年天皇的病历，首次对外承认天皇长期体弱的事实。

步入晚年，大正天皇已经病重到难以自由活动。1922年，当时的英国储君爱德华（后来的英国国王爱德华八世）访日，天皇也无法出席官方活动，就连贞明皇后也因为照顾天皇而劳累病倒。

1926 年 12 月 25 日，长久患病的大正天皇在神奈川县叶山别邸病逝。1927 年初葬于东京都多摩陵，成为第一位葬于东京的天皇。

# 第四章　天皇如何逃脱战争的罪责？（现代篇）

## 1. 昭和天皇结束战争与“国体护持”有什么关系？

### （1）“国体护持”的责任

日本自20世纪30年代晚期开始，疯狂地对中国以及东亚地区进行侵略，更与纳粹德国和意大利组成轴心国，与美、中、英、苏四国为首的同盟国展开第二次世界大战，在东亚战场与美、中等国交战。

关于昭和天皇的战争罪责问题，到了21世纪的今天，依然是日本与中、朝、韩、美等国争吵不休的话题。争论昭和天皇处理战争的问题，其中有一个关键词是“国体护持”，这让我们得以了解天皇的战争观和“终战”原则。

所谓“国体”，简单来说，可以理解为“天皇统治日本的体制”，“天皇是日本国构成的核心”，以及“天皇的命运等于日本的命运”。换言之，天皇最大的担忧和关切点，就是确保明治维新以来的天皇制能够不衰，即所谓的“国体护持”。

但绝大部分历史学家都认为，昭和天皇不算一个右翼极端思想的人，他也一直批评军中态度过激的皇道派，并与他们保持距离。然而作为一国之君，天皇在开战后除了战局之外，最关心的是万一战败，如何避免祸及自己和皇族，进而导致天皇制无法存续。

例如，他在战时（1941 年）便拒绝让皇族成员担任首相，以免皇族最终被追究开战责任，祸及全体皇族。到了 1945 年 8 月 12 日，昭和天皇决定向盟军投降，立即召开皇族会议，向皇族成员陈述投降的主张和理由。当时，主张抗战的朝香宫鸠彦王追问昭和天皇，一旦无法维持天皇统治体制，即“国体护持”失败时，天皇是否会抗争到底。昭和天皇爽快地以“当然”来回应。

说到底，昭和天皇为了确保“国体护持”，不惜大幅让步。因为他相信只有“国体护持”成功，日本才会继续存在。同时，“国体护持”的背后也反映了天皇的神权政治观和使命观。

最佳的例子是在 1945 年 5 月，美军已经快要攻陷冲绳，日本当局已经想到，如果不尽早找到阻止美军进行本土作战的方法，日本国土将会被入侵。昭和天皇向侍从透露，自己很担忧美军一旦在伊势湾（现在的三重县）附近登陆，祭祀天皇祖宗的热田神宫和伊势神宫，将会瞬间被美军占领和破坏；放在那里象征王权正统的“三种神器”（请看第五章第 2 问）来不及转移，将难以做到“国体护持”。

由此可见，天皇口中常常提到的“国体护持”与天皇自己的存在和权位，皆来自“皇祖皇宗”传承下来的传统和衣钵。简单来说，这是“君权神授”“神权政治”糅合而成的思想。

因此，天皇不论是想开战还是停战，始终最关切如何在最坏的情况下仍确保“国体护持”，否则就会觉得对不起“皇祖皇宗”，有愧重托。而国民生命与国土安全在这个大前提之下，都只是次要问题。

### （2）日本深陷战败危机

1945 年，日本侵略军在中国各地的战场遭受反击，加上美军的跳岛战略奏效，日本已然深陷战败危机，“国体护持”已到了崖边峰口。当时已辞去首相之职的近卫文麿等主和派，开始加快向盟军讲和的步伐，另一方面则计划战败后昭和天皇的安置问题。

同年 1 月 25 日，近卫文麿与米内光政、冈田启介等人在京都商议让天皇削发出家和退位，改由皇弟高松宫摄政，以示引责，从而换取盟军同意讲和。大致达成共识之后，近卫文麿便代表主和派向昭和天皇上奏，说明“败战必至”，为避免国内爆发革命，摧毁国家制度，提议更积极地向盟军提出和平交涉。可是，心中执着于“国体护持”的昭和天皇认为必须先求得一次胜利的战役，打造有利形势后才能顺利交涉，因此没有答应近卫文麿的要求。

可是到了 3 月，美军攻陷硫磺岛，并夺取吕宋岛的控制权，眼看进攻日本本土的危机迫近。4 月，美军出乎日军的意料，绕过日军预想的决战地台湾，直接进攻更靠近日本的冲绳诸岛。

连番打击终于促使天皇开始积极考虑与美国和苏联交涉。于是，近卫文麿的讲和方案提出，只要盟军同意维持天皇制以及“固有国土”（殖民地以外的固有土地）的完整，日本政府和天皇愿意考虑在法制、教育改革等方面妥协。

### （3）天皇决定接受《波茨坦公告》

到了 5 月初，纳粹德国的希特勒和意大利的墨索里尼先后死去，加上冲绳防卫战完全失败，昭和天皇由坚决拒绝解除武装和处罚责任者，开始转为“不得已”而从之，态度软化。

同年7月26日，美、中、英三国以宣言形式发表了《波茨坦公告》，要求日本无条件投降，处分国内的军国主义分子，并且放弃所有殖民地和战争期间的占领区，再接受盟军的国土占领和战犯审判等。

日本当局原本打算无视《波茨坦公告》，但当美军向广岛、长崎各投下一颗原子弹，苏军则进入中国东北的日军占领区时，这些重大挫败使日本政府转趋妥协。但对于是否接受盟军的所有条件，天皇与日本政府高层的意见存在严重分歧。

8月10日的御前会议，天皇决定接受《波茨坦公告》，即部分日本保守派强调的“停战圣断”。美国代表盟军要求天皇和日本政府在投降后，接受盟军最高司令部的指令，并且遵照《波茨坦公告》的精神，让日本的国民能够自由地决定战后日本的政治体制。

美国的回应使日本政府内部出现“慎重论派”，他们质疑美国的用心以及担心美国最终还是会取消天皇制，让天皇接受审判。有陆军将士坚持要进行本土作战，甚至有军内人士认为，这是近卫文麿为首的主和派假传圣旨。

不过，由于美国没有强硬否定天皇制的意思，于是在8月14日，为免美国的态度再次转变，天皇决定接受美国的要求。因此有部分历史学家认为，当时天皇转为配合主和派积极推动投降，并非有意承担罪责，实际上是希望在美国没有改变初衷前，确保“国体护持”成功，能由天皇继续统治国家。

### （4）战败后，力保天皇统治体制的过程

8 月 15 日，天皇发表著名的“玉音放送”，向国民宣布终止战争的决定，并在这九分钟的讲话里强调，这是“为了避免国民再受生灵涂炭之苦”，是基于仁心和不悯而无奈为之。这与日本政府向盟军表示无条件投降的立场和态度大为不同，变成是日本主动决定停止战争，而这种终战方式也与近卫文麿以天皇退位来请罪的设想，有所出入。

另外，天皇在 8 月下达《终战诏书》(史称《终战之圣断》)，内容与用词也引发盟国不满。关于整个停战工作的进程和如何保住天皇统治体制，天皇与政府高官持续出现意见分歧。

进入 9 月，为了准备向国民解释美军即将占领日本，新担任首相的东久迩稔彦到各地向国民公开了与盟军战力的差距和实际败绩，引发不少民众哗然和批评。天皇“玉音放送”的悲恸，最终保住了他在不少国民心中的形象，但大众对政府内阁的愤懑却有增无减。

随着战争细节慢慢公开，民众对内阁和军部的不满也波及天皇，尤其是引致美国大举反击的珍珠港事件，天皇事前是否知情？为什么会批准这“无谋”又“无益”的作战？种种问题成为 9 月以后国内外媒体关注的焦点。

尽管出现负面反应，但是既然“国体护持”基本成功，下一步便是如何在战败后，尽快保住天皇制。最终，占领军总司令麦克阿瑟以“没有找到积极证据”证明天皇主动参与战争为由，向盟军和美国政府建议不追究天皇的战争责任。

在多番协调下，力求“国体护持”，而且以此为最后底线的昭

和天皇决定主动会见麦克阿瑟，向盟军展现愿意全面配合审判和美军占领工作的态度。最后一步棋是将战争责任推向以东条英机为首的战时内阁成员，而一直力主天皇退位引责的近卫文麿也遭到追责，最终被迫自杀身亡。

## 2. 日本人如何看待昭和天皇的战争责任？

### （1）“不幸的战争”与“不幸的过去”

“阻止战争无果，其遗憾与无奈，虽已七十有年，至今依然不变。”这是1971年昭和天皇参拜伊势神宫时吟诵的和歌，当时他已经年过七十。不少人认为，这首和歌充分反映了他对第二次世界大战的态度。四年后的1975年10月，他到美国进行国事访问，并在白宫与当时的美国总统福特会面。他在会后的公开讲话中再次提到第二次世界大战，天皇说那是“一场让我深感悲痛、不幸的战争”。

后来，当韩国总统全斗焕访问日本，并到皇宫参加昭和天皇主持的国宴，天皇致辞时表示：“本世纪（20世纪）里的其中一个时期，（日韩）两国之间存在不幸的过去，我实在感到十分遗憾。”

这个“不幸的过去”当然是指日本对朝鲜半岛进行半个世纪以上的殖民统治，又命令朝鲜半岛人民为日本参加第二次世界大战。

昭和天皇几次在不同场合的发言都让人觉得，虽然他在战败后获得盟军放弃追诉战争责任，但他对此事仍然耿耿于怀。然而，不论他个人对战争有着怎样的态度和思想，战后免责的结果一直在日本国内外受到质疑和抨击。

例如，在东京审判中，其中一个被判有罪的战争罪犯、昭和天皇的左右手木户幸一便认为昭和天皇也必须承担责任。而日本国内的共产主义者也希望借由追讨昭和天皇罪责，实现在日本成立共和国、推翻天皇制的目标。国外方面，昭和天皇在1971年秋天访问欧洲七国时，分别在英国和荷兰遭遇当地人士示威，要求他对战争罪负责，也向受害者公开道歉。

虽然如此，昭和天皇也不是完全孤立无援的。日本国内的保守派和免受追责的右翼分子则继续拥护天皇，坚持“天皇无罪论”，回击“有罪派”和共产主义者的责难。究竟两方的理论分别为何呢？

### （2）天皇无罪论与天皇有罪论

简单而言，二战后至今，强调昭和天皇无须负责的论点，主要有两大根据。第一是认为1889年的《大日本帝国宪法》（以下略称为《帝国宪法》）第3条提到，“天皇乃神圣不可侵”，规定天皇只是“统之不治”的国家元首。而第55条则明确规定：“国务各大臣负责辅弼天皇，法律敕令以及其他国务相关的诏敕，均需国务各大臣副署。”天皇本来便没有单独行使统治权的可能，国家实权其实在内阁以及随之成立的国会手上。因此，他们认为战时的首相东条英机等人被远东法庭列为甲级战犯是合理的，但累及昭和天皇则不合理。

第二是认为在现存的记录里，难以确认昭和天皇自开战之前便积极、主动参与指挥战争，或者指挥任何军事行动。至于下令向中国和美国宣战的开战诏书也只不过是例行公事，而不是出自他本人的意愿。这种意见又认为当时的军部早已尾大不掉，不受天皇控制，不应反过来将责任推向无可奈何的天皇。

这两个论点都强调战前的明治、大正和昭和三代天皇，与维新前的天皇们一样，都只是受到国家供奉和拥戴的存在，而且认定天皇在《帝国宪法》确立后，便与英、荷等西欧的立宪君主一样，只有象征性而没有实权和责任。

“无罪派”还强调立宪后的天皇已明文受到《帝国宪法》的制约，不存在天皇专制独裁、一意孤行发动战争的可能性。因此，日本投入战争和日军犯下的战争罪行都不应牵连昭和天皇。

面对“无罪派”的辩护和观点，“有罪派”则提出了“无罪派”刻意避而不谈的《帝国宪法》第 11 条，即关于天皇统帅权的规定。该条明确规定天皇对军队拥有绝对和完全的权限，是日本国家军队的“大元帅陛下”。只有天皇可以行使统帅权，命令军队，而海军的军令部和陆军的参谋本部首长属于天皇的幕僚，海陆两军的军事指令都要“大元帅陛下”批准才可通达。

而且，整理战时文件也显示，“无罪派”所谓没有证据证明天皇干预战争部署之说是不实之词。事实上，当时海陆两军的每日战报都会上呈昭和天皇，换言之，他对战事的进展十分清楚。而从目前记录而言，他至少有十多次下令更改军方的作战方案，又曾主动向军方提出战略方针，要求执行。这些研究成果均否定了“无罪派”坚称昭和天皇在战时被旁置的主张。

另外，国内外的“有罪派”均质疑，如果按“无罪派”所说，昭和天皇在战时没有办法阻止军部的军事行动，为何他却在美国向广岛、长崎投下原子弹后，又单独地下达《终战诏书》，指令各地日军放弃战斗呢?

面对“有罪派”的反击，“无罪派”分别做出两种回应，一是仍然认为昭和天皇的统帅权问题是特殊情况，不能证明他主动参与战争；二是主张日本参战不是为了侵略，而是一场自卫战争和对抗西方帝国主义的解放战争，从而规避昭和天皇的战争责任问题。

### （3）由“战争责任”到“战败责任”

即使历史学和宪法学的主流见解均认为昭和天皇责无旁贷，但是，由于美国急欲避免共产主义在日本抬头，以及日本政府与天皇展现出积极配合美国占领日本的态度，结果使得昭和天皇摆脱战争责任，改为由陆军为主的战时官员来承担罪责（详细请看下一问）。

虽然战后追究昭和天皇罪责的呼声未曾停止过，但是在天皇的“清白”尘埃落定后的20世纪40年代末至50年代初期，着手战后重建的日本政府为了向国民提供一个既合乎政治需要，又能自圆其说的二战总结，于是在美国政府默许下，对日本的战争责任进行分割。东条英机、近卫文麿等甲级战犯为首的战时政府和军方蒙骗天皇和国民，误启战端，为国家、国民带来破坏性的灾难和伤亡。这些人最终承担了发动战争的责任，或遭处决，或自杀，或被判处终身监禁。

而“清白”“被蒙骗”的昭和天皇与战后的日本政府则承担起战败责任，弥补所造成的破坏，全力为复兴而努力。由此可见，日本政府成功地掩饰了昭和天皇和政府、军方主动带领国家发动战争的责任，又塑造出昭和天皇带领国家复兴的“象征天皇制”的形象。

日本政府在20世纪50年代开始，逐步淡化了昭和天皇的战争责任问题，奏请天皇避免谈及二战，也指示负责天皇事务的宫内厅禁止媒体追问相关问题。至今，昭和天皇的战争责任已然被淡化为日本学术界的讨论课题，而日本民间与媒体对此也避而不谈。随着时间推移和社会发展，此争论在日本国内或许将继续被淡化，湮没在历史长河之中。

## 3. “象征天皇制”的争议与矛盾是什么？

### （1）新天皇制成立的背后

1945 年 8 月，日本对外宣布向盟军无条件投降，对内则通过《终战诏书》，以天皇“圣断”的名义，下令本土以至海外占领区的日本军民放弃战斗。

昭和天皇与日本政府在桌面上与美国继续进行谈判，确保天皇制存续，为此愿意配合美国占领政策和法制改造，换取美国与远东国际法庭不起诉昭和天皇，变相免除了天皇的战争罪责。美国当局参考了远东盟军最高司令麦克阿瑟的意见，想尽快安稳占领日本，防范苏联为首的共产国际势力渗透到日本，决定有条件地接受保存天皇制的选项。

谈妥这场无视日本国民与其他同盟国意愿的政治外交交易后，日本便着手废除旧有的《帝国宪法》与《皇室典范》，打算在最短时间内改造天皇与日本政治体制，向国际社会释放出最大程度的善意。

与此同时，以东条英机为首的七名甲级战犯和其他乙、丙级战犯在等待远东国际军事法庭审判时，日本政府要员则与国内的宪法专家成立宪法问题调查委员会，就确立新的民主宪法事宜继续与美国政府磋商。

然而，在 1945 年 10 月制定的新宪法草案里，日方委员会对改革天皇制呈现出明显的消极态度。在第一次草案中，只提议强化国家议会权力和国民的自由权利，以制衡天皇的“大权”。但是，一直为人诟病的“天皇总揽统治权”却维持不变。

美国政府没有正面回应第一次草案，在 1946 年初，直接向麦克阿瑟传达了改组日本政治体制的具体意见，表明新宪法应该基于日本国民的自由意志（类似现代的“民族自决”原则）和民主主义的政治制度，来决定天皇制何去何从。至于在新的天皇制里如何体现“民主政体”，美国政府提出了四项原则，并在后来成为新《皇室典范》的核心精神：

① 天皇所有决定都要在内阁制决议后，才能执行。

② 褫夺并永久否定天皇的军事权限。

③ 由首相统辖的内阁负责辅助天皇，防止天皇胡作非为。

④ 所有皇室收入都归国库所有，天皇与皇室的各种支出由国库支付。

麦克阿瑟基于以上四大原则，进一步向日本的战后政府提出了新宪法草案的三个必须条件（史称“麦克阿瑟三原则”）：

① 天皇的地位为国家元首，其皇位为世袭制，天皇的职务与权限皆基于宪法以及国民的总体意志来行使，天皇不被赋予任何政治权力。

② 废除天皇发动战争的权限，同时日本也宣告放弃一切进行战争的权利。

③ 废除日本的封建制度，天皇亲族（皇族）以外的贵族权利均只限一代。

从结果而言，美国与麦克阿瑟为代表的远东盟军司令部已经坚决地否决日方当初的盘算，强调了主权在民的原则，天皇则成为日本国家与国民统合的象征。

### （2）“象征天皇制”的四大暧昧

由上可见，在美国政府半强制起草的新宪法里，天皇的地位与角色被急促地确认。可是，这不代表问题就此解决。另外，有四个问题到现在还备受宪法学者质疑。首先，前文提到所谓“日本国民统合”的象征定义与关系，美国与日本之间对于两者的理解与阐释存在歧义。这个部分完全没有经过国民讨论，便在两国政府的协议中被制定完成。

也就是说，新宪法制定时是怎样得出“日本国民统合”的总体意志，又如何认可并从这个意志体现天皇的象征意义，这个象征在宪法上又如何解释，以上皆无具体说明。这个暧昧含糊的条文内容，欠缺客观严谨的民意基础，更有违当初美国政府基于民主主义原则来改造日本政体的声明。结果，保存天皇制的问题，成为制定新宪法的优先考虑事项。

其次，新宪法在没有任何根据的情况下，以抽象的“日本国民的总体意志”为基础，外加以民主主义包装，由美日政府决定了新天皇制继续采取战前的世袭制。结果，无论是昭和天皇还是平成天皇，又或者是 2019 年继位的新天皇德仁，他们在宪法上的合法性、正当性都存在混淆不清的部分。

第三，在暧昧不明的“日本国民的总体意志”下，天皇没有退位的选项，即使是 2019 年平成天皇的退位，也只属于特别措施，由政府独断立法批准。本书在第四章第 6 问提到，新宪法和新《皇室典范》否定天皇退位（辞职）的可能性，不仅硬性规定了天皇终身在任制，更彰显“天皇去留不需经过国民总体意志来决定”的事实。就这个宪法规定而言，日本国民对于世袭制的存废，从一开始便没有选择支持或反对的权利，也难以从宪法条文里找到可以推倒天皇存在的法理依据，也就是说他们不可能通过法律程序去推倒“象征天皇制”。这与美国政府当初强调的“主权在民”原则相悖。

因此，自新宪法施行后，日本国内外有不少政治人物与宪法学者均猛烈批评宪法中的“终身在任制”，那实际上赤裸裸地侵害了天皇本人的人权和国民主权的绝对性。

所有天皇只能等待死在职位上的一天，无法从中抽身，国民也无从干预。在这样的设定下，难以宣称天皇获得了与平民同等的人权，甚至也难以界定天皇为一个法律上的个人。昭和天皇当日所宣告的《人间宣言》，主张自己与国民平等的声明，自然沦为一纸空谈。

第四，新宪法否定了天皇行使政治权力的可能，但天皇具体该行使哪些国务同样没有明确界定，灰色地带之大，不难想象。因此，昭和天皇战后多次巡视全国和访问国外，均被宪法学者质疑是实质的政治活动，无视宪法精神。

以上种种暧昧与漏洞，暴露时任政权握有肆意解释天皇在宪法上的地位、角色与功能的权力。换句话说，“象征天皇制”在理论上存在既不违背新宪法的文字规定，但又能行使无从掣肘的权限的可能性，使看似已经被全面解除“武装”的新天皇制，残留了不稳定的因素。

## 4. 新、旧《皇室典范》有什么不同？

### （1）皇族的家法——《皇室典范》

近年来，世界各国与日本皆关注天皇家族和他们的日常生活，新闻报道里经常出现《皇室典范》这四个字。《皇室典范》顾名思义就是规范、定义日本皇室，是上至天皇、下至一般皇族的家法，内容包括天皇的定义、皇位继承顺序、皇族的范围，以及皇室的财政管理等。

《皇室典范》存在的历史其实非常短，因为在明治维新以前，天皇家族和朝廷都没有意识到要订立明确的家法，只有天皇教导太子和其帝王学心得一类（如顺德天皇撰写的《禁秘抄》），天皇、皇室的定义要到明治维新后才明确起来。日本于第二次世界大战战败投降后，《皇室典范》伴随着新制定的《日本国宪法》（以下略称为新宪法）进行了改正，因此《皇室典范》存在两个版本，明治时代的一般被称为旧《皇室典范》，而战后的则被称为新《皇室典范》，以资识别。

旧《皇室典范》订立的契机，当然与著名的《大日本帝国宪法》（以下简称《帝国宪法》）有密切的关系。1889年2月11日，明治政府宣布实行立宪制并公布了《帝国宪法》，且在一年半后的1890年11月29日正式施行。旧《皇室典范》作为定义“现御神”天皇与皇族的规定，自然成为《帝国宪法》的核心。

不过要留意，由于旧《皇室典范》是天皇家的家法，共12章

62条明文规定，但是条文制定完成后，并没有与《帝国宪法》一样，向国民公布，当然也不容许国民谈论；同时,《帝国宪法》与其他立宪后的法令都需要天皇和各国务大臣共同签署，但旧《皇室典范》一开始并不需要天皇签字，到了1907年实行旧《皇室典范》条文增补时，天皇与各大臣才签署增补案。但由于也没有对外公布，所以战前的旧《皇室典范》仍然完全属于天皇专断、皇室专属的法规。

旧《皇室典范》与《帝国宪法》的关系完美反映在《帝国宪法》的第7章第74条里。第74条明确规定:“旧《皇室典范》的改正无须经过帝国议会的审议。”与此同时,“不可以皇室典范来变更（帝国）宪法的条规”。换言之，旧《皇室典范》与代表国家最后法律的《帝国宪法》，明显是两部不同的法规，地位对等。

### （2）两个《皇室典范》的不同之处

那么，旧《皇室典范》与战后的《皇室典范》有什么不同呢?涉及“万世一系”与天皇神话的内容，还有一些与天皇相关的枝节事项，留在其他章节再提，这里先将焦点放在两部《皇室典范》的性质差异上。

首先，上文提到旧《皇室典范》与《帝国宪法》是井水不犯河水的，两者均不能节制、左右对方。相反，战后改订的《皇室典范》虽然也同样不受战后的新宪法影响，但与旧《皇室典范》最大的不同，是《皇室典范》新订立的第五章“皇室会议”。

“皇室会议”是由皇室、皇族、首相、参众两院正副议长、最高裁判所法官，以及执掌皇室事宜的宫内厅厅长，共10人组成的机构，负责规范、决定皇室的未来和行动。

在战前的旧《皇室典范》里也设立了“皇族会议”，明确规定与皇族相关的问题，也有政府高官出席。但是战前“皇族会议”里的议长，是天皇或天皇指名的一名皇族人，各列席的大臣没有资格代理，因此理论上完全是天皇处理自家事，只是名义上必须招请政府高官列席。至于战后的“皇室会议”，议长必须由当时的首相出任。而天皇受到新宪法明确规定的“象征天皇制”的影响，虽能列席“皇族会议”，但没有发言权，也不算是会议的议员之一。这意味着战后的“皇室会议”不再是天皇独断的机构，而要尊重民选政府和司法、立法机关的意愿。

除了“皇族会议”变成“皇室会议”，且天皇的角色出现大转变外，旧《皇室典范》与战后改订的《皇室典范》，其不同之处还包括：

①旧《皇室典范》第六章设立的太傅之职被取消，即天皇和日本政府不再特定教育皇子的人选。皇太子和皇族子弟均进入国家制度下的各级学校。

② 旧《皇室典范》第八、九章订明的皇室财产、经费使用（第8、9章），在战后的《皇室典范》中被取消，不复记载。

③ 旧《皇室典范》第十章订明的皇族诉讼与犯法惩处的规定，受战后的皇族改革、减员影响，战后的《皇室典范》取消相关条文，皇族成员犯法将与平民同等处理。

④ 旧《皇室典范》里皇族女子只可嫁给指定身份的家族，如王族与华族（旧藩主子孙），此规定也被废除。战后的皇族女子可以嫁给平民，但其身份同时被废除，即与平民无异。

以上几项改动和皇室会议的改革，给天皇与皇室带来重大影响。但最重要的是，战败后由美国主导的新政府锐意削弱战前天皇与皇室的影响力，表明新政府将天皇置于政府高层的管理之下，天皇不再是战前那个高高在上、万机独断的君主。但是，新宪法与《皇室典范》在解释上仍然存在极多暧昧不明的灰色地带，天皇的形象仍可能受到日本政府的肆意解释，进而扭曲和变形。

## 5. 天皇、皇室与大众媒体的关系如何演变？

通常而言，政治人物的花边新闻比起僵硬乏味的政治动向，更能吸引大众的注意力。在仍然存在皇室的国家里，情况也一样，像英国皇室被传媒“狗仔队”贴身报道，便是一例，日本的皇室又如何呢？

目前，日本国内及国外传媒已获得较多报道皇室的机会。近年在出现一些不利皇室的消息和事件时，大众也能自由地查阅媒体报道，国民与媒体均不会受到来自政府当局的政治审判和检查。但以前的情况并非如此。

### （1）官方如何利用皇室报道

从日本传媒业历史来说，著名的明治维新既是改变日本命运的历史事件，也是官方与民间办报的重要契机。同时，社会主义、民主主义等西方思潮随着日本开国而到来，民间在各种思想的熏陶下，积极利用各种渠道发出自己的声音。那时还没有电视机，收音机也尚未普及，报纸就是当时最有力的平台。

明治天皇晚年的立宪运动，以及大正天皇时代的民主运动，都通过民间团体办报，向官方施加压力。然而，关乎天皇与皇族的报道则不存在自由评论的空间。官方靠着“天皇乃神圣不可侵”的全民共识，将限制国民批评国政一事，抬升到更高的层面。

也就是说，明治及大正政府利用限制有关天皇的报道，维持政府的威严，同时利用天皇这个万民爱戴的金身，反过来通过媒体进行国民教育。在战争频发的20世纪上半期，官方利用公权力压迫和控制媒体，使媒体大多成为政府的鹰犬和宣传工具，向人民灌输盲目的国家主义和忠君思想。例如，明治天皇于1912年7月30日过世，当时传媒带着半分爱国心、半分煽情，以制造声势的意图，鼓动东京民众到皇宫外的二重桥外跪地祈祷。

相较健康长寿的明治天皇，接任的大正天皇是出名的“药罐子”，到了1926年12月25日，大正天皇病危时，《东京日日新闻》等报章则改以“美谈”“壮烈”为名，报道少年少女听闻天皇病危而哀痛自残的新闻，变相宣扬忠君爱国的思想。

### （2）媒体“自肃”与自我审查

到了战前的昭和时代，战争新闻的煽情与夸张手法，自不待言。关于不利战况以及天皇动向的新闻，通通受宫内省（宫内厅的前身）和军部严格管制，一旦发现不妥言论，轻则禁止发放，重则以“不敬罪”处罚当事人。

当时的报纸和电台媒体为免以身试法，都会自主地以“自肃”为名，不报道一些危险敏感的新闻，用现在的话来说便是“自我审查”了。另外，在“天皇与皇族皆神圣不可侵犯”的原则下，也不能主动采访他们。

### （3）战后的皇室报道

随着二战战败，在美国的强大压力下，日本政府完全否定了自己过于激烈的忠君爱国思想，用来钳制媒体的不敬罪也被废除。在新宪法赋予的言论思想自由和新闻自由的保障下，媒体对皇室、天皇的报道限制也陆续放宽。

尤其在美国占领期间，为了对国内外展现天皇《人间宣言》已落实执行，日本政府和昭和天皇都与媒体有更多交流，被历史学家称为多年来难得的“蜜月期”。话虽如此，昭和天皇召开记者会的次数屈指可数，而且媒体一律不可询问关于二战罪责、政治和时评等话题，日本政府会事前介入和协调。

平成天皇对媒体采取更开放的态度，他与主要皇室成员有更多的机会露面，或召开记者招待会。不过，天皇与皇室言论仍受到宫内厅的管理，大部分发言都以“建议”为名而受到限制。

踏入千禧年代，媒体对于皇室的主要报道仍然停留在转述发言，以及报道动向。另一方面，皇室与宫内厅出现越来越多的矛盾，平成天皇、新任天皇德仁与成为皇嗣的秋篠宫文仁亲王在这10多年内，皆曾在没有事前知会下批评宫内厅，或者对宫内厅以及日本政府无视皇室意愿表达不满，使宫内厅和政府尴尬不已。

而传媒又如何报道皇室的花边新闻呢？近10年来，比起英国为首的欧洲皇室，以及仍被国民视为神圣至上的泰国皇室，现时日本皇室报道的自由度算处于两者之间。

进入2000年后，日本皇室成员的花边新闻大多与婚姻问题相关。目前最新的新闻是文仁亲王的长女真子公主与未婚夫小室圭的婚事濒临破局。传媒虽有报道，但大多“点到即止”，不像英国媒体对皇室做贴身式报道。

可见，虽然战前的不敬罪已不再成为威胁，但是日本媒体或多或少出自对皇室和天皇的崇敬心态，在不利于皇室形象的报道上仍然采取明显的“自我审查”方针，以帮助天皇贯彻“象征天皇”“大众天皇”的形象。昭和天皇时代禁止传媒询问历史、政治和二战问题的方针，继续成为媒体不言自明的“潜规则”。

## 6. 平成天皇让位为什么会引起宪政危机?

### (1)生前让位还是生前退位?

2016 年 7 月 13 日,日本的国营电视台日本放送协会(NHK)和《每日新闻》援引负责皇室事务的宫内厅消息——平成天皇明仁已向宫内厅表示自己打算提早让位给皇太子德仁。天皇认为应该让有能力履行天皇职责的人来担任,暗示自己年事已高,身心上都已经无法胜任天皇的职位。

消息传开之后,宫内厅发言人随即向记者否定上述的报道,更表示天皇将按宪法规定,继续履行天皇的职责。可是,到了同年 8 月 8 日,平成天皇在长约 10 分钟的公开讲话中,再次表达了让位的意愿,并且公开请求日本国民谅解。事已至此,政府当局显然已不能再否定这一事实。

经过与皇室内部磋商,首相安倍晋三内阁于 2017 年 6 月 1 日向国会提交了《关于天皇退位等皇室典范特例法》,由 5 条与附例 11 条组成,并在同月中旬获得国会两院通过,再对外公布。

特例法正式写明“天皇退位”,但包括天皇本人发言在内,都将这次决定称为“让位”。一些右派传媒也遵循意志,在之后的相关报道里一律使用“让位”。两者究竟有什么分别?

**“退位”是指**在没有天皇的主体意识下,使他从皇位上下来。

**“让位”是指**在天皇的主体意识下,自行放弃皇位,并将皇位交予指定继承人。

按照天皇的上述行动，“让位”的说法当然最为准确，为什么日本政府还是要在特例法上写“退位”呢？这是因为在现行宪法和《皇室典范》规定下，天皇没有“辞职”“退休”的权利。但平成天皇突然提出，而且罕有地做出强烈要求，安倍内阁最终妥协，急忙制定上述的特例法去追认。

但是，为免再次被天皇杀一个措手不及，安倍内阁在特例法里强调了特例，即“只此一次，下不为例”的意思。也就是说，法例上是特意用退位来强调法律先于天皇的意志，避免抵触“宪法最大、天皇受宪法限制”的精神，引起宪法解释混乱的尴尬情况。

### （2）为什么不可退位？

前文所谓的“尴尬情况”，是指天皇突然想退位，导致天皇有可能违背宪法规定的局面。那么，为什么宪法规定天皇不可退休，要做到死为止呢？先看看这个规定是怎么来的。

历史上天皇生前让位、退位的例子多不胜数，有天皇自愿提出让位，也有天皇被要求退位。但到了明治维新之后，天皇成为国家唯一、最大且至为神圣的代表和象征，明治政府更通过明治天皇向国内外宣言会担负起率领国家的重责，实现“万机亲裁”的君权政治，回复“古制”。

宣言归宣言，没有人能保证天皇不会突然出事。因此，明治政府确保政权在握之后，开始讨论皇室、皇位的规定，也就是后来于 1889 年确立的《帝国宪法》与旧《皇室典范》。

在这之前的 1886 年，政府辖下的制度调查局提出，万一天皇身体不妥时，便设置“摄政”来署理国务。但当时的外务大臣井上毅表示反对，认为这等于让国民知道天皇有恙，无法领导国家，会引起国内不安，也有损天皇权威。

井上毅又强调，在制宪后一旦设置摄政，必然要通过国会表决，变相使天皇无上权威和继承受到民选议会及其背后的国民掣肘。因此，井上毅反而提议立法容许天皇以让位（不是退位）的方式，将国务职责交给皇位继承人，以跳过议会，完成权力交接。不过，他的建议旋即被首相伊藤博文否决。伊藤博文忧虑一旦容许天皇可以让位，难保将来天皇因与政府不和，用让位作为抗议手段，威胁政府。他也担心有反政府势力勾结皇族，夺取皇位，再废掉现有天皇，引起政治动乱。

最终，伊藤博文的忧虑获得了内阁幕僚的认同，并且在1889年制定的旧《皇室典范》第10条里，明确规定天皇终身制，不可提前退位、让位。伊藤的这个想法延续到了战后的新宪法与新的《皇室典范》，战败后的天皇已成为“国家和国民统合的象征”，必须终身在任，减少更替，才能体现“统合”“象征”的精神，为国民带来安全感。

然而，日本国内一些开明人士认为，这个期待等于剥夺了天皇的人权，甚至等同宣言天皇的“特别性”，与当年昭和天皇公布“天皇是人”的《人间宣言》相违背。另外，也有人猜测天皇的“退位”另有隐情，包括不满安倍晋三政权的右倾路线，破坏天皇一贯的不战、反战原则，于是罕见地主动“让位”，以示抗议等。

无论如何，平成天皇“让位”一事已成定局，引发的宪政危机也被强行拉回原本路线。然而，关于今后新天皇德仁能否继续与安倍政权以及将来出现的内阁保持和谐，这势必成为日本国内外关注的焦点。

## 7. “万世一系”的天皇制会走向终结吗？

### （1）天皇家存续的危机

2019年4月30日，在位31年的平成天皇让位（法律上称为“退位”），皇太子德仁于翌日接任，成为第126代天皇。这个延续天皇制的大事潜藏着一个重大的危机，足以影响自夸“万世一系”的日本皇室存续。

战后确立的日本现行宪法（俗称《和平宪法》）第二条规定，天皇是世袭制。同样，在战后改订的《皇室典范》第一条也明确规定，只限拥有天皇血统（原文称为“皇统”）的直系男性成员来继承天皇之位，直接否定了女性成员的继承权。这个规定背后的理由和理论留待本小节（2）说明，这里先说明此规范造成的隐忧。

这个规范只有当天皇成功生下儿子，又或者天皇有直系弟弟，而这些弟弟（们）又有大量儿子时，才能维持下去。可是现实是新天皇膝下只有一名公主（爱子内亲王），没有男性子嗣。因此，在平成天皇提出让位想法之前，日本政府与皇室会议已按照上述原则，内定了德仁天皇的胞弟秋篠宫文仁成为第二顺位继承人，而秋篠宫文仁的儿子悠仁亲王则成为第三顺位继承人。

按照现时的情况来看，天皇德仁死去后，如弟弟文仁仍在世，那么天皇继承权便自然转移到文仁身上，然后继续传延下去。文仁之子悠仁将成为天皇家的唯一继承人，没有其他直系男性亲族。

而受到“臣籍降嫁”制度的影响，所有女性成员出嫁后将自动失去皇族成员身份。换言之，如果悠仁亲王继承皇位时，所有女性成员都已出嫁，他身边将没有任何皇族亲人。万一悠仁又有什么三长两短，而上述原则又不做任何改变，那么拥有千年以上历史的日本皇室因为直系血脉断绝，“万世一系”的神话将成为绝唱。

这个问题早在悠仁出生前，便已成为日本政府、皇室，以及异常重视天皇存续的保守势力至为关心的问题。目前来看，德仁夫妇与文仁夫妇均年事已高，恐难以再生育，所以只能期待悠仁长大后，尽快成婚，然后开枝散叶，确保天皇家族的男性成员人数回升。

然而，没有人能保证悠仁一定能长大成人，以及结婚后一定能生出大量男嗣。于是，便有人提出次善之法，包括恢复承认女性天皇的合法性，又或者让天皇家族旁系出身，但已不属皇室成员的男性以养子身份继承大统。这两者之中，尤以前者最受到保守派系抨击。就媒体调查显示，日本国民对前者的抗拒其实没有保守派那么强烈。但保守派为何坚决反对女性天皇再现？为什么战后的《皇室典范》不承认女性天皇？

### （2）否定女性天皇的缘由

《皇室典范》不承认女性皇室成员继承大统的规定，与战前的旧《皇室典范》里的精神如出一辙，反映当时政府与皇室即使战败被迫改变天皇体制，仍然希望维持战前的天皇理念。

这个“非男子不能为王”的理念是如何产生的？在1946年底，国会审议《皇室典范》内容时，便有议员问及政府与皇室执意否定女性皇室成员成为天皇的原因。当时的日本政府（吉田茂第一次内阁）在答复质询时，总括了六大原因。简单来说，可归纳为以下四项：

① 女性天皇与他家男子成婚而生的子女，天皇家系将转到他家之手，影响“万世一系”的皇统纯正。

② 女性天皇即使结婚生子，也只能解决一代的子孙不足问题，长远而言还是要有男性子孙继承大统。

③ 天皇继承问题为特殊问题，不受新宪法规定的男女权利平等精神影响。

④ 在天皇历史上出现的女天皇皆为例外和偶然，不属于天皇继承的根本原则。

以上种种，说白了便是不希望天皇血脉外流，因此必须认定历史上出现过的女天皇皆为例外，不成正统，更强调否定女天皇是符合天皇历史惯例和传统的做法。

更明确地说，当时的日本政府以至今日保守派，皆执着于天皇家系只可由直系男性子孙来继承的“信仰”，背后潜藏着男尊女卑、父系继承为尊的思想。再加上现时属于神道思想产物的皇室祭祀，大多规定由男子来进行，女性成员一律无法参与。因此，保守派拿出“神道＝国家传统＝习俗”的理论，进一步否定女天皇出现的合理性和正当性。

通过本书对女天皇的介绍，大家不难想象，这些矮化女天皇存在的言论并非一朝一夕而成。江户时代两位女天皇（明正天皇与后樱町天皇）的即位和不能生子的事实，已反映这种倾向。可以说，1946 年日本政府与现今保守势力的持论，传承自江户时代，但更早的古代女天皇却是曾真正统治国家的实际君主，不是虚设的元首。至于直系男性子孙来继承的“万世一系”传统，放在南北朝时代（出现皇家分裂）来看，也并非无懈可击。总而言之，种种保守意见充其量只是一种执念，没有法理、历史根据。

虽然如此，保守派仍然坚拒女天皇重新出现。一些较为极端的言论更提出，因现行宪法没有规定天皇不可多妻多妾，必要时，可以复行立妾来确保子嗣。从前的明治天皇和大正天皇都是侧室所生，可为近例，无须找寻更早的例子。但从日本正缓慢地提升女性地位、保障女性权益的国情来看，这类极端言论如何能上得了台面，则是另一个问题了。

### （3）天皇制将走到尽头？

当然，对于是否开放公主（爱子、真子、佳子）成为候补的皇位继承人的问题，目前正反双方处于自说自话、互不承认的状态，相信这一切在悠仁成婚生子前，不会有重大改动。特别是目前的政府（第二次安倍内阁）所属的自民党，属于保守势力。在选票及保守势力的压力下，公然接受女天皇的可能性比较小。

假设改革毫无进展，悠仁亲王继承皇位又无法生下男嗣，天皇制“独子单传”恐成常态，终有一天会出现没有男性皇族成员的结局。一旦问题拖到悠仁长大后才去解决，属于天皇家族近亲的旁系旧皇室成员已然疏离，保守派又是否会接受一度失去皇族身份的男性突然成为天皇呢？

因此，目前解决这个问题的理想时机，是在爱子、真子和佳子皆未出嫁前。又或者政府与皇室直接改变继承制度，让她们三人获得继承资格。否则，天皇制断绝的危机会继续缠绕这个千年家族。

当然，除了存续天皇制度外，另一个解决之道是在天皇家族后继无人之前便改行共和制，彻底结束这个两千多年的体制。

不过，目前天皇制在日本国民心目中仍拥有较正面的评价，而且保守势力仍然控制国内政治，日本想迎来真正称得上历史“革命”的共和制，比起让女天皇复归继位，概率更小。

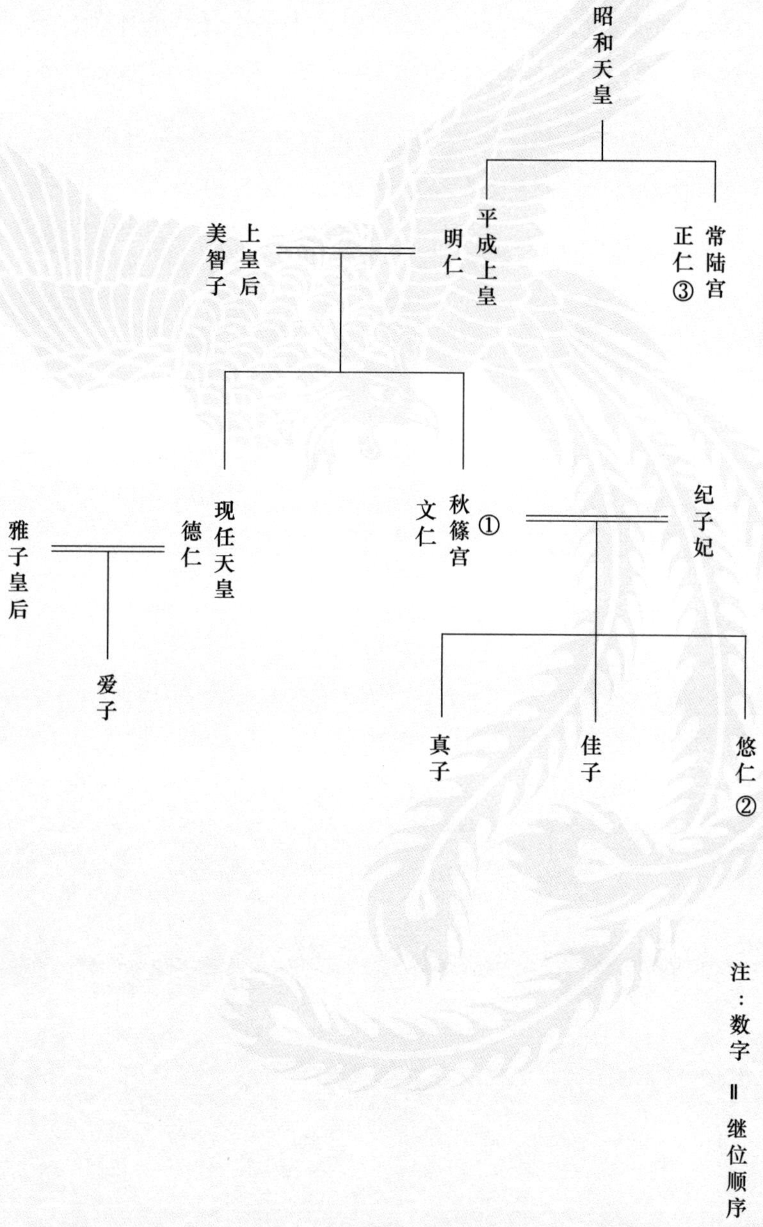


图 4-1　现代皇位继承顺序

# 下部

# 天皇的生活之谜

# 第五章　天皇的宗教与仪式

## 1．天皇崇拜与初诣有什么关系？

### （1）初诣的形成

初诣是现代日本国民于每年 1 月 1—3 日（现在扩大到 1 月第 2 周为止）到神社佛寺进行参拜，祈求当年平稳顺利，近年更吸引了外国游客和在日留学生、侨胞专程参加。不过，这样大规模的民众活动只有 200 多年的历史，可以追溯至 18 世纪末，即江户时代末期。

现在的初诣与原本的最大不同之处，在于人数和参拜的性质。原本的初诣，参拜者会根据自己的属性，如生年、姓氏、当年的吉利方位（“惠方”），与自己八字配合的缘日等因素，决定到哪个神社佛寺参拜。而且在交通相对不便的江户时代，参拜者一般都会到居住地附近的神社佛寺参拜。

然而明治时代，尤其铁道铺设后，初诣便出现了很大的变化，由特定的神社佛寺改为前往著名、热门之处，即使距离较远也不是问题。刚成立的铁道公司确实也大力推动民众使用铁道出行参拜。以江户（东京）、大阪为首的大城市居民慢慢转到当地附近最具人气、又可利用铁道或汽车轻松到达的神社佛寺参拜，如东京附近的成田山新胜寺和川崎平间寺（俗称“川崎大师”），还有大阪的西宫神社等。

久而久之，初诣对东京、大阪等大城市的民众而言，从江户时代重视吉利、现世利益的宗教行为，逐渐演变为行乐郊游的消费行为，而且在大正时代开始向全日本的中等城市扩散。

### （2）初诣性质的改变

虽然初诣自江户时代末期已然成为群众活动，而且一直延续到明治维新后，但主要是各地平民和商人参与。从前的武士阶层、明治时代崇尚先进知识与西方思潮的知识分子，普遍对初诣态度冷淡，认为这是落后的民间活动，是属于庶民的。这个情况到 1912 年明治天皇病逝前夕，出现重大改变，也在一定程度上改变了初诣的性质。

20 世纪初，明治天皇的健康开始走下坡。1912 年 7 月 20 日早上，日本政府对外宣布天皇已经进入危笃状态。消息一出，全国各地的官民开始用自己的方法，为这位带领国家走向富强的天皇祈福。值得留意的是，参与这次活动的有官方组织，也有横跨不同阶层和宗教背景的人士。

以东京为例，民众分别到市内不同的宗教场所许愿，就连最应该否定偶像崇拜的基督教徒也自发组织上百人，到东京基督教青年会馆举行祈祷会。另外，也有东京民众和学生响应报纸的号召，走到皇宫外的二重桥前跪地祈祷。受民众敬仰的老天皇行将就木，前所未有地使国家意识与国民团结起来。

随着天皇病逝，国粹主义者和神道者借助民众自发的行动和热情提出建议，要为天皇在东京建造纪念参拜场所——明治神宫。虽然天皇生前已决定将陵寝定在京都，而且也有不少知识分子担心此举助长盲目崇拜，提出反对。然而不少标榜爱国、高呼尊王的人，还是希望在东京建造明治神宫来歌颂、纪念这位天皇，而且获得不少民众和媒体的支持，逐渐成为主流的舆情。结果到了1920年，支持派终于如愿以偿，在涉谷建立了明治神宫。

### （3）初诣的质变

原本明治神宫只在明治天皇的生辰、忌日等几个特别日子举行祭礼，但随着国家主义高扬，以及东京媒体有意无意地多番吹捧，国民意识日益提高，明治神宫在建立后立即变成了纪念明治时代“富国强兵”的圣地，也成为“明治大帝”的象征。

明治神宫建立的第二年，即1921年，成为东京以至近郊地区民众初诣的新热点。当年的初诣便有超过3万名参拜者蜂拥而至，热潮更一直持续了数日。自此之后，东京民众原本要到都外进行初诣的习惯发生了改变。直至日本二战战败，到明治神宫进行初诣的人数与前述的成田山和川崎大师相比，有过之而无不及。

明治神宫使东京都民拥有了一个属于他们的初诣圣地，是培养、体现国民意识的具体场所。然而从当初的热潮来看，不能否认当时的东京民众是出自真心，而且是自发地想纪念天皇，因而支持建设神宫。

对于同样热烈地支持建设神宫，但别有用心的国粹主义者和国家神道主义者来说，这个新兴的初诣圣地从一开始便是超越了宗教派别的“国家祭拜圣地”，凌驾于所有圣俗信仰之上。站在他们的角度而言，明治神宫的真正用途是使国民的身份认同与国家意识牢牢地联系在一起。

大正至昭和前期，日本因军事侵略中国招致国际社会批评，备受孤立。加上国家内部的社会问题、经济不景气等危机，民众发自内心崇敬天皇之念被推崇军国主义的军方、国家神道主义者利用，变成鼓吹官民一致对外的极端民族主义。

大正末期至昭和初期，即20世纪30年代前后，日本政府利用媒体和教育，将明治神宫乃至各地的神社，转化为崇拜天皇、敬仰国家的圣地，更将民众原本发自内心、相对纯粹的感情，转变为强制与理所当然的责任。

而民众展示自己“崇敬”“爱国”“忠君”之情的方式，就是自发地带领下一代参拜与天皇有关的神社（如明治神宫、伊势神宫等），学校则必须悬挂天皇与皇后的肖像画，行鞠躬礼，最激烈的便是为国家牺牲生命。抗拒这种爱国情操表现的人士与团体往往遭到排斥、打压。情势至此，已与民众出于相对纯粹的思念之情，跨越宗教、阶层去为明治天皇祈福祷告，有了根本性的差异。

随着官方铺天盖地的政治洗脑，神社参拜与初诣被强制披上了一层极端的、带有军国主义色彩的外衣，一直到日本战败，这层外衣才被强行脱下。

## 2. “三种神器”如何影响天皇统治?

所谓的三种神器来自《古事记》和《日本书纪》的记载，是天皇之祖，也就是天照大神，命令其孙琼琼杵尊（神武天皇的祖父）下凡统治人间时，亲自授予他的三件宝物：八咫镜、八坂琼勾玉和天丛云剑。14 世纪写成的《神皇正统记》（北畠亲房著）便指出三种神器分别代表王者必备的三个元素——正直、慈悲和智慧。传说现代天皇出外游历，必然带着这三件宝物同行。关于三种神器，其实大有学问。

### （1）三种神器为何?

先简单说明一下三种神器。八咫镜的“八咫”的意思一直众说纷纭，其中一个较主流的说法指出，“咫”类似长度单位寸，即八咫镜是一块直径 8 寸左右的镜。八坂琼勾玉中的“八坂琼”同样有“很长”的意思，是由复数勾玉连合而成的玉串。至于天丛云剑，又名“草薙剑”，“天丛云”意指浮游天空的云朵，一般认为只是修饰词而已。

另外要留意，在《古事记》和《日本书纪》里，八咫镜、八坂琼勾玉和天丛云剑被称为“宝物”，在 10 世纪、11 世纪的时候较常被称为“神宝”。“神器”则是进入 13 世纪以后才被广泛使用的称号。

历史学家和民俗学家相信三种神器起源于古代大和朝廷。那时候大和盆地（今天的奈良县中北部）的君主大王（天皇的前身）

继位时，群臣和臣属的部落酋长献上宝剑、铜镜和勾玉，作为服从的象征。

### （2）三种神器的地位变化

虽然在古代传说和历史书中，三种神器多次被强调，但是它们的地位却一直在变动。例如，在8世纪的文献里，只看到有“神玺之镜、剑”，勾玉却没有明确的记载，可见三种神器的概念并没有在一开始便定型，而是到了中世纪以后才慢慢固定下来。起码在一开始，勾玉的重要性还没有镜、剑那么高。

另外，镜和剑的描述也有一些变化。11世纪时的贵族相信，先人因为敬畏祖神，早已将镜与剑的“正货”转移到祭祀天皇祖先的伊势神宫和热田神宫。历代皇宫里供奉的镜和剑，以及后来被重视的勾玉，都只是仿制品，以免发生事故。

不过至今为止，没有人真正目睹过三种神器，它们是什么模样，就只能靠神话故事的描述来想象。而且，随着时代的发展，时人更看重三种神器的象征性，多于它们的神圣性。例如，在三种神器之中最被天皇和朝廷重视的八咫镜，虽然是仿制品，但由于它在神话里被认为是天照大神的化身，因此被历代天皇小心供放在皇宫神殿之中，并且由专门人员看护。

可是平安时代，皇宫起码发生了三次大火，将宫殿烧毁殆尽，而仿制的八咫镜也因此多次破损。当时的朝廷贵族直至天皇，对于重修八咫镜一事，既不热衷，也不担心它的破损会得罪皇祖。

还有，在著名的“源平对决”（即当时两大武士家族平家与源家为争夺国家主导权而爆发的战事）时，平家带着他们拥立为帝的安德天皇与三种神器逃到西日本，以保他日东山再起，但最终在澶之浦之战兵败，全军覆没。有说法指出，三种神器和安德天皇因此双双沉没海中，虽然源家后来打捞到勾玉和镜，送还京都，但却始终找不回天丛云剑。

既然三种神器是天皇即位时象征王权的宝物，出现三缺一的尴尬情况，使源家拥立取代安德天皇的后鸟羽天皇变相缺乏正统性，只好以后鸟羽天皇的祖父后白河法皇的“传国诏书”替代，使后鸟羽天皇仍有足够的正统性来继承皇位。虽然这是权宜之计，但在当时的朝廷眼中，已退位的天皇因为曾任天皇之职，又是新天皇之祖父，同样具有足够的神圣性，他的认定和批准等同三种神器。

到了 14 世纪的南北朝时代，出现南朝和北朝两派天皇敌对、互相否定的情况，由于两方都以天皇为首，那么谁握有三种神器便自然成为象征正统的重要条件。但是，握有三种神器的南朝天皇最终落败，被迫将三种神器还给北朝，作为和解的条件。这再次反映出三种神器仍然是天皇必要的象征，但与正义与否则没有绝对关系。

三种神器在 11 世纪以后，变成象征王权的宝物。在一般情况下，它们对天皇来说都是必不可少的，它们的状态也多少会影响人心。但从前文诸多例子可知，朝廷贵族们在必要的情况下，仍然可以想出取代神器的方法。随着时代发展，以及天皇的地位已经坚不可摧，朝廷已不如以往那样需要“三种神器”来加强权威，它们的存在感越来越弱，完全变成了形式主义的道具。

## 3. 《古事记》《日本书纪》两书为何对日本如此重要？

每个国王制国家成立后，都会制造出创国神话，强调国王的由来以及统治的正当性。在现代历史学还没成型之前，这些神话便成为时人了解历史的根本资料。古代日本先后出现了两本影响深远的神话著作，一本是《古事记》，另一本是《日本书纪》，都叙述了天皇开创和统治日本的故事。

### （1）两书的成书过程与异同

《古事记》是天武天皇命令大臣稗田阿礼阅读自古代流传至今的《旧辞》（古代的故事集）和《帝纪》（古代君主的传记）后，综合贯通，并由另一个大臣太安万侣笔记，最后在公元 712 年，即元明天皇时代完成。

全书分上、中、下三卷，上卷由开天辟地的神话时代开始，称为“神代卷”。中卷由神武天皇到第 15 代应神天皇为止，称为“神与人代卷”。下卷则从仁德天皇至推古天皇为止，称为“人代卷”。

《古事记》的特色是以上述的《旧辞》和《帝纪》为基础，再将当时流传的各种神话、传说、故事、歌谣融入书中，以当时的口语写成，夹杂汉字与假名。对于公元 8 世纪的大和朝廷来说，这些神话、传说、故事、歌谣都是诉说他们祖先来历和事迹的历史资料。保存与传承这些资料就是《古事记》的主要使命。

《日本书纪》的成书时间较《古事记》晚数年，在 720 年完成。提议编书的是前述的天武天皇之子舍仁皇子，《日本书纪》以唐朝的官史体裁为蓝本，将神话时代至持统天皇为止的国家历史，按时间顺序编写。

《古事记》着重记载神话，该部分的内容约占全书篇幅的七成。《日本书纪》则重视距离天武天皇时代较近的天皇纪事，只有两卷（卷一、卷二）叙述神武天皇以前的神话时代，仅占全书内容的一成左右，相当于《古事记》上卷的分量。《日本书纪》第三至第十卷，相当于《古事记》中卷的神武天皇至应神天皇部分。其余二十卷均属于距离天武时代较近的历代天皇事迹。

虽然《古事记》与《日本书纪》有很多相关、共同的部分，对于神话时代以来，历代天皇的即位顺序、血缘关系的叙述也基本一致，但在选材和叙述方面，《日本书纪》较为简洁，也更有目的性。将《日本书纪》中一些出现在《古事记》中但又未强调天皇正统，或者与天皇家历史无直接关联的神话加以改写，这是《日本书纪》与《古事记》之间的另一个主要分别。

相比《古事记》以和汉夹杂的文体书写，《日本书纪》则模仿唐朝官史，采用汉文体来书写，这当然是因为大和朝廷已与唐朝展开多次文化交流，文字和史书编写的技巧都在两书编纂前传入日本。

### （2）影响日本人历史观的“记纪神话”

《古事记》与《日本书纪》成书后，是如何影响日本人看待国家形成史、发展史的呢？

两书虽然内容有所不同，但都是王朝官史，地位当然等同于现代的官修历史教科书，因此两书论及的国家诞生传说以及之前的神话故事，在民俗学、人类学上被合称为“记纪神话”。

值得注意的是，两书在之后的地位发展出现颇大差异。按中国风格编纂而成的《日本书纪》一直被珍而重之，历代天皇的教育更有一门必修的“书纪讲义”。不仅是天皇，各家贵族乃至武士也纷纷积极地学习《日本书纪》，认为这是了解自己家族与天皇家关系的历史书，可以说是寻找身份认同的行为。

相反，直到江户时代为止，《古事记》一直没有获得朝廷和武士政权的认可，导致抄本很少，流传普及程度也远逊于《日本书纪》。

不过到了江户时代，当时盛行的国学强调本土意识，所以用和汉文体书写、详细交代神话与天皇关系的《古事记》，被认定是一本比《日本书纪》更纯正、更能体现神国日本和天皇伟大的历史书。而且，在朱子学的名分论思潮下，《古事记》进一步得到民间学者的重视，成为江户时代国学诸多学派争相阅读、钻研、解读、分析的瑰宝。

研究学者中最为有名的，便是受到提倡天皇神圣的近世神道影响，独力研究和注解《古事记》的江户时代大儒家本居宣长。他全力解读《古事记》的成果（虽然当中有不少过度解读的成分），大大地刺激了江户中期以后的知识分子。宣长以后的各派国学学者无不受他影响，更使民间对《古事记》的推崇首次超越了《日本书纪》，为日后的“尊王攘夷”思想提供了基础。

时至今日，在日本全国各大书店里，有各种各样的《古事记》解说书，插图、漫画等形式，应有尽有。相信很多日本人也不知道《古事记》的“光复”背后，其实有着如此曲折的发展史。

## 4. 天皇即位仪式与大尝祭为什么这么神秘?

### (1) 践祚之仪与即位之礼

平成天皇(现在称为"上皇")于2016年7月28日宣布让位给皇太子德仁(法制上称为"退位"),新天皇德仁在2019年5月举行了即位典礼。自8世纪的平安时代初期开始,这个仪式被称为"践祚之仪""即位之礼",但由于两者是先后接连执行,因此也合称为"即位礼"。这是古代日本参考唐朝皇帝的即位仪式和道教信仰,并配合日本美学综合而成的做法。

"践祚"在古代写成"天つ日継しろしめす"或"天つ日嗣しろしめす",意思是"继承王统"(日嗣)之意,后来才改用中国古代用语"践祚"。顾名思义,践祚的"践"是承袭,"祚"是天子之位的意思,加起来就是继承皇位之意。

前面提到,天皇的即位礼分成践祚之仪和即位之礼。即位之礼是现任天皇向天下宣布将皇位传给继承人(皇太子或皇太孙)的仪式。与此同时,朝廷会派出敕使到伊势神宫和特定的几个前任天皇的皇陵(当时称为"山陵"),告知皇祖皇宗。即使前任天皇(即太上天皇)已经死去,也会按照习俗把他当成活人来进行传位仪式,将三种神器里的剑、勾玉移交给新天皇后,前任天皇才能入葬。换言之,前任天皇去世不代表他已经完成使命,也不能立即入土为安。他必须将皇位传给皇太子,然后再进入葬礼阶段。

到了新天皇即位当日，皇族与百官会到京都御所内的主殿（自平成天皇起改在东京皇宫的正殿）参加新天皇的践祚之仪。负责传令、主持的宣命使会在众人和新天皇面前宣读“即位宣命”，群臣百官向新天皇行群拜舞踏之礼，然后齐呼“万岁”。等新天皇宣读登极谕令后，仪式便告完成。

不过明治维新后，《帝国宪法》以及战后的新宪法规定“天皇终身制”，新天皇必须在前任天皇死后立刻“践祚”，继任天皇，以防出现“空位”的情况。因此，大正天皇和昭和天皇的即位之礼都在践祚后进行。换言之，践祚比即位之礼更具重要性。例如，大正天皇在 1912 年 7 月继任，但他的“即位之礼”因故推迟到两年半后的 1915 年才正式举行。

而 2019 年平成天皇破例在生前让位，情况更加特殊。官方安排前任天皇在 4 月 30 日让位，新天皇在 5 月 1 日进行践祚之仪和即位之礼。

### （2）极秘大尝祭，严禁外人笔录和外传

与践祚之仪、即位之礼有着密不可分关系的，是即位后同年 11 月举行的“大尝祭”。原本天皇每年 11 月都会在皇宫内举行“新尝祭”，这是天皇各种祭祀中属于大祭的重要宗教活动（大祭之外，还有小祭等重要性相对较低的祭祀活动）。但是，如果该年有新天皇即位，新尝祭便会改为大尝祭，规模、阵仗也会比例年的新尝祭大很多。而由于大尝祭只会在新天皇即位当年的 11 月举办，因此在皇室仪礼上会将两者合称为“践祚大尝祭”。

不过，如果当年新天皇的父母、祖父母逝世，而时间是在夏末秋初或 11 月之前，大尝祭便会等到他们的葬礼和丧期（称为“谅

闇”）过后，在第二年的 11 月进行。

大尝祭的本体新尝祭是天皇每年以新收割的谷物祭祀皇祖皇宗与诸天神的仪式。因此，新尝本义是“新谷之飨”，原本念作 Nihi-no-ae，后来普遍使用汉字读法 Shin-joū 。而大尝祭本来是大新尝祭，跟新尝祭一样，大尝原本念作Ō-Nihi-no-ahe 或 Ō-ni-e，后来普遍使用汉字读法 Dai-joū 。

大尝祭是延续数日的重大祭典，之后还有宴请诸神的大尝节会。例行新尝祭时也会进行“镇魂祭”等活动，各项工作都需要将近一年的准备时间，开支极大。

因此，在皇家式微的中世后期，即室町末至战国时代的 1466 年，后土御门天皇举行了大尝祭后，大尝祭便被迫停办近 220 年，直到江户时代的 1687 年，东山天皇即位时才得以复办，一直延续至今。

传统上，朝廷准备大尝祭时，会有几项工作要先行准备。首先在同年的 8 月下旬，称为“币帛使”的敕使，会到伊势神宫和其他官定神社进行宣告（现在基于政教分离原则，官定神社已被废止），并在 11 月的其中一个旧历卯日开始祭典，通常是第二或第三个卯日。

另外，为了进行大尝祭，古代会特意建造临时会场“大尝宫”，作为新天皇祭祀的场所。还有，天皇进行祭祀时所着的祭衣，也会在祭典前做好。

一般来说，天皇会在祭祀时奉上当年指定为祭拜所用的新收谷物，即被称为“天御膳”的新白米饭。而负责提供天御膳的田地则被称为“斋田”。除了谷物，祭典上还有事先准备好的黑、白两种酒酿，以及供神明享用的“神馔”。天皇在祭拜皇祖皇宗和诸神后，便会食用这些酒菜谷物，以示与祖宗和诸神相感应，获得他们的认可和附体。

由于大尝祭是历代天皇的专属典仪，所有相关做法、具体仪式和手续，一律严禁外人笔录和外传。在古代，也只有极少数的高级贵族，如关白、摄政，才能在事前获得相关的纲领要义，但核心环节仍然只由天皇本人去执行。天皇本人如何获得相关知识，如何练习，都属于极秘事项，外界和学者只能通过古代不完整的文献去推敲分析。

时至今日，日本皇室坚决不开放大尝祭，因此，大尝祭可以说是维持天皇和天皇制神秘主义最重要的一环。

## 5. 中世时代的“御灵信仰”与天皇权威的关系为何？

### （1）神社的本来功用与御灵信仰

喜欢到日本旅游的朋友，大多会到著名的神社参拜，写绘马、买御守，近年更流行到与历史人物有关的神社求取独特的朱印。由此可见，神社不再只是日本民间信仰的象征建筑，更是外国人到日本旅游时必访的景点，是引导我们了解日本文化的重要媒介。

说到神社，外国人很容易将它联想成华人社会里的庙宇、佛寺，可以为人们消灾解厄。的确，大部分的神社现在已然与华人社会的庙宇、佛寺、道观一样，成了为俗世服务的宗教设施。可是，神社建立的原本目的却刚好相反，主要是为了镇抚、防止神祇作乱而设。这是因为古代的日本人相信，为这些作乱的神祇和怨灵建立神社，能够使它们不再作恶，祛除它们的暴虐。

这种神祇暴虐作乱、遗祸人间的思想源自古代中世的“御灵信仰”。在第九章第 5 问会提到古代日本人视神祇为既可敬又可怕的存在，所有的乱事、怪事都由神祇为患所致。

到了 8 世纪初期，人们对神祇的恐惧越发扩大，开始认为不只是神祇，死去的人，特别是愤恨或含冤而死的人，也会化为“死灵”作恶为患。

面对“死灵”“怨灵”，还有神祇作祟为祸，那时候以天皇为中心的日本人想出的应对方法，大致分为两种。第一种，抚慰死灵，祛除它们的怒气，具体方法便是将它们升格为神祇，并且为它们建设神社，进行恒久祭祀和纪念。著名例子是祭祀怨恨而死的文臣菅原道真（京都市北野天满宫）。

第二种，吸取当时民间的死灵作祟思想，在京都举行盛大的祭祀活动，以镇慰一些特定的死灵，这就是著名的“御灵会”。不过，获选为“御灵”的死灵是与天皇相关又死于非命的人物，如伊予亲王、桓武天皇妃——藤原夫人等，与一般怨灵不同。

御灵会一直受到天皇与朝廷重视。如同下一问将提到，朝廷将它们视为“疫病神”，把当时定期肆虐的疫病、天灾等通通算在它们的头上，然后再举行御灵会镇抚，不断循环。比较著名的例子有，以祭祀疫病神牛头天王而建的京都八坂神社。

### （2）御灵信仰与天皇

虽然天皇贵为一国之君、天神子孙，但对于这些死灵、御灵肆虐也十分焦急，而他的命运也无法不受死灵、御灵影响。

前文提到镇抚的思想逐渐普及，更将死灵、御灵与疫病、天灾连成一气，就连天皇身体有恙都被认为是它们肆虐的结果。随着时代的演进，人们对于死灵、御灵作祟的对象，从无特定者变成针对特定个人，而天皇的御体自然最容易受到众灵关注了。

当时的贵族日记里大量出现记录天皇生病与“邪气”“凭灵”的字眼，上流阶层相信生病与死灵、御灵作祟相关，于是招请阴阳师来驱祛，后来改为通过佛教形式的护摩修法和僧侣诵经来驱灵。

由此可见，御灵信仰的普及使更多人相信其存在和威力，就连天皇也会成为驱灵的对象。国王身体有恙在任何国家都是重大事件，在日本，即使后来武士政权崛起，一旦死灵、御灵作祟，使天皇、皇子等患病，当消息传到幕府后，作为“天子臣下之首”，幕府将军当然不能置之不理。所以各种大型的祈祷修法在各地主要神社、寺院举行，成为上流社会的一大要事。

虽然死灵、御灵引起天皇病痛，对于百姓来说似乎是没有直接影响和关系的，但随着佛教、神道在中世纪以后急速平民化，这些死灵、御灵思想向民间输出，成为庶民信仰的一部分。即使为天皇举办的祈祷修法规模变小，但随着皇族与平民的距离相对拉近，平民对于祈祷修法的认知度与关心度也逐渐提高，增强了他们对这些信仰的崇敬。

顺带一提，到了中世纪（13 世纪）以后，天皇的神圣性日益提高，对于如何保护天皇的意识，用现代人的眼光来看，实际到了“神经质”的地步。除了死亡、污秽、疫病、血腥要规避之外，天象异常也被视为怨灵、邪气肆虐或天神示怒的警告。

天皇、贵族，甚至后来的幕府将军，都对日食和月食感到非常紧张。日食出现在日间时，太阳被遮蔽的样子更让众人惊恐。

当时人们认为日食和月食发出的光芒都带有邪气，而身为天照大神子孙的天皇，自然不能被“邪光”侵袭。于是，天皇下令负责天象的天文博士必须准确预测日月食的时间。等到实际发生时，天皇与皇族就足不出户，命令下人用布遮掩寝宫的门窗，直至日食和月食结束，这称为“御包”之仪。

后来，室町幕府将军和德川幕府将军都遵照这个办法，在日月食时，与天皇一样各自在家里“闭关”。这也是以天皇为中心的贵族思想传播到武士社会的另一个特别例子。

## 6. 明治维新破坏了天皇与佛教的关系吗?

### (1) 天皇信仰什么宗教?

不知道多少读者知道，到明治维新为止，天皇严格来说是佛教徒。最为代表性的体现就是在明治维新前，有关天皇的各种仪礼都以佛教为主、神道为辅。但到了明治维新后，1889 年颁布的《大日本帝国宪法》(以下简称《帝国宪法》)里便明确规定，日本是由“万世一系的天皇统治”，天皇是“天照皇太神宫的御子孙”;“从神的时代以来便无比尊贵，每尺之地，每个人民都是天子(天皇)所有”。

换言之,《帝国宪法》站在神道信仰的立场，将天皇定性为“神的子孙”。而明治政府在后来进行“废佛毁释”和“神佛分离”等贬抑佛教的运动，就是为了宣示天皇高于佛教的立场。

虽然排抑佛教的行动最终使得社会产生巨大混乱而被迫终止，但明治时代以后的天皇仍然在官方上称为神道教徒。宫中的各种宗教仪式，包括天皇的葬礼一律改行神道仪式。日本在二战战败投降后，昭和天皇应美国的要求向日本国民公布了《人间宣言》，可是新成立的《和平宪法》主张国民享有平等的宗教自由，却不包括天皇和皇族。也就是说，天皇与皇族没有选择宗教信仰的权利，他们仍然受到战前的国家规定影响，只能信奉神道，自认是神的子孙，而宫中仪礼也继续以神道方式进行。因此，1989 年昭和天皇的国葬，便被国内外人士批评:“政教分离”只是表面功夫。

即便如此，日本的保守派和不少国民至今依然认为：天皇家按照国家历史，自然是神道分子，佛教只是外附的元素。那么，天皇与佛教的关系又有多深远的历史呢？

### （2）与佛日夜相对的天皇

佛教是在 6 世纪经朝鲜半岛传入日本的。那时大和朝廷内部出现了“迎佛”和“排佛”两派声音，但最终由“迎佛”派赢得了胜利。不过，日本后来没有再出现神佛间的宗教对抗，主要原因是因为古代人想出了折中方案——神佛习合，它的另一个称呼更有名——本地垂迹。

“本地垂迹”就是在佛教传来之后，当时的日本人为了找到正当理由去接受佛教，以及减少对传统神祇信仰的冲击，于是形成了一种主张——佛教神祇与本地神祇互为一体，两者只是在不同地方有不同称呼。例如，当时的人认为天皇之祖天照大神其实就是佛教的大日如来。自此在日本国内，佛与神道难分你我。佛教得到了“本地垂迹”这个方便之门后，开始融入各阶层，甚至进入天皇心扉。

公元 9 世纪正值日本历史上、也是天皇历史上最辉煌的“圣代盛世”——宇多天皇至村上天皇的四代天皇，与当时崛起的藤原北家一起将日本带进社会最稳定、文化最昌盛的时代，史称“延喜·天历之治”。

那时候的皇族祭祀和仪礼是佛神并存的，祭祀天照大神的新尝祭，以及向京都主要神社颁赐拜祭贡品（称为币帛）自然是以神道形式进行。另一方面，天皇也会进行各种佛法仪式，如每逢正月举行“护国法会”“太元帅法”等。这些法事大多与护持国家有关，祈求佛祖神明使国家安泰长久。

上述的“太元帅法”便是由天皇主持的法会，祝愿国家不受外敌入侵，将敌人铲除荡平。自 9 世纪以来，一直只有天皇才可以主持。到了后来的战国时代，即使天皇变得穷困潦倒，天皇与朝廷不惜缩减规模，也仍坚持进行太元帅法，直至明治维新为止。可见天皇仍然通过佛教法会来显示自己代表国家，是祈求神佛护国抗敌的不二人选，并且以此为己任和使命。因此自中世纪以来，日本上流社会的贵族和寺院都认同“护佛等于护王，护王等于护国”。文献中常常有“王法与佛法为国家两翼”之类的字句，能反映当时的日本统治阶层已经将信佛与统治连成一线。这个信念一直影响到后来崛起的武士政权。到了江户时代，佛教更是协助幕府管理百姓生活的重要支柱。

总而言之，历代天皇对佛教与神道都十分重视。两者的关系和重要性虽然难以一言而明，但是严格来说，神道的仪式主要是与天皇家、祖先祭祀有关，而佛教法事则针对国家层面。

除了大行佛教外，还有两个能证明天皇将佛教与国事相连的例子。第一个明证就是出家。在天皇史上，天皇让位给皇太子后，会成为太上天皇，而选择出家的太上天皇就成为“法皇”，这样的例子十分多。当太上天皇决定出家，便招请佛教高僧来为自己进行“传法灌顶”，传授秘印和真言，之后正式成为佛家弟子。

13 世纪，天皇即位时也加入“传法灌顶”的环节。一开始也是由高僧执行这些仪式，自 13 世纪末后，改由当时的关白向新天皇传授。而到了 14 世纪，正式成为惯例，在每代天皇即位礼时实行“即位灌顶”。这些口传秘法一律不可记录，只有极少数关系人物才会知道做法。

第二个明证，在京都的皇宫里有“护持僧”常驻，负责为天皇和上皇的身体康泰祈福。这些护持僧主要由著名的佛教名刹比叡山延历寺、东寺和园城寺各派出一人，到宫中共同保护天皇，令其不受邪灵、污秽侵袭。

在这种神秘主义影响下，天皇获神佛保护，自己也成为神佛的化身，并且通过贵族和寺院，逐渐向民众传达“天皇即神”的思想。

## 7. 为什么天皇极力排斥基督教?

### (1) 传教士眼中的天皇

1549年，基督教派耶稣会创立者之一的沙勿略到日本传教。当时他通过各种渠道收集了日本的情报，还从在吕宋（现在的菲律宾）遇到的日本人弥次郎口中，探听并整理出日本的政治架构。最后，他在出发前向印度总督提交了报告书，当中提到天皇与室町幕府将军的关系。

他们的国王（天皇）拥有他们当中最有力的血统。拥有这个血统的人（王族）不会跟其他血统的人结婚。他们的国王从我们的角度来说，就好像教皇般的存在，统率俗人与国家内所有的宗教者，并且对所有事都拥有绝对权限。但是，并不是所有事情都由国王来下令决断，而是由他们日本人称为"御所"（将军）的人代理。"御所"便是如我们的"皇帝"一样的存在，对日本全土拥有命令权和支配权，但又会服从国王。

这个根据弥次郎的理解整理而成的情报，当然存在很多误解，毕竟弥次郎不过是出身鹿儿岛的平民百姓，不可能准确地理解远在京都的天皇与将军的事。然而对于沙勿略来说，这份口述是当时最可信的情报，因此他在同年便出发到鹿儿岛，但只在当地短暂停留，因为他被当地僧侣驱赶，转往周防国山口（今天的山口县山口市）。

两年后的1551年初，沙勿略到达京都，也就是弥次郎口中的“王”的所在地——这个仍然受战火洗礼的地方。他很快便知道天皇在这个都城里没有强大的影响力。他在报告中说道：“后来我们得知这里的人们都不服从国王，所以我们放弃了请求他批准我们传教的事。”

同年底，沙勿略便决定离开日本，回到印度，结束了短暂的传教之旅。他对日本天皇的理解并不是个人的偏见，后来仿效他来到日本的传教士佛洛依斯也有类似观察。佛洛依斯到京都后观察了天皇所在的皇宫，然后在报告中写：“（国王）隐居在一个既不华丽也没有威仪的古旧宫殿之中。”

从沙勿略和佛洛依斯的所见所闻，我们可以理解他们对天皇的印象不会太正面和良好，因此，后来的传教士都改向“御所”，也就是将军，还有当时的权力者，如三好长庆、织田信长求助，希望他们批准传教。那么天皇又如何看待这群从大洋彼岸而来的外国人呢？

### （2）天皇如何看待基督教

沙勿略和佛洛依斯来到日本时，正值著名的战国时代。那时的天皇十分潦倒，在位的后奈良天皇和正亲町天皇的苦难仍没有解除，身处京都皇宫内，只能勉强维持日常生活。但天皇还是通过贵族通报，留意到传教士来到京都这件事。

继承沙勿略遗志的佛洛依斯，改向当时的将军足利义辉和强大的诸侯三好长庆求得了传教许可。然而到了1565年夏天，三好长庆死去后，他的家臣们因为政见问题，突袭并杀害了将军义辉，京都内出现群龙无首的状态。就在这个时候，一直不满传教士传教的法华宗僧侣和信奉法华宗的贵族，成功请求天皇下旨将佛洛依斯在内的传教士驱逐出京。

为什么他们要驱赶传教士出京呢？对于前所未见的传教士进行宗教活动，而且在幕府的保护下取得了一定成果，这让当时佛教中的激进派——视京都为自己地盘的法华宗教徒——看不下去。新将军足利义昭（义辉弟弟）和织田信长上京接掌京都的统治权时，天皇再次应僧侣之请，下旨驱赶受幕府保护的传教士出京。信长虽然没有遵从，但也没有轻视天皇的旨意。

不过，当时的贵族也不尽然是反传教士的人，甚至有阴阳师出身的贵族贺茂氏，以及专修儒学的贵族清原氏先后入教（研究显示他们追求传教士的知识多于教义，但起码对基督教没有恶意）。所以，攻击、排挤传教士的贵族只是其中一部分，天皇不过是做了顺水人情，不见得是“排耶分子”。

即便如此，排除行动还是以天皇以及神国的名义，在统一天下的丰臣政权下落实了。秀吉在1587年发布的“驱逐令”中提到：

> 日本乃神国也，接受基督教国的邪法，甚为不可也。

秀吉提到的“神国”日本，自然是以天皇身为天照大神子孙来体现的。也就是说，秀吉否定了基督教义中唯一神的存在，坚决不认同基督教的神凌驾日本的神，以及神的化身——天皇。这个主张延续到取代丰臣政权而立的德川幕府。

严格说来真正的当事者天皇，有没有发表过对基督教的看法呢？接下来听听江户时代初期的后水尾上皇，以及江户时代末期的孝明天皇的说法。后水尾上皇在1668年出家时，向当时在位的儿子后光明天皇提到：

有信心（对神佛的信仰心）的人，不可以邪路为志，凡事皆守正路为要。

上皇在这里说的“邪路”便是指神佛以外的其他信仰，自然包括了基督教。上皇认为天皇笃信神佛才是正路，信仰基督教是坚决不可的行为。孝明天皇的言论则更为直接，他在1858年奉献给伊势神宫的宣命中说：

蛮夷屡来……深请与我和亲（建交），后有并吞之兆，又邪教传染亦可恐矣。

孝明天皇以坚持排外攘夷著称，他对西方的宗教怀有恐惧，当然是不难理解的。但我们从其发言可知，天皇以及他身边的人士都视基督教为“邪教”，视其为欧美诸国吞并日本的武器。这种认识虽然多少受到江户时代以来的排耶、禁教意识影响，但自基督教传到日本以后，天皇对其观感大抵不算很正面，视其为影响国家的负面存在。

天皇对基督教的态度既来源于宗教的排他性，也源于其作为一国之君保护国家与传统的使命感。

# 第六章　天皇的思想

## 1. 两种“天皇”的读音各有什么含义？

### (1)“天皇”称号的由来与读音

我们一般都称呼日本的国家元首为“天皇”（Tennō），英文的表记是 Emperor。1889 年，明治政府颁布《帝国宪法》和《皇室典范》，“天皇”这个称呼正式确立“日本国国王＝日本国元首”。

当然在日本历史上，“天皇”的称呼早有记载，大抵可追溯到公元 7 世纪。但是官方使用“天皇”一词的习惯也不过才维持了 200 多年。公元 10—19 世纪中叶的 800 多年间，除了一些外交或特别宗教仪式外，“天皇”一词几乎没有出现在官方文书上。

神武天皇以降的近 30 代天皇，其存在与权力都存在疑问，其事迹都根据《日本书纪》及《古事记》这两本书而来，“天皇”的称谓也是从那时才有的。以前的“天皇”实际上称为“王”或者“大王”（ōkimi），《三国志·魏志·倭人传》中便有“亲魏倭王”的记载。

关于“天皇”的古代读音，除了相关学者，很少有人知道。我们熟悉的“天皇”（Tennō）读音是到了明治维新以后才确定的。在古代日本，“天皇”的读音是Sumera-Mikoto（すめらみこと），意思是“神圣无秽之贵人”。为了让这个称谓通用于当时以汉语为核心的东亚世界，便发展出“天皇”这个意译。所以，“天皇”本是属于对外使用的称呼。

当时日本与隋唐建交，一改三国时代称臣受封的习惯，把国名由“倭”改为“日本”，向隋朝政府自称“日出处天子”，称隋朝皇帝为“日没（落）处天子”，反映日本当时已有与隋唐平起平坐的意识。

那么，为什么会译作“天皇”呢？目前存在不少说法，但一般认为是受到唐朝传来的道教思想影响，将道教中最高地位的“天王”加以应用，配合日本既有的“大王”的观念，再改为“天皇”。在前述的《日本书纪》中，便清一色将所有在书中出现的国王都称为“天皇”。

### （2）天皇的谥号和追号

日本在7世纪引入中国典章制度后，也将谥号以及年号等文化元素引入。但毕竟是外来之物，因此日本朝廷使用中国风的谥号也与中国不尽相同。

例如，为历代天皇翻译中国风的两字谥号（如神武、推古），但也保留了和风谥号，例如天智天皇的和风谥号是“天命开别”，他的弟弟天武天皇的和风谥号则是“天渟中原瀛真人”。这些名称有的只是将天皇的真名当作谥号，有些则真的是追悼其功德的谥号。由此可知，日本可以说是“和风为体，华学为用”。

随着日本因朝鲜半岛问题与唐朝闹翻，以及后来唐朝衰落，日本开始积极推动“国风化”——将从隋唐两代学到的东西加以转化，成为更切实的和风制度。同时，日本的政治也走向了与外戚藤原氏共治的摄关政治时代，天皇王权不再唯我独尊，开始了生前让位，即“院政”的制度。

在这些内外因素的影响下，天皇的谥号与中国越来越不同，尤其原本谥号是带有敬仰含义的两个汉字，后来则多以天皇的住处所在地，或者皇陵所在地的地名作为谥号，如“清和天皇”“龟山天皇”等，这种“以地为号”的称号，一般称为“追号”。而随着让位制度成立，同时又有两三位天皇存在，他们之间的称谓更要分清楚，也等不到去世后再追封，因此当时的天皇在生前就定好追号，显得顺理成章。

### （3）另类的天皇称号

同样受到上述因素影响，天皇称号的重要性相对下降。自公元 10 世纪开始，也就是追号取代谥号的前后时期，日本朝廷已较少使用“天皇”来指称他们的国王，而改为“帝”“御门”“内里”。但考虑到让位天皇，当时除了先定追号外，在位的天皇则被称为“今上”“上样”“帝”；退位的天皇除了被称为“上皇”外，也会被称为“院”，因而有“院政”之称。

由于中古世纪的天皇除了任内驾崩外，大多都会实施院政，掌握实际的权力，因此在史书表记上，大多称天皇为“××院”，而天皇的治世时期会称为“御宇”。

顺带一提，历代天皇中有数十位的追号、谥号前加上了“后”字，如后醍醐天皇、后阳成天皇。这些天皇大多是因为追慕祖先之荣誉和功绩，生前便自定追号，作为自身政治信念的象征。另外，中世纪有几位天皇因为政变、兵乱而死于非命，基于当时的思想，认为死于非命的人会化为怨灵厉鬼，于是这些天皇都获追封中国风的谥号，并一定有“德”字，如崇德天皇、安德天皇等，以此镇封、抚慰他们。

到了中世纪时期，天皇在称号方面越来越有个人色彩，也越来越有本土意识。反之，国家层次的规范则越发宽松。此时天皇的大权旁落，除了管治京都一带，以及作为贵族的主君、国家的象征“天孙”“现人神”外，已不具备统治国家的实权。

但中国风谥号在幕末第119代光格天皇时突然回归，这有两个原因：一方面光格天皇本来是从旁系过继才成为天皇的（详看上部的天皇世系图），他为了增强自己的权威和神圣性，于是大行复古之制，包括将自己的谥号称法回归仿唐风格。

另一个原因是光格天皇在位时正值动荡不安的幕末时期，西方国家大举进出东亚，尊王攘夷的思潮在国内知识阶层蔓延。苦于应对的江户幕府也借助天皇的权威作为挡箭牌，要求天皇恢复中国风谥号，顺应潮流，借此表明幕府“尊王”的态度，缓解来自尊王派的政治压力。

明治维新后，天皇的称号与元号——他们的治世代号——合而为一。换言之，自明治天皇起，天皇丧失了通过追号、谥号来表明自己意志的权利。但从另一方面来说，又因为称号与元号结合，与国家纪年一体化，让国民更容易记得天皇的元号，这也提高了天皇的存在感和权威。

## 2. 天皇如何导入和实行元号制?

### (1)元号与年号之别

现任天皇德仁于2019年5月1日即位,自此,日本也迎来了新的纪年元号“令和”,取代使用长达31年的“平成”。顺带一提,平成元号的使用时间在日本历史上居第四位。使用时间最长的元号是平成前的“昭和”,维持了64年。第二长的是近代的“明治”,使用了45年。平成、昭和和明治皆属于后文将提到的“一世一元”,即天皇终身只使用一个元号。换言之,近现代的元号使用年限,与天皇的寿命紧紧联系在一起。明治以前的元号则没有这个原则,这方面下文再述。

自从平成天皇宣布让位后,日本国内便开始猜想新元号会是什么。而事隔31年再次迎来更改元号的时机,也出现了一个问题:元号与年号的分别是什么?

日本人有这个疑问,是因为有些书用的是年号,另一些则用元号,因此,他们好奇两者之间的分别。大多数学者认为两者是一样的,有些专家则对元号与年号的分别有不同见解。总的来说,按照日本最有公信力的辞典《广辞苑》解释,现在日本的元号与年号都是“指称年代的称号”。

现行日本宪法里的“元号法”(1979年订立)也是依照这个原则,将天皇更替时的两字汉字纪年称呼(如明治、平成)统称为元号。所以,按照习惯来说,年号是元号的别称,两者基本同义，本文也依此原则统称为元号。

### （2）古代元号的制定方法

大家参考本书的年号表，便可以发现日本自7世纪创造“大化”年号后，元号的使用便一直沿袭到现在。明治维新时，政府宣布一位天皇一辈子只能使用一个元号，即所谓的一世一元制。其实江户时代晚期便有儒者主张一世一元，而中国在明朝开国皇帝明太祖时就已经这么做了，清朝也是如此。

而日本在明治天皇以前，几乎历代天皇都拥有多个元号。但是按照以上原则，天皇死后的谥号将以元号来命名，这与古代元号、谥号分开的习惯完全不同。

从前天皇谥号的命名方法繁多，而且没有既定原则，有些按天皇陵寝所在地或居住地；有些按中国古代的谥号方式，也就是德行表现；更有些谥号是天皇本人生前决定好的（如后醍醐天皇）。由此可见，一世一元制后，不仅是元号，连天皇谥号也迎来了根本性的变化。

古代天皇更改元号有四个因素：

一是天皇因故换人，称为“代始改元”。

二是国家出现喜祥之事，称为“祥瑞改元”。

三是国家出现不吉凶事，称为“灾异改元”。

四是按照历法规定改元，称为“革年改元”。

在四大因素影响下，我们不难想象频繁更改元号是十分正常的事情。顺带一提，前三个因素都难以预测，最后的革年改元却有迹可循。所谓的革年改元，就是按照历法，每逢“辛酉”与“甲子”之年便要改元，以顺应自然变化（但也有不改元的例子）。

在古代，每当需要改元的时候，熟悉中国典籍的贵族（文章博士）会从典籍中找出寓意吉祥的字句，再取出几个组成两个汉字的元号备案，供天皇和高级贵族商议，再以天皇名义选取采用。元号在早期曾出现过四个字的，如“天平胜宝”“神护景云”，但大多是两个字的。

前文提到，元号最终由天皇决定。可是到了幕府政权和战国时代，元号大多受到幕府意向影响，甚至会因幕府或当时的权力者要求而随时改元。

另外，在战乱多变的室町时代末期至战国时代，关东地区曾短暂出现过一批不经朝廷批核的私制元号，反映当时王权与朝廷影响力的衰弱。

而元号改定后，要如何通达全国呢？在政治稳定时，自然通过朝廷或幕府来传达，而在战乱时则只能靠个别人士到地方时传达，再间接地分传出去。因此，在战国时代曾出现元号不详或沿用旧元号的情况。

### （3）现代元号的制定方法

到了现代，天皇不再是万民膜拜的“现御神”，元号也自然要依循宪法规定。按照“元号法”规定，元号产生流程如下：

① 由政府委托指定的学者提出几个候选元号，原则上以两个汉字组成。

② 经过内阁官方长官考虑后，再由首相从中划定数个最终候选元号。

③ 最终候选元号会交由各界专家代表开会讨论，再提出意见。

④ 专家代表的意见呈交参众两院的正副议长考虑，并提出

意见。

⑤ 政府各部署的长官开会后，再提交内阁决定。

⑥ 新天皇在内阁最终决定案上签名。

⑦ 政府正式颁布新元号。

2019 年的新元号也是按照以上程序和原则来制定的。天皇不再定义自己的时代，他在整个甄选程序中没有任何决定权，只能等待专家小组、参众两院的正副议长，以及内阁成员决定。他在签字时才能正式得知自己的“任期代号”。换句话说，天皇与元号只剩下形式上的关系了。

## 3. 历法制定与天皇有什么关系？

### （1）日本古代历法的源流

日本早已改用世界通用的格雷历，与各国同步，也兼用来自古代中国太阴历的“二十四节气”，如“春分”“夏至”“冬至”等。虽然二十四节气只会写在日本的年历上，或在天气预报节目中偶然提到，但是日本引入太阴历和二十四节气作为历法，已有近 1000 年历史。

日本是如何引入太阴历，又是如何改用西方历法的呢？

其实，日本从中国引入太阴历和二十四节气的同时，也引入了中国儒家“天子控制时间”的观念，以及“天子受命于天”的天命思想。天子作为感应天地的代表，需要适时反映天地时空的改变、异动，以免错过上天的启示和警告。因此，除了制定历法外，天子也要因时制宜改订历法（改历）。

在古代中国和受到中国历法观影响的国家，维持历法的准确性是天子或国王的重要职责。古代中国每次改朝换代，也大多会修正历法，以示政权正统。那么，自引入中国历法以来便没有更替政权的日本，又是怎样的呢？

### （2）古历法的应用与问题

回顾历史，日本先后三次引入中国王朝的历法，即仪凤历（唐高宗时代的麟德历）、大衍历和宣明历，三者都属于唐朝所用的历法。

前两者是通过遣唐使获得的，宣明历则是通过朝鲜半岛北端的渤海国引入的。自此，日本便以宣明历为基础，并利用从唐朝习得的天文历法技术，多次改订历法，直至明治维新改行西方历法为止。

还有一点值得留意，就是日本在689年引入仪凤历时，维持历法准确度的观念，中国历法中的进朔、置闰法都还没有引入。而是到公元8世纪日本改用大衍历时才全面引入。

由于历法必须时常按天体变动而改订，这需要一个稳定的政府指派负责的专业人员（如天文博士或阴阳师）来进行观察和追踪。然而，日本固定使用宣明历300年后的11世纪，王朝统治力低下、内乱频生的武士时代开始，历法的改订也变得不稳定，时有错误出现。

因此，在15世纪，京都以外的地方出现了由地方自行改订的地方历法，并且成为局部地区通用的历法。理论上来讲，这大大伤害了天皇的权威，然而当时朝廷更担心错误的历法会贻误察觉不祥的天机（如流星、日月食），导致影响天皇和周边的人，进而影响国运。

有一个例子，织田信长在1573—1582年控制京都期间，曾三次发现当时使用的改版宣明历不够准确，致使多次未能预测日食。当时人们相信日食时的阳光带有邪气，会伤害神圣的天皇、将军以及贵族。因此，信长便下令京都的阴阳师必须改订历法，而且询问引入地方历法的可能性。然而，随着信长于1582年被暗杀，这个问题最后不了了之。

### （3）明治改历的秘密

江户时代，日本进行了四次历法大改订，按顺序分别是贞享历（1685 年）、宝历历（1755 年）、宽政历（1798 年）和天保历（1844 年）。明治维新前，最后使用的是天保历。那时中国清王朝的历法（时宪历）与江户时期日本使用的历法已然不同。

而且，江户时代的历法完全是由幕府属下的“天文方”（类似现在的气象局）来制定。从这个角度而言，天皇控制时空、与天地进行感应的理念已经名存实亡。幕府将军完美地利用统治权受命于天皇的大义名分，代替天皇与朝廷改行历法，再颁布全国。这个尴尬的局面要到明治维新、幕府倒台后才得以拨乱反正。

1873 年，成立已有六年的明治政府突然决定实行历法改正，全面改用当时西方诸国广泛使用的格雷历。改历与新政府实施新制度当然也有关系，但最重要的原因是要通过改历，解决政府面临的财政危机。

旧历法存在闰月，一年有 13 个月，而明治维新将工资发放方式由年俸改为月俸，这意味着政府要发放 13 个月的工资给公务员。多一个月的工资，对于当时百废待兴的日本政府来说，无疑是巨大的财政压力。但政府出于方便而做出的改变，自然引起了一阵混乱。政府改历和改变工资计算方式后，变相夺去了平民一个月工资，使看来文明进步的改革，变成了损民的政策。

## 4. 蒙古入侵时发生的“神风”如何反映天皇的神圣性？

### （1）千古传颂的神风传说

公元13世纪初，成吉思汗与他的子孙建立起横跨欧亚大陆的蒙古国。忽必烈承袭汗位后，接连灭南宋，建立元朝，又在征服朝鲜半岛的高丽王国后，派使者向日本招降，日本镰仓幕府以日本为“神国皇土，不降蛮族”为由拒绝投降。

于是，忽必烈集结了元、高丽联军，在1274年和1281年袭击日本。这在日本史上被称为“元寇”“蒙古袭来”或“文永·弘安之役”。

传说在两场战役里，曾经吹起“神风”，使排山倒海而来的元军溃败而逃。这个传说更在600年后的第二次世界大战时，被已露败迹的日军利用，设立了自杀袭击的“神风特攻队”。

事实上，抗元战役结束后，“神风”传说便在京都贵族和宗教界传开，到江户时代更渗透民间，所以“神风”绝非到了近代才突然出现。

不过，真正将这个“信念”大肆宣扬，并强制植入日本人心里的契机有两个：其一，1904—1905年日俄战争前后，日本国内吹起了“神风”热潮，将对手沙皇俄国比作当年的蒙古国；其二，1934年，由军部主导改订的教科书，强调当年“神风”吹起，是因为“神国所然”，是天神的“御稜威”所致。当时正值东亚地区爆发战争前夕，军部改订并推出富有国粹主义的内容，目的和企图不言自明。

### （2）“神风”与天皇的天职

日本战败之后，“神风”这个敏感的历史名词已经远离教科书，成为一个历史学、民俗学和宗教学的课题。那么“神风”是否真的发生过呢？目前史学界配合天文科学的研究推断，当时发生过暴风雨，但这是否为元军败退的主因，则仍然存在争议。

而这个有名的故事又与天皇有什么关系呢？其实在弘安之役（1281年）时，当时开设院政的龟山上皇借着在位的后宇多天皇的名义，向伊势神宫奉上了祈愿文，文中提到，“于朕治世之时，出现如此乱事，如要日本受害的话，请拿朕的命来代替吧”。

除了伊势神宫外，上皇和朝廷也以当时在位的后宇多天皇的名义，向祭祀历代天皇和诸神祇的各大神社下令，要求他们一起做法祈愿，“降伏异寇”。上皇以真正国王的身份代国家向神明请命，甚至愿意以牺牲自己来代替，这成为明治政府用来鼓吹天皇守护国家的案例，同时配合后来的“神风”，使人联想到召唤“神风”的是天神，而促使天神出力相助的人就是身为“天神御孙”的天皇。

再具体一点来说，日本之所以能够力拒外敌，免受侵袭，根本原因就是天皇的存在——天皇是天神的子孙，于是天皇统治的国家便是“神国”。因此当天皇向天神求助时，“神风”便是神的应许。这也是为什么其他国家被蒙古国灭亡，而只有日本幸免的唯一原因。

另外值得留意的是，向神明求助的名义与实际的主体问题。上文提到龟山上皇和朝廷是以当时在位的后宇多天皇的名义要求神社祈愿，但事实上祈愿的真正发起人和祈愿者是龟山上皇。既然如此，为什么他不以自己的名义向神明祈愿呢？

这说明即使实际当权的是上皇，不是天皇本人，但只有天皇在名义上、制度上拥有与神明、皇祖交流的权利。天皇这个天职不会被夺走，完全栖宿在天皇的身体里。不过，当天皇成为上皇后，天职便会离他而去，转移至新的天皇。只能由拥有天照大神血脉的人来执行天职，其他家族的人是办不到的，这反映出中世纪的日本上流社会是如何理解天皇的神圣性和绝对性的。

## 5. 幕末的修陵热潮、尊王攘夷与明治维新的关系为何？

### （1）现代天皇祭祖活动的争议

据宫内厅的统计数字，目前共有740座墓园获认定为天皇陵墓，包括古坟时代的大王坟等，分布在一都二府三十县。如果连同分骨所、火葬地、骨灰冢和疑似皇陵，总数将达892处。

这些历代天皇的陵墓现在按照《文化财保护法》，全由宫内厅管理。宫内厅派遣职员管理其中的400多处陵墓，每年的维持费和工资大约是4亿日元。虽然战后的天皇基于尊重新宪法的精神，拜祭先祖陵墓全属私人性质，但费用却多半出自纳税人。

原则上，现代仍然保留的祭祖活动只限天皇与他的直系皇室成员参加。除了到陵墓参拜祭祀，东京皇居仍设有称为“三殿”的贤所、皇灵殿和神殿，让天皇在宫里进行拜祭。基于战后《和平宪法》强调“政教分离”，战前法定的《皇室祭祀令》被取消，纪念传说中的日本诞生日“纪元节祭”因而被废止，但它在1966年以“国家建立日”之名重新被设立为法定的公众假期。

而纪念每代天皇诞辰的“天长节”也被淡化为“天皇诞生日”，只作为公众假期，没有任何官方的庆祝活动。换言之，现时天长节与纪元节祭都只是宫中的祭祀，与国民的关联性则暧昧不明。

上述几百处皇陵大多由宫内厅管理，不许国民参观和研究。也就是说，这些皇陵是不是真的埋葬了古代天皇，只有宫内厅才有判断权，纵使外界诸多怀疑，也无从下手去解惑。因此在日本国内，一直有不少学者和质疑天皇制存续必要的人士，批评宫内厅大搞神秘主义，继续神化天皇。但也有保守派认为这么做合乎国家利益，是维护国体的妥善处理之法。

### （2）祭祖修陵与尊攘思想

接下来要说一个更吊诡的事实。上述几百处陵墓，其实是在明治维新后才获得官方认证的，这不过是150年前的事。更有趣的是，在皇家制度里，除了照例拜祭供奉皇祖天照大神的伊势神宫外，天皇家并不存在祭祀先皇的习惯。即使是传说中的初代天皇神武天皇陵寝（即现时的橿原神宫），也是在幕末时期才获得确认，朝廷和幕府下令修葺，史称“文久修陵”（1862年）。在这之前，历代朝廷可以说根本不关心也不在乎神武天皇陵寝。

“文久修陵”的背景与当时欧美国家强烈要求日本开国，从而引发国家有识之士的不安有关。当时的发起人宇都宫藩主兼幕臣户田忠恕，希望借修复神武天皇陵来团结人心，集结力量，一致对外，获得幕府与当时在位的孝明天皇认可。话虽如此，不论是发起人户田忠恕，还是幕府与朝廷，均没有确实证据证明现在的橿原神宫就是神武天皇陵，因为历来没有拜祭神武天皇的定例。坦白说，“文久修陵”只是基于国家危机，以及当时盛行的尊王攘夷思想，突然发起的政治行动。

即便如此，自“文久修陵”起，由政府主导的各大天皇陵的修葺工程陆续展开，从较著名、象征国家光荣又有文献可依（但不代表可信）的陵墓开始（如天武天皇陵、神功皇后陵和持统天皇陵等），扩展到古坟时代的大王古坟。

幕末至明治时代的修陵活动其实是展现尊王攘夷的一个行

动，而且持续了数十年。此外，除了修陵，国家祭祀仪式也随之展开。1870 年，“圣忌御祭典”“御追祭定则”等法规先后形成，经过 30 多年反复讨论修改后，明治政府终于在 1908 年 9 月制定了上述的《皇室祭祀令》，规定每年必须举行的国家祭祀的日子，这也直接影响到国民生活。同时，这些被认证的皇陵，一律被神化为“圣迹”，获得格外保护和尊崇，成为当时“祭政一致”的具体体现。

天皇以国家之主、皇祖子孙的身份拜祭诸先帝，使大多数在国民心中不值一提的历代天皇获得极大重视，配合以《古事记》和《日本书纪》为基础的国史教育，这些皇陵成为日本国民学习国史时的“实物教材”和信仰象征。

自明治时代以后，这些突然身价十倍的皇陵在强化国民意识形态上，有着重大的教育意义。但进入 21 世纪，皇陵再次远离百姓的生活和视线，成为一座座只可远观但不知究竟的山丘。

## 6. “神国思想”如何发展成后来的“靖国思想”？

### （1）什么是“神国思想”

我们一谈到日本的历史，很难不想到“神国思想”，也不能不考虑它与天皇的关系。撇开过往的历史问题和国仇家恨，冷静去了解所谓的“神国”，意思就是“获神明加护保佑之国”。“神国”一词最早出现在《日本书纪》里，里面曾借朝鲜半岛的新罗国王之口，说了以下一句名言：

吾闻东有神国，谓之日本，亦有圣王，谓之天皇。

《日本书纪》是奈良时代朝廷宣传国家源起的一本书，内容自然有夸张的部分，不可轻信。不过，上述新罗国王的一席话不论真假，充分反映“神国思想”已在奈良时代日本贵族的精神里扎根了。自此在日本的各种文献里都能看到“我国乃神国”的字句。而随着佛教在日本弘扬，当时日本上流社会和佛教界也认为日本是佛教世界里的“小国”“粟边散土”，这样的思想与同时间形成的“神国”思想并存。

而日本自从接受佛教后，对佛教进行了本土化，形成了互为表里的“神佛习合”思想。因此奈良时代以后的“神国思想”里所指的“神”，当然包括了佛教里的神明，如大日如来等。

更重要的是，佛教进一步成为日本的重要宗教后，天皇也成了佛教的代表。换言之，天皇既是天照大神的神孙，也是佛教的圣王，因此奉天皇为最高存在的日本，理所当然会得到特别的“呵护”。当时的人进一步相信，这个“特别待遇”使日本变得与众不同。另一本与《日本书纪》一样是古代日本重要历史书的《续日本纪》提到：

大日本神国也，天祖（天照大神）始弘基，日神（太阳神）长传此统，唯我国有此事矣，异朝（他国）无其类也，故此谓之神国也。

引文显示，中世纪初期的日本上流社会不单以“神国思想”作为身份认同的象征，更是将国土推向神圣化的重要根据，当时的上流社会不遗余力去神化天皇，即所谓的“神格化”——天皇是现御神（或“现人神”）的思想。“现御神”就是指天皇是化为人形的神，作为天神的子孙留在凡间，并且统治“神国”日本。

### （2）从“神国思想”到“靖国思想”

“神国思想”随着历史发展，一步一步将日本和天皇也一并神圣化、神格化，催生出日本人对自身国家的优越感，同时也衍生出对他国的鄙视。尤其到了江户时代，与外国的交流减少，以及朱子学的引入，神国思想进一步与儒家的华夷之别产生“化学反应”，尊崇日本本土思想文化的“国学”“国粹”思想急速抬头，强调日本的“神圣”，而天皇的尊贵成为他们肯定自我、赞美国家的重要元素。在这种热烈的情结中，江户时代的知识分子对外来文化和文明出现了又爱又恨、既好奇又鄙视的态度。

到了19世纪50年代，美国海军准将马修·佩里来到日本要求开国，事件发生后，“尊王”“排外”“攘夷”的呼声不绝于耳，也是推倒千年武士政治的重要力量。不过，在明治维新后，这种神化国家、排外攘夷的思想逐渐消融，但不变的是崇拜天皇。当坚信“万世一系”的思想配合从西方引入的“君权神授论”，又从政治神学层面加强了天皇的绝对权威和神圣性。

随着日本开国，走向现代化，西方思想陆续进入明治、大正时代的日本社会，对当时的日本政府来说，正在萌芽的民主主义、社会主义和共产主义等左翼思想，开始对他们的寡头统治构成威胁，也打击了他们利用天皇神圣权威来掌控统治权的正当性。于是，1889年发布《大日本帝国宪法》后到大正时代，保守派势力与政府开始在思想层面塑造对抗左翼思想的“国粹主义”和“国家主义”。在这时发挥作用的便是承自江户时代的尊王、神国思想，两者在明治时代后期急速膨胀成为“国家神道”。

这种保守、独善思想持续成长的契机，来自19世纪90年代以后一连串的对外战争，以及帝国主义的抬头。由于对清朝、沙俄帝国的战事节节胜利，日本国民对国家有着空前的自豪感，明治政府利用并转化这样的自豪，鼓励国民为国家卖命、奉献。明治后期、大正至昭和时代的日本政府，继续利用天皇的神圣性作为号召，并在这个前提下，以靖国神社为工具，鼓吹为国家、为“万世一系”的天皇牺牲是一种美德，死后将以护国英灵之尊，在靖国神社里接受供奉和国民敬仰。

结果日本在二战战败，以神国思想为核心的“国家神道”和“天皇＝神”的意识都逐渐消融，天皇也出于政治考虑，选择与神国思想、靖国神社分道扬镳。然而，坚信神国思想的强硬保守分子仍然将靖国神社视为精神支柱，这样的势力在现今日本政经界仍然保持隐约的影响力。

## 7. “日之丸”、《君之代》与天皇有什么关系？

### （1）日本的国旗和国歌

日本的国旗是“日之丸”旗（正式名称是“日章旗”），而国歌则是《君之代》。不过，日本当局应执政自民党党员的提议，急欲加强国民教育，强化国民对国家的认同感，决定订立《国旗及国歌法》，确立两者的地位。

此举被民权人士和部分反对派批评违反了宪法赋予和保障的思想自由，但在执政自民党的推动下，国会在 1999 年 8 月通过此法案。

“日之丸”与《君之代》作为政府承认的国家象征纹章和歌曲，前后不过 20 年的历史。虽然认定的时间尚短，但两者是如何产生的？又与天皇有什么关系呢？

### （2）“日之丸”与《君之代》的由来

首先是“日之丸”。这个象征太阳高升在天的纹样，早见于各种历史资料，但一开始的纹样并非“白底红圆”，而是有不同的颜色配搭，代表太阳的“日之丸”，其大小形状也与现时国旗不尽相同。

天皇使用类似“日之丸”纹样的最早记录，出现在公元 701 年的朝贺之礼，此后以不同样貌出现在美术作品之中。最早出现与现在“白底红圆”相似的纹样，是在 11 世纪源、平两大武士家族争霸时期（史称“治承・寿永之乱”）的军用品上。而作为旗帜纹章使用的最早记录，则出现在14世纪的南北朝时代，传说是后醍醐天皇下赐给大臣使用的。此后，“日之丸”被广泛使用，成为战国大名和武将军配上的常见纹样。

即使“日之丸”代表太阳，而且天皇曾下赐印有“日之丸”印纹的旗帜，但这也不代表“日之丸”在中世纪已经代表日本和天皇。它当时被大量使用的原因，只是出于国民普遍崇拜太阳的习俗。

国歌《君之代》本来是《古今和歌集》的一首和歌，由天皇下令编纂。《君之代》在公元9世纪用于祝贺天皇长寿、统治长久，同时也用于贵族的活动。到了奈良、平安时代，扩大使用范围，成为祝贺仪典时的庆贺和歌。

《君之代》的原文（译文后述）“君が代は　千代に八千代に　さざれ石の　いわおとなりて　苔のむすまで”里的“君”存在诸多解释，既可以是天皇，也可以是被庆贺的主人公本人。它经过1000多年的发展，成为祝愿天皇家长久无限、歌颂万世一系的特别和歌。

### （3）“日之丸”、《君之代》与近代国民教育

正式的白底红圆“日之丸”旗由幕末时期的萨摩藩主岛津齐彬创立。1870年，《邮船商船规则》确立，规定“日之丸”旗为日本商船的标志。这个规定的原意是用来识别开国后进出日本与非日本的商船，但后来便因例俗成，被新政府认可为国家标志的初例。

到了1933年，白底红圆“日之丸”旗首次被写入小学六年级的国语教科书，即在没有立法的情况下，国民、国家普遍认可了

“日之丸”旗。

《君之代》又如何呢？它比“日之丸”更早获得政府肯定。1893 年，当时的文部省指定《君之代》为国歌（同样没有立法），令各级学校须在各种仪式中齐声唱诵。大正时代，《君之代》成为小学音乐教科书里必载的歌曲，而且小学四年级的“修身”科里，学生更需学习其含义。

这首歌是日本国民衷心祝愿天皇陛下的治世能够千秋万世，繁荣昌盛。从古代开始，日本人的祖先便一直扶持皇室，世世代代吟唱《君之代》，它是世世代代国民以真诚之心吟唱的歌曲。每逢节日和喜庆仪式时，国民都会高歌《君之代》。

大正时代以后，《君之代》也成为日本殖民地的例唱之歌。1941 年，日本军攻下香港后，便将它翻译成中文版本，歌名定为《皇祚》：

皇祚连绵兮久长，万世不变兮悠长，小石凝结成岩兮，更岩生绿苔之祥。

# 第七章　天皇的艺能与学问

## 1. 为什么天皇视和歌为“国学”？

### （1）天皇的最大使命——敕撰和歌集

熟知日本文化的读者必定知道，在日本传统文学里，和歌担当了重要的角色，其起源可追溯到公元 8 世纪。当时编成的经典歌集《万叶集》是日本最古老的和歌集，在古典文学中有着不可动摇的地位。

除了《万叶集》，不知道有多少读者听过敕撰和歌集呢？它是天皇、上皇主导编纂而成的和歌选集。被选中的和歌必须是能代表当朝风流和具有顶级水平的作品，要天皇或上皇过目钦定才可发表。因此，天皇与上皇的慧眼与和歌水平必须是“达人级”或以上才行，否则便会落人话柄了。

敕撰和歌集的历史可以追溯到 10 世纪初的平安时代初期，当时的醍醐天皇在 905 年下令编纂《古今和歌集》，将古代至当时为止的各代歌人名作结集成册。由于醍醐天皇一直以来被奉为“圣君名主”，他之后的多代天皇和贵族都视他为楷模，因此便依照先例，每隔一段时期就下令编纂和歌集，直至室町时代的1439年，后花园天皇下令编纂《新续古今和歌集》为止，历时500多年，总共编纂了21部敕撰和歌集，在和歌史上被合称为“二十一代集”。

在《新续古今和歌集》后，和歌发展当然没有停止，编纂和歌集也受到当时的室町幕府支持，曾经想继续进行，但受到1467年爆发的“应仁之乱”影响，京都许多保存历代敕撰和歌集原本、抄本的贵族官邸和寺社，或受战火波及，或被烧毁、抢掠，损失惨重。后来虽然寻回部分，但因战火持续，京都贵族和天皇自顾不暇，已无力顾及。其实战国时代以后，天皇与贵族的和歌会以及和歌创作都继续进行，武士阶级参与和歌创作的人数也越来越多，但受到乱事打击，敕撰和歌集的编纂至15世纪便被迫停止，无以为继。

### （2）近世天皇与和歌复兴

对于天皇以及上流社会来说，和歌代表着与古代先祖对话，是传承王朝美德的媒介，其创作大多会参考、取材已有作品，也就是延续过往的“王朝记忆”。作为国君、先皇子孙，维持传承文化遗产是历代天皇的重要使命。换言之，复兴和歌与恢复天皇权威，互为因果。

比起敕撰和歌集无以为继，对于天皇来说，最大的问题还是和歌的传承将会青黄不接，即使敕撰和歌集在散失后被陆续寻回，但内容的解读以及歌中的意义、意境，却需要高人传承下去才行。

然而，失去举办和歌会的资源与场所，作为传承传统“美意识”的最高责任者的天皇，其权威将大受打击。因此，战国时代以后直至江户时代的天皇，都拼命地想尽快恢复举办和歌会。

漫长的复兴之路，从战国时代中期的后柏原天皇时代开始。上文提到，熟知和歌的“歌人”贵族四散，但天皇努力在仅有的资源下，组织王族与留守京都的贵族进行和歌会，勉力传承和歌，并着重教育年轻贵族子弟。

由于失去了稳定传承和歌的场所，优秀的歌人改为收弟子传授，并确保能传承给最优秀的人才。这种传承方法被称为“古今传授”。简单来说，就像金庸小说中的绝世武功秘籍，靠一个人传续下去。后来这个重担辗转落到了战国武将细川幽斋的身上，后来他传给王族出身的八条宫亲王，亲王再将衣钵传给他的侄子，也就是江户初期的后水尾天皇。

作为江户时代和歌史上的风云人物，后水尾天皇在复兴和歌等传统文艺方面广受后世推崇。他活在太平复兴的时代，不仅复办了和歌会，而且打破战国时代一对一“古今传授”的做法，改为集体传授；不局限贵族、王族参加歌会，而是开放给平民歌人参与；又鼓励提供和歌指导给坊间。以上都是后水尾天皇时代，让来自不同阶层的人一起传承和歌的政策方针。

经过后水尾天皇一代的努力，和歌从贵族世界渗透至武士社会和平民阶层。到了江户中期，国学思想隆盛，憧憬1000年前王朝美好风光的意识到达新的高度。“和歌全民化”为后来涌现的“尊王攘夷”思潮带来了一定的思想基础。民间与贵族通过和歌凝聚对往古时代的集体想象。而天皇作为传承的主体和象征，受全民推崇，所以肯定天皇存在的必要性也提升到新的境界。

到了现代，天皇在宪法里被定义为“日本与日本国民统合的象征”。其中一个重要的“统合的象征”，体现在天皇每年举行的“歌会始”，那是吟诵和歌的文艺活动。换言之，举办歌会始是现代天皇传承日本文化，向世人、国民显示日本传统的重要职责和国务。

### （3）《百人一首》与纸牌游戏

前文概述了天皇与和歌的关系，以及天皇如何负担起传承和歌的“帝皇之责”。最后，我们来看看《百人一首》这部作品，了解这些源起于宫廷的和歌如何找到新的出路，成为 17 世纪以后日本民间的文学游戏。《百人一首》让平民百姓接触到宫廷文学，并成为日本人学习国语的基础资料之一。

敕撰和歌集是天皇钦命修撰的和歌集，《百人一首》则是镰仓时代著名歌人贵族藤原定家，从当时已有的各种敕撰和歌集等作品中，选取有政治意义和社会愿景的作品而成，属于私人选集。《百人一首》收录了象征古代王朝辉煌时代的八位圣君（从天智天皇到顺德天皇等），以及历代文人贵族的代表作品。所以《百人一首》可以说是藤原定家通过编纂歌集去追忆古代王朝的体现。

《百人一首》自从面世后，直至江户时代，都只是朝廷贵族和上流武士学习和歌精粹的重点教材之一。一百首古代圣贤、名君的作品，是供他们回忆过往岁月、找寻根源的重要依据。然而，时移势易，到了室町时代，贵族们不再只视它为教材，改为以“寓玩乐于学习”的游戏方式去活用。

所谓的游戏方式像是最基本的“贝合”——将《百人一首》的各个名歌分成上下句，分别写在贝壳上，然后盖好。玩家拿着其中一片贝壳，进行斗快配对，最快又最多的一方便是胜者。

进入战国时代，贵族势力大受打击，其文化随之流出民间，“贝合”亦然。然而由于贝壳成本高，加上17世纪后期的江户时代，雕版印刷技术的提升，时人也接触了葡萄牙人于16世纪传到日本的纸牌游戏，于是出现了《百人一首》的纸牌。如此一来，平民更容易接触到这些来自宫廷的古典精粹。举例来说，纸牌里的歌人肖像和图案设计，使庶民对原本遥不可及的贵族生活更添了几分想象。

随着时代发展，《百人一首》的宫廷文学精神在民间慢慢淡化，转化为一种文学游戏，甚至赌博玩意儿，陆续出现不同玩法，像是一对一的斗快配对，再到团体战（当时称为“源平战”），又或者是上句和下句反向配对等。

虽然《百人一首》纸牌游戏的玩法越来越多，而且不再是贵族社会的专利，但是日本人没忘记这是来自宫廷的文化，与天皇有关。游戏中出现的一百位圣贤、名君，成为日本各阶层追忆昔日王朝时代的入门工具，他们被深深植入大众的意识形态中。直至现代，《百人一首》演变为一般国民理解古代和歌韵味的工具，甚至是小学生和中学生学习国语的辅助教材。对王朝的憧憬之情虽然已不复见，但《百人一首》平民化之后，传统和历史却获得保留和延续。换句话说，以天皇为中心的宫廷文化，至今仍发挥着“软实力”。

## 2. 出自民间的能乐如何与天皇分分合合？

### （1）被禁止的民间舞乐

我们到日本各地旅游时，会看到各式各样的“能舞台”，那是举行能乐的场所。这个现代人视为日本传统文化的代表，与天皇曾有一段“剪不断，理还乱”的关系。

“能”或者现在所说的“能乐”，发源于11世纪，是来自民间的艺能表演之一，后来派生出各种不同的特色，尤其以“猿乐能”最受欢迎，是当时成长最快、最有代表性的艺能活动。以猿乐为代表的“能”不仅深受地方武士阶层喜爱，后来更成为江户时代歌舞伎的重要元素之一。

因此我们可以说，能乐是日本庶民文化的代表，与宫廷音乐、艺文活动形成两个不同的世界。不过，随着王朝时代的告终，原本壁垒分明的两个世界慢慢找到了接触的机会。一方面是连歌、和歌开始在武士、百姓中普及，而“能”“猿乐”“狂言”这些原本属于百姓、田野的艺能舞乐，则随着庶民生活日益改善，开始成为精神享乐，冲击了久居深宫的天皇和贵族们。

对于这些出自市井黎民的艺能活动，身为“天神御孙”的天皇本来应该嗤之以鼻，不屑一顾，因为按职业、出身来划分的身份等级概念，是当时的重要观念，而“能”“猿乐”“狂言”的主要推动者是出身卑贱的“声闻师”“散乐师”。他们除了是“音乐人”，也兼职经营民间的宗教活动，从事咒术作法等与死亡、血腥密切相关的工作。因此，就身份观念体系和“声闻师”“散乐师”的职业性质而言，天皇压根儿与他们沾不上关系，不会也不能与之往来。当时的贵族甚至相信，一旦跨出这一步，将招来天灾人祸，影响国家与天皇的安全。

11世纪，朱雀天皇更曾在写给子孙的《宽平遗诫》中提到，“天皇不应与这些卑贱之民交流，以免有失身份”。但这样的宣言正反映了当时的贵族社会与王族的确已经有“犯戒”的事实，所以才迫使天皇要明文禁止。

### （2）破戒的后白河天皇

天皇禁止是一回事，子孙有没有照办则又是一回事。说到天皇之中破戒最为明显，甚至可以说是毫不避嫌的，便是后白河天皇。他本来只是被安排作为临时天皇的人物，因此，这位天皇的德行与操守自小便没有受到严格管束，对民间的音乐艺能有更多接触的机会。

保元之乱（后白河天皇与兄长崇德天皇的王位之争）后，他成为天皇的不二人选，他对民间艺能的喜好，为宫廷与民间搭建了罕有的桥梁。

可是，后白河天皇时代的日本，兵乱繁多，贵族的生活和权威受到武士崛起的影响而日渐衰败，他之后的天皇与朝廷为了维持原有的秩序，始终对猿乐为首的民间艺能有所顾忌。顺德天皇写于13世纪的家教戒条《禁秘抄》便再次强调了“阶级之别”，告诫今后的天皇不应“自劣其身”。

不过“口嫌体正直”，朱雀天皇和安德天皇的遗诫都没有太大作用，后来的天皇还是拒绝不了在民间大受欢迎的艺能活动。不少天皇多次以后白河天皇的例子来破戒，容许这些本应一辈子不能进入皇宫的乐师来御前表演。

到了室町时代，同样喜欢猿乐，但又不受宫廷戒条影响的室町将军足利义满有系统地组织这些乐师，并且由幕府进行全面管理，即所谓的“猿乐座”或“大和四座”（四个出自大和国，即现在奈良县的猿乐流派）。室町时代的天皇只能通过幕府来观赏猿乐，同时又面对来自贵族的阻挠，一直不能轻易成事。尤其如果天皇在这前后碰巧得病，更给了贵族阻止的口实，说这是天皇破戒招来贱民引起的警示。

### （3）天皇与猿乐的分分合合

当天皇受制于祖宗家法和贵族阻挡，皇宫外的猿乐在室町时代迎来了另一个春天，猿乐的演绎者从专业乐师扩大到京都、奈良等地的民间艺技师，以及一般村落百姓。在同一时代，猿乐也通过各地的宗教祭祀活动，开始广泛渗透进入民间，形成后来的“田乐”。直至江户时代，猿乐、田乐成为一种在城市、乡村普及的文艺活动。

之后，出自民间、叱咤战国风云的织田信长与丰臣秀吉，对于这种转化为大众娱乐的艺能活动更是喜爱有加。织田信长在桶狭间之战前自唱自跳的久世舞《敦盛》便来自猿乐，并加以改良、简化。丰臣秀吉掌权后，更主动于1593年邀请后阳成天皇在皇宫观赏由他安排的猿乐演出。

然而，天皇与猿乐这段久禁不止的交流，终于在江户时代迎来了终结。德川幕府重视当年朱雀天皇和顺德天皇的遗训，强力阻止猿乐再次进入皇宫，并将猿乐和能乐定性为武士专享的艺能活动，以保天皇的神圣和权威，企图回复王朝时代重视宫廷传统艺能的精神。

一直到明治维新后，能乐才再次与天皇结缘。当时的明治政府在考察欧美国家的风土人情后，深刻意识到在维新西化的同时，有必要向国内外人士彰显日本传统的真善美。于是在时任外交大臣岩仓具视的指引下，政府重新捡起了能乐，以之作为“国乐”“国剧”，抗衡欧洲的歌剧，更通过出身贵族的政府官员，邀请明治天皇观看能乐（称为“天览能”）。自此，出于政治考量而获得大力扶持的能乐终于“重见天日”，得以与天皇在“阳光底下”做恒常交流，所以能乐迎来了又一高峰。

除了江户时代和明治维新，天皇与民间艺能虽然有着一定的禁忌隔阂，但是这种枷锁并不如想象中森严。天皇与民间的互动一直隐晦地进行着，形成了一丝羁绊。即使经过数百年的变革，两者仍能够通过昔日的记忆，重新联系，这足以让我们重新估量天皇自身的文化软实力。

## 3. 音乐在天皇帝王学中的代表意义为何？

### （1）被遗忘的帝王学——音乐

在前一问，我们已经了解了和歌作为帝王学的一种，对于天皇和天皇制来说，意义匪浅。我们甚至可以说，和歌是天皇扮演国家象征、文化传承的其中一个重要素材。

不过，即使我们以为天皇们对于传统十分执着，保护古来的风尚不遗余力，但事实上不是所有天皇的帝王学都能保留至今。一些从古代延续下来的仪式、行事往往随着国家历史发展而停住了脚步，成为人们的记忆。其中一个被留在历史里的是音乐。

说到音乐与天皇的关系，相信有些较留意现代皇室消息的读者知道，新任天皇德仁是一名管弦乐的能手，他在就读学习院大学时，便能演奏小提琴和中提琴。然而对于天皇家来说，演奏西洋乐器难得一见，毕竟西洋乐器和音律传来日本不过是 150 年前的事。

在那之前，历代天皇一直都与和式乐器和音律如影随形，密不可分。没错！乐器和音律就是天皇的帝王学之一。

现代的日本皇室会在每年 1 月于皇宫举行和歌会，歌会起码已有近 800 年的历史，可追溯到 13 世纪末的镰仓时代中期。

比和歌会历史更悠久的就是“御乐始”，用现代语来说类似于皇家演奏会。在这个皇家演奏会里，天皇不是临席聆听的一方，而是亲自演奏的当事人。因此，御乐始与和歌会一样，都是展示天皇文化实力和教养功力的重要活动。

御乐始的历史可以追溯到1200年前的奈良时代，一直延续到1869年，也就是明治维新的第二年。明治天皇在该年举行了历史上最后一次御乐始，直至150年后的现在，都没有再举行过，已成绝响。

镰仓时代中期的顺德天皇在亲笔书写的帝皇家训《禁秘抄》中，提到天皇有几个必须学习的技能，排第一的是中国经典学问，第二是管弦，第三便是和歌。由此可见，在古代帝王学里，管弦的重要性与和歌相比，有过之而无不及，而且均要求皇室子弟从小学习，皇太子则以最严格的方式接受名家的教育和培训。

既然如此重要，为什么管弦会在明治维新之后随即被弃之一旁，不曾复兴呢？在这之前，我们先来谈谈天皇的音乐学史。

### （2）天皇的管弦学

上文提到，古代的日本宫廷重视奏乐，这与7世纪时通过遣隋使、遣唐使的交流，吸收了中国王朝的礼乐制度有着重要关系。在这之前的古坟时代，即公元5世纪为止，日本通过与朝鲜半岛的交流，吸收了百济、新罗和高句丽三国的礼乐舞曲，并将其改良，实行本土化，慢慢形成日式风格。因此，日本宫廷的奏乐文化其实是经历不少转变、融合而成的。

在诸多奏乐种类之中，天皇尤重管乐和弦乐。一般而言，主要学习的管乐乐器有笛和笙，而弦乐乐器则是琴（和琴、和筝）与琵琶。

10世纪时在位的村上天皇曾经说明管弦乐对天皇的意义。他说："思于心里，携于手上，唱于口中，听于耳内。"他认为通过学习、演奏管弦，便能习得四个重要的美德——心有所思、手持音乐、唱念口边和深入耳听。可见天皇不只视音乐为陶冶性情的工具，更将其提升到培育君德君才的高度。也因为这个原因，管弦在中世纪时便被尊称为“帝器”。

12 世纪，正值武士崛起的时代。即便如此，天皇与贵族对于“帝器”管弦的重视一如既往，也产生了很多理论和哲学，当时最重要的一本管弦乐理书《管弦要义》便提到，“一切音乐皆是为治国治民也”。

当时的贵族依然相信管弦为首的音乐是国君学习治国、兼听八方、知国难、忧民苦的重要一环。因此，为了尽早习得如此重要的治国之术、帝王之学，皇子们自小便刻苦学习，学有所成后便会在御乐始等场合，于众贵族面前演奏，以示具备统治能力。

然而，随着朝廷统治能力的衰退，以礼乐治国的理想已不具现实性，天皇学习管弦也变成一种礼仪和家艺独学。对于镰仓时代以后的天皇来说，学习管弦既是天皇的任务，也是延续祖宗遗德、绝学的使命。

因此，虽然少数天皇在特定条件下，可以自选喜欢的管弦乐器来学习，但这也与其父皇的学习经历十分有关。即使某一位天皇对学习特定的乐器没有天分，但为了以上的理由也必须勉力学习，延续传统。

这是因为管弦学习如果不能延续下去，既愧对祖宗，也有损君德。尤其在 13—14 世纪天皇家分裂后，学习管弦乐器对于互不承认的天皇家系（北朝、南朝）来说，更是分辨敌我、显示自我优越性的武器。

这段皇家分裂的苦难同时也是“帝器”的淘汰筛选时期。到了室町时代，管乐中的笙与弦乐中的筝，成为最重要的“帝器”，为此后历代天皇所必修，以示君主的气度与教养。不过到了江户时代，学习乐器逐渐式微，“帝器”也不如古代那么被重视，而流于形式化。笙与筝以外，曾一度被放弃的和琴、和笛，也重获重视。

到了幕末时代，最后一个可以演奏笙与筝的是孝明天皇，而明治天皇则似乎未学习“帝器”。在1869年举行的最后一次御乐始，天皇变成了“听乐”的一方，而不再进行演奏。明治政府虽然没有明示原因，但显然是模仿当时西方国家君主出席演奏会的习惯。虽然西欧国家也有国王自行演奏乐器，但明治政府为了提高君威，强调国家威严，否定了身为“现御神”的天皇在公众场合演奏乐器的需要。

虽然新天皇德仁熟习西方弦乐，但这并不代表天皇重拾演奏乐器的皇家传统（毕竟不是和乐）。这嗜好会不会成为将来天皇重修“故业”的契机，则有待观察了。

## 4. 茶道如何成为近世天皇的新学问?

### (1)天皇与斗茶的邂逅

天皇与茶有一段悠久曲折的关系，而且这段关系足以反映天皇与时并进，绝对不只是抱着古典、传统死守到底的“活化石”。

天皇与茶的关系可以追溯到9世纪初(815年)，即平安时代最初期。《日本后纪》记载，当时在位的嵯峨天皇继承父亲桓武天皇热爱唐朝文化的遗风，协同贵族、皇族出行至京都东面的近江国，当时与群臣吟诗游兴，更喝下了随行高僧永忠为他冲泡的茶。

这是目前天皇与茶接触的最早记录，但我们没办法确定嵯峨天皇喝的究竟是什么种类的茶。不过，由于广为日本国内外熟悉、号称最早的名茶“日本第一茶”宇治茶肇兴于公元14世纪左右，因上述记载的地点是在今天的滋贺县，因此我们几乎可以肯定，嵯峨天皇喝的不是宇治产的茶。

一般认为，永忠为嵯峨天皇冲泡的茶很可能是从唐朝进口，又或者是永忠自行栽培的茶树。因为他在年轻时曾作为遣唐使，到长安留学。

日本通过遣唐使大量吸收了唐朝的文化，形成了一段长达百年的“唐风文化”热潮。即使后来唐朝灭亡，日本走向自己的文化发展期(史称“国风文化”期)，这个记忆和习得的诸艺能却成功留在了天皇与王朝贵族的生活之中。

10—15 世纪，除了继承唐文化外，受到日中贸易的影响，唐至宋朝流行的团茶，以及当时在宋朝流行的游戏“斗茶”，也渗透到京都宫廷。另外，宋朝兴起的抹茶也在 12 世纪左右，通过留学僧传到日本。

那时候最为流行的还是斗茶游戏，在贵族的日记中能看到天皇也参与其中。那时的宫廷茶会不像下一间谈到的“侘茶”那样，在一间小小的茶室里安静沉思、喝茶，其实更像一个派对。斗茶之后还会有一系列文艺活动，如能乐、歌会等。总之，斗茶在 13—15 世纪是主要的游兴之一，成为宫廷生活的一大部分，与以幽玄见称的“侘茶”，是完全两种概念和玩法。

这个风靡于天皇与贵族们中间数百年的时尚斗茶，到了室町时代晚期，为什么会被“侘茶”取代呢？接下来要提到两位重要人物。

### （2）近世茶道文化与天皇

说到“侘茶”，相信不少了解日本茶道的读者，立即就想到“茶圣”千利休。的确，千利休的茶道成就了“侘茶”的发展，但是站在天皇与“侘茶”的角度而言，首先发挥作用的却不是千利休，而是“第六天魔王”织田信长，以及他的霸业继承人丰臣秀吉。

严格来说，“侘茶”是在丰臣时代才兴起的。之前的战国时代，当宫廷世界还以斗茶为乐时，宫廷外的喝茶文化已经出现重大转变。最大的改变源自室町幕府第八代将军足利义政的茶室文化，接着是由町众商人继承、发扬的茶汤文化，也就是“侘茶”的前身，还有与茶汤文化紧密相关的收集茶具热潮。

将这两个热潮推进到新阶段的是织田信长。信长自从 1572 年开始控制京都后，便大力推广茶汤文化和茶具收集，更将两者与政治、驾驭家臣扯上关系，当时称为“茶汤之政道”。总而言之，钟爱茶汤的信长在晚年将这个嗜好介绍给当时的正亲町天皇。

1582 年，信长死于本能寺之变，成功“接班”的丰臣秀吉在 1591 年完全统一日本。在这期间，秀吉仿佛继承信长遗志一般，自 1586 年第一次与千利休一起举办茶会后，便持续向天皇与贵族们引入茶汤文化。

秀吉在这些茶会里都主动地为天皇沏茶，背后的政治意图自然不言而喻。但更重要的是，在信长先提倡，秀吉再大力推动之下，天皇与宫廷享乐已久的斗茶文化正式受到冲击，开启了天皇、宫廷茶文化史的新阶段。

不过要留意的是，虽然受到秀吉影响，正亲町天皇以及他的孙儿后阳成天皇开始接受茶汤文化，但天皇家和宫廷完全舍弃“派对”茶会、斗茶，改为全面拥抱“侘茶”，还是要等到江户时代初期（17 世纪 70 年代），即后西天皇时代。

在大约 80 年的岁月里，天皇的茶文化、茶生活处于转换阶段，尤其是丰臣秀吉死去后，继承霸业的德川家康在茶文化的交流上与天皇保持一定距离。于是，那时候的后水尾天皇便自行摸索“天皇的茶道”，既维持着一直以来的游兴式茶会，同时又在京都皇宫里引入了秀吉时代流行的茶室。靠着后水尾天皇惊人的活力和长寿，宫廷茶文化终于脱离中世纪的斗茶文化，慢慢转换到“侘茶”，而且推广到贵族阶层之中，最后在他儿子后西天皇时完成。可是，除了“侘茶”在江户时代越来越流行外，天皇转换茶文化的更现实原因，是游兴式茶需要极大开支和人力。当时的德川幕府鉴于德川和子（家康孙女）成为后水尾天皇的中宫，为了对外彰显朝廷与幕府关系良好，于是一直支持天皇茶会等活动的费用。然而，天皇驾崩后，幕府便以提倡节俭为由，逐步减少对朝廷的津贴。

纵使天皇的文化软实力有限，但是总体而言，“侘茶”在天皇的茶文化史里开花结果却是不可否定的事实。这个因缘也是以“侘茶”为中心的近世茶道能在日本获得尊崇，得以发展的重要因素之一。

## 5. 天皇与日本帝王学的关系为何？

### （1）天皇的学问与儒家经典

如果讨论日本帝王学，不知道各位读者会想到些什么？或许大家会反问："日本天皇也有帝王学吗？"天皇长期只是"象征君主"，使得不少朋友觉得，天皇就算有帝王学也无用武之地。

然而，如果我们放开对于权力与统治的执着，作为一国之王，还是必然要思考、学习帝王学的。事实上，日本天皇的帝王学在古代已有迹可寻。

最早记载天皇和皇家教育的史料是《古事记》和《日本书纪》。据两书以及其他的史料记载，第15代天皇应神天皇让长子菟道稚郎子拜当时的学者阿直岐为师，又命到日本的百济人王仁教导长子学习《论语》。自此，从大和朝廷时代的大王时代，到后来的天皇时代，日本皇家的教育都以中国的汉文经典作为主要教材。

除了上述的《论语》，《五经》《贞观政要》《帝范》《孝经》等中国各朝帝皇必读的儒家经典也陆续引入，在奈良时代和平安时代已经成为天皇、皇太子和其他皇子（亲王）的必修教材。后来，教材数量随着时代发展有增无减。《史记》《千字文》《文选》《群书治要》等史、书、治类的书，《周易》《尚书》《周礼》《左氏春秋》《孟子》等中国先秦时代的圣贤之书，唐代的诗集文选《白氏文集》等，都一一成为天皇和皇子的家课读本。而且即使天皇继位，教学也不会停止，正所谓活到老，学到老。

另外，有关皇家教育制度方面，平安时代初期设立了皇太子和皇子们开始学习的仪式，称为“读书始”。一般来说，皇太子大概都在11岁开始学习中国儒家经典。平安时代开始，都会由通晓儒学、身任明经博士的贵族担任师傅解说儒学，还有老庄之学。

皇太子第一本修读的经典都是《孝经》，当时的皇家认为，储君要懂得对皇父尽孝守节，这才是为君的根本条件。11世纪中期，当时的后三条天皇决定在皇子的名字里加上“仁”字，从此除了少数例子外，这逐渐成为天皇家子弟命名的先例，2019年即位的新天皇德仁，就是一例。

这也反映在11—12世纪，天皇重视和积极引入儒家思想，而且体现在生活的各个方面，以求将来的天皇不仅具备儒学修养，更有君心和君德。当然，这并不代表日本皇家全面倾心儒学，天皇家也注重学习《日本书纪》，作为学习、理解祖宗立国的书籍。

### （2）天皇们的为君心得

学习儒家经典是天皇家学习为君之道的基本方法，但是，常言道“子不教，父之过”，作为父亲的天皇又是否把教育儿子之责全都推给帝师呢？当然没有，其实在9—13世纪，当时有几位天皇留下了一些训诫子孙的教导文，例如，9世纪时宇多天皇的《宽平御遗诫》，13世纪时顺德天皇的《禁秘抄》以及后来的花园天皇写下的《诫太子书》，都成为后世天皇引以为座右铭的帝王学教典。

这几位天皇是如何说解为君之道呢？例如，《宽平御遗诫》里就提到：

圣哲之君，必依辅佐以治事。华夷寡小之人，何无贤士以感救彻。事有持疑，必可推量以决之，新君慎之。

为君“用人勿疑，疑人勿用”的道理，天皇当然不可不知。

而关于天皇的能力修养方面，《禁秘抄》则强调：“第一学问也，第二管弦。”说明天皇最重要的是强化自身的学问修为，通文晓乐，这才是君德、君心的核心。《诫太子书》也提到：

学功立之，德义相成者，不啻盛帝业于当年，亦即贻美名于来叶（世）矣，上致大孝于累祖，下加厚德于百姓。

13世纪的天皇虽然已大权旁落，只能冷眼旁观武士当权，但这却不代表他们已经视“帝业”“君之道”为儿戏。上述的帝王学依然继续传承，一直到近代的昭和天皇。随着大权失去，久居深宫，这种心声和理想只能作为精神支柱，默默留在天皇和侍奉他们的贵族心中，提醒自己存在的意义和使命。

## 6. 昭和天皇的伦理课为什么会提到战国大名？

### （1）天皇的帝王学

如果不理解“帝王学”这个名词，或许可以将它比喻为家族式企业或独裁政权培养接班人的教育方式。不过，对于仍然存在“帝王”的日本来说，天皇的教育是实在的问题。说到近代天皇的教育，尤其是明治维新以后，华人比较少留意和关心。以下以较为有趣的角度，带读者一窥近代日本天皇的教育。

明治维新成功后，新政府在开国自强之外，对于年仅 16 岁的明治天皇睦仁的教育也是不遗余力。新政府为了实现“王政复古”，天皇“万机亲裁”，培养明治天皇的君德、君威与君才，自然是十分重要的任务。由皇子时代学习中国的经典，如《大学》《中庸》和《论语》，直至登基的第二年开始学习《贞观政要》《日本书纪》等，天皇的教育进入了新的时代。君德与万世一系、万机亲裁变得息息相关，除了技能、学术上的知识，内心的涵养与道德日渐占据更大的比重。

明治天皇的皇太子嘉仁（大正天皇），脑部疾病影响，学习能力略低，这让十分关心子孙教育的明治天皇对皇太子的教育十分着急。明治三十四年（1901 年）四月，皇长孙裕仁出生后，明治天皇为了确保刚走上轨道的帝国能长远发展，对皇长孙的教育更是重视。在裕仁出生刚过两个月左右，便将其送到伯爵川村纯义的家中，由其教养。8 岁开始，裕仁便在乃木希典的全力指导下，开始学习。

裕仁 13 岁时，即大正三年（1914 年）初春，乃木希典在死前推荐的时任海军大将的东乡平八郎，获大正天皇批准，设立东宫御学问所，教授甫踏入青少年期的皇太子裕仁中学程度的教育。其中一个新开设的科目便是伦理科，当时负责此科的讲师（御用挂），是旧膳所藩出身的学问家杉浦重刚，他曾兼任东京大学、日本中学校校长等教职。

大正三年至大正十年，从杉浦重刚准备的庞大、多元又贯通古今的道德教材和事例，我们可以看到他为了教育这位未来天皇所下的苦功和热诚。值得向各位读者分享的是，杉浦重刚不知道是有意还是无心，特意在其中一节课举了一位战国大名的例子，向为皇太子裕仁进行详细讲解。那么这位战国大名是谁呢？

### （2）君德与上杉谦信

有幸成为皇太子学习伦理时的重点事例的，是“越后之龙”上杉谦信。裕仁在东宫御学问所里学习的其他学科，当然也提到了其他战国大名，例如，在明治时代备受歌颂的织田信长，而其他的大名武将则只有只言片语，杉浦重刚却花费一节课的时间来说解上杉谦信，以教导皇太子裕仁。

翻阅杉浦重刚的教材及讲授稿，发现他经常以时节或事物为契机，借题发挥，并举例说明各种道德伦理的要义。谦信的“专场”在第二十四讲，时间在大正四年（1915 年）九月十三日，按照重刚所说，当日正好是中秋，于是引用了据传为谦信在天正二年（1574 年）九月，攻击能登国七尾城时所作的七言绝句《九月十三夜》。

重刚先向裕仁讲解谦信的简单生平（因其中不少是根据江户时

代以来的军记物语所写，因此不尽史实的部分颇多），他这样评价谦信：

我战国之世，豪杰四方竞起，互斗智勇，各自发挥其才能，然而，当中如上杉谦信，不啻其武略杰出，且侠骨棱棱，殆不见有人可与之比也。

之后当然是谦信的生平，如协助上杉宪政征伐小田原、向宿敌武田信玄送盐、上京面圣勤王等早已家喻户晓的故事，重刚都一一向 14 岁的裕仁讲解。在这之后，又略提到谦信的继承人上杉景胜，以及江户时代名君上杉治宪（鹰山）的事迹。最后，重刚为上杉家辈出谦信、景胜和鹰山等名君的原因做出总结，他说：

谦信性廉洁而重信义，最富侠气，景胜受之以武，至治宪中兴家道，专布仁惠。上杉氏传至今日，犹列华族，盖存余庆者也。

换言之，重刚想通过谦信以及上杉家的例子教导裕仁侠义廉洁。他又借景胜和鹰山的例子，指出传续优良精神的重要性和必要性，并且指出，如果能做好，必定会泽惠后人的道理。套在裕仁身上，如果他能秉承祖父明治以来的“祖业”，那么日本帝国的国祚也能长久下去。

不论后来的历史发展与重刚期待的有多少差异，但我们通过以上的例子，看到这位帝师在近代日本的帝王学里，怎样善用例子（史实与否，姑且不论）去丰富未来天皇的涵养和道德心，这在天皇的教育史上是难得窥见的珍贵片段。

## 7. 近代天皇与达尔文进化论有什么矛盾？

### （1）污蔑“现御神”的进化论

现代人对于英国科学家达尔文提出的“生物进化论”，可以说是耳熟能详，除了部分人士因为宗教信仰排斥它之外，大抵不会对此论做出强烈的质疑与抨击。不过，在明治维新后至二战前，进化论在日本却有着曲折的发展历程，更与天皇的地位与定义扯上关系，一度成为日本国内的禁忌。究竟是怎么一回事？

时间要拨回到20世纪初，进化论通过曾留学德国的生物学者丘浅次郎介绍，进入日本。他著有不少科普启蒙书籍，以便年轻科学家了解。这些努力与贡献使他成为明治末期至大正时代具有影响力的科学家之一。

在众多推广进化论的书籍中，丘浅次郎吸收了达尔文的精神，主张“人类是猿类的一种”；“人与其他动物一样，来自同一个祖先”，即所谓的“人猿同祖论”与“人兽同祖论”。他的理论虽然冲击了当时的日本知识界，并且获得年轻学生和后进学者的认可，但也大大伤害了主张“皇国史观”和“神国思想”的人士，变相地打击了他们的“玻璃心”。为什么呢？

丘浅次郎引入的进化论获得了认同，意味着有一群人正面地接受了西方思潮，代表他们开始质疑、无视江户时代以来的神道家和国学者所宣扬的传统世界观和国家观。这不只是学术研究的问题，因为站在主张“政祭一致”“政教合一”的神道家、国学者、政府的立场和角度，进化论已经动摇了天皇权威。因为在神道、国学以及政治思想里，天皇是“天照大神之御子孙”，“大日本帝国从一开始便是由天照大神之孙琼琼杵尊下凡统治之国”，“万物万事无不依赖神德”。这些思想早已写进了当时的小学教科书里，所以当丘浅次郎介绍人类与野兽、猿类同祖时，等于向国民宣示科学界否定了已定调的思想方针，将神圣的天皇与猿猴扯上关系，犯了亵渎天皇的不敬大罪。

可是，当丘浅次郎引入进化论时，政府机关的执法还没有大力进行，仍然处于科学家、神道家与国学者论争的状态。但随着当时的外交政局改变与对外战争的胜利，使得国粹主义与爱国思想急速膨胀。

政府需要持续鼓舞人心，一致支持对外扩张的声音，同时也需要急速发展科技，鼓励科学，以备国家发展的需要。在这些事务之前，强调天皇的神圣性以及日本优越不可侵的思想，是不变的基调。于是，到了20世纪二三十年代，日本政府一方面大力支持自然科学、军事科技等的发展，提倡合乎政治需要的“优生思想”，来证明日本优于东亚诸国；另一方面则利用思想警察对进化论等被认为是有害国家安全与天皇权威的言论、刊物，进行监查。

换言之，在当时，科学家们只要“识时务”，不故意发表一些“不合时宜”和“不敬”的言论，便可安心进行科学研究。这种刚柔并用的白色恐怖，反映了战前日本人对于皇国思想与科学精神所持的那条暧昧的分界线。问题是，理论上受进化论影响的当事人——天皇，又是怎么想的呢？

### （2）昭和天皇的科学思想

丘浅次郎引入的进化论，席卷 20 世纪初的日本科学界，昭和天皇当时已为学子，积极学习各种最先进的科学。被誉为“最后的元老”的西园寺公望，以有可能影响天皇的神圣为由，提议天皇改修“较为安全的”生物科学。事实上，天皇本来想向人文学科发展。

受到这个决定影响，昭和天皇在皇太子时代，以及 1926 年即位后，都积极研究生物学，当时的日本政府多次通过宫内省对民间媒体发布照片和新闻稿，向国民展示了“国家君主关心科学，具有先进思想”的理想君主形象。然而，这个理想的君主形象很快便产生两重尴尬。一方面，官方否定了进化论，但应当拥护这一方针的天皇却研究了生物学，难免使国民及有识之士关心天皇对进化论的见解。

另一方面，随着侵略中国的战争日渐白热化，积极推动侵略战争的军部激进派（皇道派）要求身为军政最高长官的大元帅陛下——天皇——以身作则，天皇的各种行动要符合国家利益，醉心于可能削弱士气的科学研究，被军部内的激进派视为不当。

同时，军部事实上控制政府后，也代表天皇对外发布消息，天皇奖励科研与从事科研的新闻则一律停止发布，大幅增加天皇与军队相关的消息。在当时的政府计划里，天皇是奖励科学的开明君主，站在科学知识界之上，而不是他们中其一员。

那么，天皇自己又对这种肯定与否定的分裂状态有什么想法呢？据当时常伴天皇左右的侍从武官长本庄繁的日记，天皇于 1935 年 4 月曾对思想与科学的关系有过以下发言：

如果想以思想信念去抑压科学，我们将会落后于世界。就好像现在我们无可避免要被进化论盖过一样……话虽如此，思想信念本来就是必要的，总之，朕认为思想与科学应该平行并进才对。

尽管在军部的强烈要求下，天皇被迫隐藏了自己的科学家思想，但到了战后，他卸下了战争罪责的同时，也卸下了皇国思想、军国主义的负担。日本也宣布与激进思想诀别，重新拥抱西方的先进思想，包括长期被排挤的进化论。

天皇则通过《人间宣言》，宣告放弃“神”的身份，可以回到当初的本心，继续担当一国之君，以及“科学者天皇”。

战后的日本政府和驻日美军急需为天皇洗去保守固执的“皇国思想”外衣，换回一度被军部遮蔽的先进科学家的形象。1947年，日本政府向外国媒体发布了皇室写真集。当中一张照片非常著名，反映日本政府有意向世界树立一个崭新的天皇形象。

在这张名为“天皇”（EMPEROR）的照片中，昭和天皇在皇宫的某个房间里，坐在椅子上阅读美国的《星条旗报》，而茶几上则放着英国的《泰晤士报》。值得注意的是，他背后设有两尊黑色半身雕塑。上方是以解放黑人奴隶闻名的林肯的半身雕塑，象征自由、平等精神；而下方靠近天皇左边的，则是达尔文的半身雕塑。

放弃皇国思想的天皇与主张自由、平等的传奇美国总统，还有进化论的提倡者，再次天衣无缝地“合照”。这张照片的绝妙之处在于，它强烈地宣告：昭和天皇已经从“神的子孙”回到“进化论”支持者，而且拥抱美国的核心价值。更重要的是，日本当局希望可以通过这张照片，将坚决否定进化论的过去归零，再由天皇与达尔文、林肯的“合照”，宣示战后日本将继续由天皇带领，重归先进文明的现代社会。由此可见，战后的日本与战后的天皇互为表里，不可分割。

图 1 正在阅读英美报纸的昭和天皇（Toppan1947 年出版）

# 第八章　天皇的生活与一生

## 1. 天皇的都城为何由大变小?

### (1) 天皇的“移动宫城”

说到日本天皇的宫城，想必大家会想到京都市的京都御所、奈良市的平城京，以及现今的东京皇居。事实上，历代天皇的皇宫不止这三个。

日本的王都在1200多年前才固定在平安京。之前是长冈京(京都府长冈京市)，更早之前是在平城京(奈良市)，再往前追溯的话，还有新益京(即所谓的“藤原京”，现在的奈良县橿原市)、恭仁京(京都府木津川市)、难波京(大阪市)、飞鸟京(橿原市)等。

从大王时代开始，便有定期迁宫的记录。这不像中国商代的盘庚迁殷，是受天灾之类的客观因素影响而迁都。简单来说，日本君主当时迁都是因为风土习惯。大和朝廷时各王族有属于自己的宫殿，每当新的大王登基，都会将统治中心转移到自己当太子(当时的史料称为“大兄”)时居住的宫殿，或者再建一个宫殿，作为王国的新中心。

换言之，大和朝廷当时仍没形成一个集权体制的国家，王与王族以至大臣都各据一方，核心是大王与归附效忠的豪族首领建立的君臣关系。民众分属各个豪族、大王与王族，即所谓的“部曲民”。每逢王权更替，便很容易出现政治危机和血腥政变，改置宫殿便等于重新确立新王的权威一样。而基于这种统治形态，大和朝廷的“王都”严格上仍属小规模。

### （2）由宫殿变成宫城

到了公元 7 世纪，大和朝廷与唐朝建立起稳定的外交关系，进而模仿唐朝的制度，其中引入的一项改革便是宫城的长期化、固定化。伴随着“宫殿”变成“宫城”，政府集权与王国下的国民统合更为重要，而宫城则成为国民集中居住的地方。

新都城内部的规划也参照了唐朝长安城，即棋盘状的分区方式，史称“条坊制”。日本历史上第一个实行“条坊制”的就是新益京。不过，在这之前曾有数次尝试，但都没有完全成功，而新益京也在建造不久后被废弃，宫城转移到了更为著名的平城京。

这次是真正仿效唐朝的都城，将百姓、豪族、大臣等从原本的聚居地飞鸟，全数转移到平城京，并利用这个机会改行集权化的新身份制度，抵消了部落制余风。

约 100 年后，已经成功将国家体制由部落制转化为集权式的日本，再次迁都，时间是 8 世纪中期。当时的桓武天皇将新宫城迁到北面的长冈京，之后又迁到今日知名的平安京——京都。

### （3）由大变小的王宫

桓武天皇全面积极地引入唐朝的制度，在天皇历史和日本历史上都十分知名。天皇在迁京平安后建造的平安宫（当时称为“大内里”）面积广阔，据传世的资料记载，其面积大约有 65 平方千米，而当时平安京的面积大约是 1150 多平方千米，可见光是皇宫便占了都城约 5% 的面积。

桓武天皇建造大皇宫和大宫城，是想象自己将接待唐朝、新罗、百济等邻国使者，所以必须显示出王国的气派。但自从日本在公元 663 年的白村江之战中战败后，日本与唐朝、朝鲜王国的关系不再那么密切，加上唐朝在天皇迁都平安京前，已经受到安史之乱打击，不复昔日的国势，日本与其的往来不复从前，天皇原本构想的大国外交蓝图成为泡影。

伴随而来的是“大内里”显得不合时宜、多余和累赘。尤其是 9 世纪以来，日本已然放弃中央集权，朝廷官员（贵族）不减，但行政规模却大幅缩小，彰显天皇权威的必要性也随之大减。面积过大的“大内里”维修费又十分昂贵，对行政与财政都形成了重大压力。

自 8 世纪迁都至 13 世纪，记录中“大内里”起码发生过 16 次火灾，其中有三四次是毁灭性的大火，将宫殿烧成灰烬，天皇被迫暂时迁出宫城，到其他较小但比较合理的别院暂住，这些别院被统称为“里内里”。

“大内里”经过多次重建，财政负担越来越重，重建的意义和必要性又越来越小。天皇多次搬出搬进，也早已与“大内里”没有感情。到了 11 世纪，著名的白河天皇以“大内里”太大、无用为由，正式决定停止重建。因此，平安京时代的天皇宫殿多为较小的“里内里”，而天皇办公、祭祀等活动也在“里内里”进行。

虽然朝廷后来曾有重建“大内里”的计划，但最后都因为成本太高，又无实际必要而放弃。目前位于京都市的京都御所，是室町时代以来天皇定居的“里内里”，当时称为“土御门东洞院殿”。自室町时代起，幕府将军也长住京都后，天皇获得将军的照顾和保护。因此，除了因为发生火灾而临时到外居住外，天皇的居所地和规模大致固定下来。曾经辉煌的“大内里”，永远停留在了贵族们的回忆中。

## 2. 没有政治实权的古代天皇生活很悠闲？

在上千年历史里，天皇绝大多数时间没有亲自执政，而是主动或被动地委任“权臣”代为执政，如摄关藤原氏、平家和三个幕府政权。所以天皇在皇宫里都很清闲，没有事情干吗？当然不是这样。那么天皇每日都在忙什么事情呢？

如果大家曾经到过京都御所，里面的最主要建筑物——清凉殿——设置了一块大的公示板。这块公示板上写了天皇搬到东京皇居生活前，在京都御所一年要进行的活动，即所谓的“年中行事”。“年中行事”的时间表十分紧密，由每年的元日开始，几乎每月每周，以至每日都有“行事”。大部分都是祭祀活动，但也有一些重要的非祭祀性质的“行事”，这是天皇作为一国之主的重要工作。

接下来，我们简单看看天皇一年之中几个最重要的“行事”。

### （1）元旦的朝贺

元旦既是每年的第一天，也是天皇进行一年中最重要的“行事”之日。当日，天皇会接受朝贺。朝贺就是皇太子以下的皇族和众臣，在清晨群集于皇宫的太极殿外前庭，向天皇行朝拜之礼。天皇当日在寝室进行梳洗，穿上朝贺专用的冕衣后，便会来到太极殿接受朝贺。他会向皇族和百官下诏，作为回礼。朝贺是从唐朝典制里引入的仪式，规模和做法大抵与唐朝类似，但到了 11 世纪以后，由于与中国的交流变少，加上朝廷财力较弱，朝贺的规模也有所缩小，只限皇族和朝廷内称为“殿上人”的高级官僚参加。

### （2）贺茂祭

四月中旬，有另一个重要的“行事”——“贺茂祭”。“贺茂祭”又称“上贺茂神社祭”“下鸭神社祭”或者“葵祭”。在平安时代，“贺茂祭”与“石清水祭”“春日祭”俱为王朝最重要的祭祀，后来“石清水祭”“春日祭”逐渐式微，反而源于八坂神社、获京都市民重视的“祇园祭”，在中世以后越来越重要，更与“贺茂祭”并称为京都最重要的两个祭典。后来加上明治时代庆祝平安神宫建成而举办的“时代祭”，并称为“京都三大祭”。

简单来说，“贺茂祭”就是祭祀京都的土地神“贺茂神”的祭典。天皇作为京都之主、天下之王，会亲自前往或派敕使到上贺茂神社和下鸭神社，祈求国家中心京都风调雨顺。

### （3）神尝祭与七夕之会

到了秋天，最重要的“行事”便是“神尝祭”。每年的 9 月中旬，即农作物收成的季节，天皇会在宫中进行祭拜和进献，也会派遣“币帛使”带御酒与神馔（供品）到祭祀皇祖天照大神的伊势神宫祭拜，感谢皇祖赐予五谷丰收。遇上歉收凶作之年，“神尝祭”当然继续进行，但会改为祈求皇祖、神明赐予来年丰收。“神尝祭”多次因为国家战乱、皇家式微而停办，在战国时代更是百年没有执行，到江户时代才得以复兴，并且延续至 1947 年新宪法颁布废除为止。

除了“神尝祭”，农历七月七日的“七夕之会”，又称“乞巧奠”，重要性相对较次，但仍然是主要“行事”之一。奈良、平安时代以来，喜爱“哀伤之美”的贵族，对于牛郎织女的故事甚为重视。在王朝时代每逢“七夕之会”，天皇与贵族便会在皇宫内的清凉殿东庭举行宴会，主要的活动就是管弦之会和吟唱和歌。这看似纯属娱乐性质的活动，其实是天皇在秋季的一个重要的“才艺秀”的日子，他会亲自演奏乐器、吟诵和歌，向群臣显示自己文化、学问实力。从古代到近代，乐、歌都是日本上流贵族社会的重要核心价值，甚至是评定贵族与天皇才干的重要标准。不过，与很多“行事”一样，“七夕之会”在天皇迁居东京后，便不再是例行的“行事”了。

### （4）新尝祭、大尝祭

冬天的最重要“行事”就是“新尝祭”，在每年的11月下旬。与9月的“神尝祭”一样，“新尝祭”也是感谢五谷丰收的祭祀，不同的是，“新尝祭”的祭祀对象不是天照大神，而是天神地祇。天皇向天神地祇进献当年的收获表示感谢，祈求来年继续丰收。由于是向天神地祇祭拜，天皇不会遣使到伊势神宫。他会进食祭品，以示与天神地祇享有同等地位。不过，如果当年新天皇在“新尝祭”之前即位，那么“新尝祭”便会改为“大尝祭”或“践祚大尝祭”，作为向天神地祇宣告新天皇即位的仪式。因此，“大尝祭”的规模远比一般例行的“新尝祭”大得多（有关“大尝祭”的说明，请看第五章第4问）。

除此之外，天皇还有大大小小的“行事”，有兴有废，但无论如何，从天皇在这方面的参与程度来看，他绝非无所事事的。天皇作为一国之主，国家级的祭祀和仪式都只能由他来主持，这些都是权臣们不敢僭越的“圣域”。

## 3. 江户时代的天皇即位仪式是京都官民尊享的同乐日?

### (1)即位仪式与京都市民

君主即位仪式必然是盛大而隆重的。到了近代，英国等西方国家更直播君主即位仪式，以凝聚国家共识，也通过媒体让外国人观看盛况，宣传国家荣誉与历史文化。

至于日本，从平民的角度而言，大正天皇和昭和天皇的即位仪式既庄严又神圣，但没有国民参与。当时的日本人主要靠媒体上的官方消息来理解、想象新天皇的即位仪式。一直到平成天皇，才通过摄影片段让国民窥见部分仪式的过程和场面，但仪式与民众之间仍然存在距离。

大家不要以为这是天皇家的惯常做法，借此用来提高威严。在江户时代，天皇的即位仪式其实有截然不同的风景。虽然江户时代的天皇常受德川幕府将军的霸凌，但是反过来看，天皇与朝廷的典章制度也的确在德川幕府的扶持下，得以从颓废的战国时代恢复，各种重要的仪式得以复办，即位仪式便是一例。

新天皇即位后于同年底举行的“大尝祭”，是新天皇与历代祖先、各方神祇进行感应、互相认知的重要仪式，理论上属于即位仪式的一环，但这部分属于天皇家独有的宗教仪式，其隆重与庄严程度自然非同一般，因此与天皇以外的贵族和民众无关。

不同于“大尝祭”，天皇即位礼是对外公开的活动，但这个重要的典礼，除了从江户前来参加的幕府要员外，实际上的参与者只有京都市民，或者来京都参观的人。这些观众会用各种方式记录当时的情况。

为什么只有京都市民呢？一方面，这当然是因为天皇身在京都，而且几乎终身都只待在那里的缘故；另一方面，对于京都民众来说，天皇就是他们千年不易的老领主，他们是天子脚下的特别子民。因此，在没有电视、电脑和智能手机的古代，天皇的即位仪式当然是属于京都市民的独家盛典，京都以外的日本人是很少有“福气”到现场观看的。

### （2）与民同乐的实况

那是从什么时候开始，京都市民可以观看天皇的即位仪式？其实早在平安时代，天皇的即位仪式便与民同乐。可是，如果要从相关史料及更多角度去了解当时京都民间的情况，江户时代才是最佳的样本。

明治维新以前的皇位继承不以生死作为分界，中世以来的历代天皇会像现代的平成天皇一样，在自己生前便让位给自己属意的皇子。所以在理论上，天皇随时都有换人的可能。

那么，一旦天皇换人，究竟如何将消息告知民众呢？以江户时代为例，当朝廷与幕府共同决定好让位与即位的日子后，朝廷便会派人提前向管理京都的幕府驻京机构“京都所司代”（类似今天的警政署）通报，同时向管理京都各区的市政民政单位“町”，通传一连串相关消息与指令。

最早有系统地向町通报的史料，大约出现在18世纪初。那些行政指令当然是与即位仪式有关的各种保安措施，特别是护送新天皇，以及随行贵族行经路线上的安全检查。其中以当时经常发生的火灾事故最受重视。一旦在即位仪式当天的巡游途中发生火灾，引发的混乱将大大地伤害新天皇的威严。

除了提醒京都各区町民防范火警，另一种行政指令则是驱赶特定民众，如社会阶层上被公然歧视的“秽多”“非人”，还有僧人、老人、小孩和服丧中的人士。不过在个别例子里，僧人也会获准在即位礼过后，在指定日子与一般百姓进入皇宫参观。

其中，朝廷拒绝服丧中的百姓参加，因为当时认为服丧之人身上带有污秽，是不吉利的。因此，除了不让他们出现在天皇队伍经过的地区，也不可进入京都市中心。

天皇即位礼以及“大尝祭”当日，市内的各种剧场和娱乐活动也必须停止。在仪式一两天前，朝廷会通过町役所通告具体的中止和解禁时间。另外，朝廷也禁止京都市内各佛寺在当日敲钟、举办法事和诵经。

禁止娱乐活动和佛寺敲钟，当然是为了让即位仪式没有任何杂音，让百姓全神贯注于天皇即位礼，从中深深地感受天皇的威严。

从以上各种规定来看，似乎很难说是与民同乐。当然，这只是其中一个侧面。仪式结束后，町役所便会具体地公告参观细节，让符合资格的民众参与。以 1747 年举行的桃园天皇即位礼为例，符合资格的京都市民会分为男、女两队，共 300 人，每人各持派发的入场券，从两个入口分别进入及离开京都皇宫。朝廷也会派人在各入口把守，检查进出行列是否混入违规的人。

获许进入皇宫参观和观礼的 300 人，一般是 200 位女性，100 位男性。虽然我们不知道为什么按这个比例安排，但朝廷似乎对女性较为宽厚，除了容许较多女性参观，还特别批准她们到属于天皇私生活区域的寝宫紫宸殿，以及天皇妻室（女官）办公的内侍所参观。

随着时代发展，天皇即位仪式当日与前后几天的开放事宜、官民参加章程等规定，日渐具体化。例如，幕末前夕的光格天皇即位仪式，便列出了当日参观人数、出入口、当日禁止参观对象，以及即位仪式后的安排等。

天皇让臣民进入自己的皇宫，并且观看自己的即位仪式，在古今中外都算是十分罕见的做法。基于这种相对开放轻松的官方态度，曾经有幸观看天皇即位仪式的人，自然会写下观感，甚至出版图书或绘图，在京都的书肆公开发售，如 18 世纪出版的《御即位见闻私记》等。

这些书籍、绘图的出版虽然出自民间，但由于是客观见闻，有独特的眼光，对史家了解、复原当时情况有莫大帮助。明治时代以后，政府通过大搞各种仪式，重建天皇权威，民间见闻更是重要的参考资料。可以说，昔日天皇的无心插柳，不只成就了与民同乐的盛况，还意外地为后人提供了各种方便了解的途径。

## 4. 天皇的葬礼为什么由佛教仪式转为神道仪式?

### (1) 明治维新以前的天皇葬礼

1989 年举行的昭和天皇葬礼，距今已经 31 年。当时国外对此没有大量报道，所以中文世界的读者应该没有太多印象，在这之前的明治天皇和大正天皇的葬礼就更不用说了。因此，大家可能不知道，天皇的葬礼在明治维新前后，其实有很大的改变。接下来先看看明治维新以前的情况。

现今奈良、大阪地区的巨大古坟，一般人相信那是当地古代大王（豪族之长）们的坟墓。虽然考古学家挖出了不少文物，但由于文字资料少之又少，目前对当时的殡葬制度，仍处于研究阶段。对日本殡葬制度了解较多的时代，是在大和王朝登场后，也就是佛教传到日本后。

最早以佛教方式实施天皇葬礼，是在圣武天皇时代，自此直至幕末的孝明天皇为止，葬礼都以佛教仪式来执行。

一般而言，天皇驾崩后，朝廷会在宫内找一处空地建造临时建筑物，作为“殡宫”，用来安放天皇遗体，以等待下葬日期的确定。由于是一国之君，天皇的驾崩触动全国上下，配合当时从中国传入的王朝典制，天下需要更长的时间去悼念，即有所谓的“殡期”。因此，他的下葬日期并不是一天两天后的事。在大和朝廷时代，殡期一般是一年左右，而天武天皇的殡期更长达两年半。

虽然天皇已去，但不代表殡期期间，殡宫便是没人管理的地方，刚好相反，殡宫的管理十分严格，投入了大量人力去维持和看护。例如，奉献祭品（称为“供馔”），要有专人天天在殡宫内哭叫（称为“举哀”），以示哀痛；还要进行“奏诔”之仪，即向天皇诵读表达哀思的悼文。

这些仪式伴随着巨大的费用和精力，因此到了奈良时代后期，葬礼陆续从简；到了平安时代初期，上述参考中国而行的“举哀”与“奏诔”之仪也逐渐被废除。同时，随着天皇与朝廷越来越笃信佛教，葬礼的佛教味道越来越浓，薄葬的意识强烈。首先是殡期一律缩短至30日左右，“举哀”与“奏诔”之仪也逐渐被僧人诵经和烧香拜祭取代，从此成为定式。

### （2）天皇遗体的处理与葬地

关于天皇遗体的处理方法，即“葬法”，一般相信古坟时代是实行土葬，并且维持到大和朝廷时代。不过，同样受到佛教影响，公元7世纪时的持统天皇首次由土葬改为火葬，在这之后，天皇的葬法绝大部分是火葬，只有醍醐、村上两位天皇，以及1000年后幕末时期的孝明天皇选用土葬。

自从佛式葬礼和火葬成为定制后，就不再跟古坟时代一样到处修建天皇陵寝。火葬在京都附近的寺院进行，参考阴阳五行，按照当年吉凶，选定位于吉利方位的寺院。不过自室町时代开始直至幕末，火葬和供奉天皇的地点都选择在京都东南的泉涌寺进行。

### （3）明治维新前后的葬礼改革

前文提到孝明天皇的葬法复行土葬，但他的葬礼仍然以佛教仪式进行。可是，这也是天皇佛教葬礼的最后一例。到了明治维新后的1870年，天皇下令废止佛教葬礼，他以及之后的天皇与皇族的葬礼，均改行神道仪式。

改行神道仪式的背景，与维新政府的意识形态、政治需要有关。江户时代中期开始，近世神道和儒家思想强调天皇是日本固有的存在，不应使用外来宗教的殡葬仪式，要进行“转型正义”和“本土化”。因此，锐意重建天皇权威的维新政府继承了这种思想，让天皇和皇族的葬礼回归日本固有的神道方式。

政府下令皇族改行神道葬礼后，英照皇太后（明治天皇生母）大丧和明治天皇大丧莫不依循。但由于没有实际经验和古法可供参考，这两次大丧的丧仪、做法、称呼、具体程序、相关祭祀，均属试行摸索。维新后的皇家殡葬制度用了近半个世纪时间，才明确规定章程，在1926年发布《皇室丧仪令》。

与《皇室丧仪令》相关的《皇室服丧令》则在较早的1909年公布。原本《皇室服丧令》只用来规定皇族在天皇、皇后、太后死去后如何服丧，但到了大正天皇死去（1926年）时，服丧的对象扩大到所有日本国民，以强化国家团结和忠君尊王的国民意识。国民也要按规定服丧一年，规范其行动、服饰，以示哀悼。

由此可见，明治以后的天皇葬礼，一方面在仪式、程序上转行神道形式，但对外的规范则带着浓厚的国家主义，将神道仪式扩大成制度，而且在大正、昭和时代渗透到国民生活之中。

这就是所谓的“国家神道”。天皇的生死、祭祀与政治无缝对接（即“祭政一致”原则），一方面神化天皇，另一方面当政者则利用天皇的神圣性教化国民，使国民能够展现对国家的忠诚和热爱，做出贡献和牺牲。

## 5. 天皇的日常饮食是怎样的呢？

### （1）早餐前的准备

早餐是每个人起床后吸收营养、补充元气的重要一餐。古代的天皇一般在早上5—6点起床，晚上10点左右睡觉。以平安时代和江户时代的记录来看，天皇起床后，首先是洗手洗脸，接下来还需要洗澡，称为“御汤”，另外也有称为“风吕”的蒸汽催汗洗法，类似今日的桑拿浴。

一般来说，天皇入浴是在早上8点左右，洗澡时当然有侍候天皇的女官从旁协助。不过，古代天皇（还有贵族们）洗澡时是不会脱光衣服的，会穿着薄薄的“御汤帷子”入浴。这个“御汤帷子”便是现在浴衣的前身。

洗完澡之后，天皇还不可以用餐，因为还要整理仪容，而且依照情况需要，每隔两三天便要做一次染齿，即“齿黑”。关于“齿黑”是什么时候开始的装扮，已不可考。但由于考古学家在公元3世纪中后期的古坟时代遗迹里，找到类似“齿黑”痕迹的人齿样本，因此一般相信“齿黑”是古代便存在的习俗，用来保护牙齿，到后来成为区分贵族与平民的身份象征。

整理好仪容，天皇还要找专人为自己洗刷双手，称为“御手水”。弄得干干净净，为的是准备早上最重要的事——四方拜。四方拜的“四方”，简单来说就是皇宫的四方，寓意国土的四周，还有朝伊势神宫的方向进行遥拜，以示向祖宗行拜礼。这些仪式是天皇每天的“国务”，原则上风雨无阻。

### （2）天皇的早餐

早上的“任务”完成后，天皇终于可以到日常生活的空间“常御殿”享用早餐，时间为早上的10—11点。这顿早餐一般称为“大床子御膳”。前菜一般是饼（御朝之饼），通常有6块，放在一个称为“三方”的木制台盘上，然后还有其他主菜，有菜有肉。中世以后，一般每顿主菜里都有一条长30厘米的鲷鱼。

由于天皇长期奉行佛教思想，所以自10世纪以来，他与京都的贵族们主要进食的肉类是鱼肉和鸟肉，而野猪、鹿等兽肉则要到明治以后才得以解禁。因此，在普遍不进食兽肉的当时，鱼类和鸡便成为当时天皇和贵族补充蛋白质和脂肪的主要来源。另外，在一些记录里也能看到天皇和贵族会饮用称为酥和酪的乳制品，它们同样是摄取蛋白质和脂肪的来源。但是这些与牛相关的乳制品最终没有成为御用食品。

话说回来，天皇进膳的时候，一般都有多名女官来陪食和侍候，还有专人先试吃试毒，以保安全。除了鱼类之外，还有数十碟小菜。天皇食用鲷鱼时，当然不会自己挑鱼刺，而是由侍候左右的女官处理。她们会用训练有素的技巧在不破坏鱼的形态下将刺全数拔出。

当然，天皇是吃不完这数十碟御膳的，所以剩下来的都会留给陪食的“御末”，甚至天皇用过的餐具也会送给她们，当作赏赐。

### (3) 天皇的晚餐

我们现代人一般是一天三餐，古代天皇一天进食两餐至三餐不等。晚餐在傍晚5点左右开始。换言之，早上11点至傍晚5点，是天皇处理政务、学习的时间。晚餐菜色没有指定品种，唯独不可缺少日本酒。从历史资料里可以看到，不少天皇都是爱酒之人，明治天皇便是其中一位，甚至可以说是酒不离手。

明治维新后，伴随着西化运动，天皇的饮食自此由“和式”转为“西式”，直至现在。所用的餐具、餐桌也改用西式。明治天皇时的早餐一般是拿铁配上面包，午膳和晚餐则主行法式风格。至于酒类，香槟和红酒成为这位天皇的“新宠”。不过，自小嗜酒如命的他，身体日渐受到影响，在身边的侍医力劝下，才减至每日一杯左右。国务繁重时，他会多喝几杯来减压。

说了这么多，那么天皇一顿御膳平均究竟要花多少钱呢？很遗憾的是，关于这方面没有系统性的记载。但以江户时代的天皇膳食费为例，食材大多由朝廷负责分配，唯独天皇食用的白米是由幕府专职提供的，而且都是最上等的白米，每年约供给4000千克。

供应天皇的食物一般是从皇家庄园上贡的食材。这些庄园大多位于京畿附近，主要集中在今天的兵库县和京都府一带。上述的前菜御饼，到了战国时代以后，便由京都北山的和果子商人川端道喜提供，也就是所谓的御用商人。

这些负责提供天皇食材的京都御用商人到明治维新时，有29家或30家。明治维新后，由于天皇迁居东京，这些商人大部分都失去了御用商人的资格。现时在京都，如果有老店自称“宫内厅御用达”“皇室御用达”，说明它在过去是为天皇提供食材的，但现在已经与宫内厅和天皇毫无关系了。

## 6. 古代天皇的经济收入来自哪里?

### (1)王之财产

天皇的财产、收入来源，与天皇的权力有着密不可分的关系。在大和朝廷时代，大王以诸豪族长的盟主兼最强豪族的身份实行统治。据目前的研究显示，那时候的大王（其他豪族也类似）拥有直辖地，称为“屯仓”“御厨”等。另外，大王当然有直属的“部曲民”，当中有称为“名代”“子代”的民众。他们负责提供劳动力，还要纳贡。这些土地和民众的劳作便是大王们的基本收入来源。

到了公元7世纪，大王改称为天皇，效仿唐朝而引入的律令制度随之实行，皇家领地也进入制度化管理的时代。那时候的“御领”主要由宫内省下的“大炊寮”和“内膳司”管理。宫内省便是天皇的家政机关，辗转延续至今。

当时与唐制度一起引入的还有儒家思想，著名的句子“普天之下，莫非王土，率土之滨，莫非王臣”，也是天皇坚信的观念。因此，国家的山泽资源、田贡租税等纳贡品，当然皆为天皇财产。那时候的国家税收则由中务省的“内藏寮”和“缝殿寮”两个部署负责征收。

后来，律令制度行之失效，9世纪的平安时代前期改行庄园制，国内土地的租税转变为由贵族为领主的庄园贡税。简单地说，庄园制便是将国家土地分割，交到贵族、寺社手上管理，而庄园领主则有责任缴纳朝廷指定的租税额，来维持朝廷运作。

在这些庄园领主中，最高位的便是天皇和天皇家的家长——院，即太上天皇（简称为“上皇”）。不过，为免被世人非议一国之君敛财自肥，有失君德，天皇和上皇习惯将这些庄园中的大部分转为皇室寺院名义下的庄园，作为供神礼佛的贡地，由上皇来管理，因此这些庄园在当时一般被称为“院领”。上皇也会把遗产分给自己的妻妾或女儿代管，期待她们日后将遗产还给上皇属意、但又未成人的后继人。这些暂时转给妃子、公主管理的领地，被称为“女院领”。当然，天皇、上皇的收入不只有田产。在庄园盛行的时代，古来的国家祭祀活动继续执行，相关的祭祀供品和费用当然从官、私两种庄园里征收。而负责为皇室庄园调配物资的“供御人”，受惠于为天皇办差之便，慢慢形成了后来称为“座”的特权商人，为天皇和上皇提供生活所需、享乐物资。

到了13世纪，镰仓幕府和室町幕府相继成立，武士强抢贵族庄园的问题十分猖獗，但两个幕府的将军均以“勤王”作为大义名分，积极地保护皇室庄园的安全。但结果，国家的租税征收权便落入幕府手上，皇家的经济能力大幅下降，显然不足以独自负担执行国家事务和祭祀所需的资金。在室町时代，天皇要进行即位、祭祀的仪式时，基本上都要靠幕府全资支付。

### （2）贫困的天皇

正所谓“唇亡齿寒”，天皇与朝廷全面依靠室町幕府来支持，幕府的稳定显得尤其重要。但当幕府经历了1467年的“应仁之乱”，元气大伤，对天皇与朝廷的支持便显得有心无力了。当时天皇的即位典礼、葬礼，都因缺钱而无法如期进行，以至于后奈良天皇与后柏原天皇两代，无法按祖制让位给新皇，郁闷地死在皇座之上。

为求活路，战国时代的天皇曾一度依靠各地新崛起的战国大名索求官职的献金来维持生计。虽然天皇对形同卖官鬻爵的行为多次表示不情愿，但幕府默许，朝廷又需要经费维持国务运作，加上换来的政治献金实在可观，使得这样的行为持续了 40 年左右。

织田信长掌握京都后，代替室町幕府管治，京畿一带局势回稳，皇室财政终于回春。在丰臣政权时代，正亲町天皇（后柏原天皇之子）终于获得资助，重启让位大典，续行祖制。而且，丰臣政权继承织田政权保护皇室权威的方针，使各种皇室领地和贵族领地得以回归。到了德川幕府时代，大部分仪式和费用继续获得资助，皇室与贵族迎来了最安定的时期。

德川幕府沿袭织丰时代以来的做法，出资修护天皇皇宫和太上天皇居住的仙洞御所。皇室与朝廷贵族获幕府保证的领地亦超越了织田、丰臣时代，约为 12 万石，相当于当时一个中级藩的领地。

## 7. 现代天皇的经济收入来自哪里？

### （1）天皇的零用钱

第二次世界大战后，新的国家宪法正式实施，昭和天皇与皇室的身份定位都大大改变，由万民崇拜的“现御神”变为守护和平的国家象征。也因为是国家的象征，日本政府在获得美国默许的情况下，仍然让天皇与皇室出席官方活动。为此，他们的活动经费自然成为国家开支之一，并按照《皇室经济法》管理。这笔经费就是“皇室费”，也就是天皇家族的零花钱和生活费。

具体而言，“皇室费”还可以分为“宫廷费”“内廷费”和“皇族费”三大种类。“宫廷费”是天皇与皇室参加官方活动时的费用，如国宴和地方访问等。“内廷费”与“皇族费”名义上属于私人用途，如支付负责天皇饮食的厨师工资、私人性质旅行等。总之，“内廷费”是天皇家族，即天皇、皇后、皇子、公主的生活开支，但是按照每个成员来设预算，而不是以家族为单位。至于“皇族费”则是核心家族以外，仍然有皇族身份的天皇亲族，如弟妹、叔叔的私人费用，也是按人头计算的。

另外，除了天皇与皇室直接使用的“皇室费”外，其实还有两项相关的支出，一个是“皇家执事”宫内厅的各种支出，即“宫内厅费”；另一个则是“皇宫警察本部费”。“皇宫警察本部”的支出，是专门负责保护天皇与皇室的警视厅特别分局，在天皇出巡等场合中，负责保安的费用。

“皇室费”主要来自国家税收，而且由宫内厅全权负责和管理。虽然宫内厅会向日本国民，即国家纳税人公开“皇室费”的金额和用途，但国民无法过问是否合理。另外，天皇与皇室成员也不用缴税，不用支付各种国民保险。天皇与皇室变相拥有特权，只接受供养，而不用负担。这也是为什么战后到现在，有部分团体质疑天皇与皇室的生活费是公器私用，所以他们仍是“特权阶级”。

那么，天皇的“皇室费”是多少钱呢？宫廷费的预算是按照每年的日本政府收入，和上一年对下一年安排的活动计划来决定的。据宫内厅的数字，2018 年度宫廷费为 91 亿 7145 万日元，皇族费是 3050 万日元，内廷费则是 3 亿 2400 万日元。三种“皇室费”的金额每年都在增加，例如，与 2003 年相比，增加了近 30 亿日元。除了物价指数和不定期的临时支出增加外，天皇与皇室的活动比从前更频繁，在公众场合的曝光率越来越高，这意味着天皇与皇室比以前更积极地参与公益活动、国家活动。

### （2）天皇的财产

与“皇室费”一样，天皇家族的财产也分为公、私两个部分。“公的财产”是指天皇向国家借用，由宫内厅管理的财产。例如，不少读者都参观过的京都御所和东京皇居，还有分布全国各处的别墅，提供皇室食材的牧场、农场。

对！大家没有看错，不仅是用作观光的京都御所，天皇家族居住的东京皇居其实也是借来的“公的财产”，而不是天皇的私产。简单来说，这些住宅、建筑物都是体现天皇是国家象征的必需“道具”，由国家出面提供和借出是理所当然的。

既然如此，那天皇有没有私产呢？当然有！例如，上述的“内廷费”用剩的金额会全数留作天皇和皇室的积蓄。这些历年剩下来的积蓄有一大部分会存入银行，或者用于购买股票和债券。以2019年退位的平成天皇为例，他的私产还包括父亲昭和天皇过世后留下来的时值约20亿日元的遗产（不过，那时候还扣除了5000万日元作为遗产税，后来以天皇名义开设了基金），以及他当年还是皇太子时的东宫预算剩余金。这些私产的财务情况也不会向公众公开，只有宫内厅所属的内廷会计主管才会知道。

不过，这里其实存在一个矛盾地带。那就是新宪法的第88条，明确规定天皇与皇室均不得拥有私产，即“所有皇室财产均属国家资产”。这个规定是要反省二战时，天皇与皇室在《帝国宪法》的保护下，坐拥巨额资金和全国各地的山泽资源，并在军、政两方面握有影响力，左右政府决策。

但是，宪法颁布之后没有人过问这条是否确实执行，结果到了昭和天皇驾崩后，才引起了社会关注。当时的日本政府以“资产不过度膨胀，而且不会集中于某一个皇室成员身上”为条件，默许了天皇与皇室拥有私人资产。

绿灯一开，天皇与皇室只要小心行事，便可以在一定限制下运用私产。当天皇想进行投资时，宫内厅还会为天皇招聘顾问。这些顾问虽然不用公开姓名，但据曾经意外曝光的资料来说，一般都是国家银行或大型银行的前行长或总监。既然有投资，天皇的私有财产当然会随着收益有增有减了。当然，这些皇室私事均不会向国民公布。

# 第九章　天皇的形象

## 1. 为什么古代绘画中的天皇面容都被遮掩了?

### (1) 被打"马赛克"的古代天皇

想知道天皇的样貌、真面目，现在已不是什么难事了，打开电视或利用网络搜寻他们的图片便可。随着时代发展，尤其昭和天皇在二战后，向国民宣布《人间宣言》，天皇及皇室渐渐放低身段，天皇的形象不再像战前那样遥不可及、不可直视，反而越来越受到国民和国内外媒体关注。另一方面，随着政府解禁，媒体信息爆炸，天皇的影像、照片都公开了，不再像战前那样，会因不当或肆意使用天皇影像的问题犯下"不敬罪"。

请各位想象一下：古代人（奈良、平安时代）会如何在艺术作品中描绘天皇的样貌呢?

大家是否知道，那么被尊崇、敬畏的天皇，在古代绘画作品之中曾经是以十分特别的方式出现的——他们总是"犹抱琵琶半遮面"。

对！就是在这些肖像画以外的绘画作品，如绘卷画、屏风画等，天皇虽然是主角或主角之一，但最应特写的部位——脸，却被刻意遮蔽。他们不是被轿帘遮住，就是脸刚好被其他物品挡住，又或者刻意背对着画师。总之，画师似乎有意故弄玄虚，为天皇制造神秘感，吸引看画者的注意。

这个现象持续了数百年之久，仿佛是规矩、惯例。可是作为一国之君，天皇当然是画作中的主角，绝不可能是配角，甚至按常识来说，哪怕是带点夸张、美化，其容貌体态也应该获得特写才对，所以这种刻意的遮掩究竟是怎么回事？

### （2）“犹抱琵琶半遮面”

各位读者可能会猜想，很可能是因为画师出身太低，根本没办法亲见天皇，所以才想到这种无奈的方法来敷衍了事。然而，既然当时的一般百姓都不知道各代天皇的样貌，更没有机会经常见到天皇。而且即使百姓对天皇评头论足，也不会传到禁宫里的天皇耳中，更何况这些画作也不会公之于众。那么，就算画师将天皇画上大众脸，或者凭想象去画，也不会有大问题才对。历来有艺术史家研究分析背后的原因和这种表现方式的含义。简单来说，有两大因素。

第一，这种刻意不绘画君主长相的方式，在中国（特别是唐代）和古代朝鲜的大型绘画作品中也看得到。而且不只君主，王族或高贵出身的人也是如此。由此可以推断，古代日本很可能受到唐朝文化的影响，在作品中刻意回避天皇的脸部。

这么做是为了表示对天皇的敬畏。在画中露脸的贵族、神职人员、僧侣的衬托之下，被刻意遮脸的天皇显得与众不同，更能提高其权威。

另外，古代日本贵族社会相信，如果画作中的容貌与本人太相似，当有不满的人对画作涂鸦或指骂画中的主角，会成为一种诅咒，最终很可能祸及本人。因此，到了平安时代以后，不只天皇，就连贵族也不喜欢在对外公开的绘画中被画得太像。

第二，奈良时代早期的神道相关作品，如一些神社的缘起画卷，画师描绘天照大神或其他本地神祇时，同样刻意遮挡神明的长相。因为在日本神话故事里，对神祇的样子没有统一的描述，神道也主张神祇是无相无形的，人们只能通过种种不可解释的现象去感觉、察知其存在和意志，而不能目视他们。因此，画师即使不得不在宗教画作中描绘神祇，但也的确不知道应该怎么画。于是，陷入两难的画师，便刻意遮住神祇的容貌。

久而久之，这种处理手法也扩及描绘天皇的作品，一直到幕末时代才完全解禁。而天皇是否一直没有自己的自画像呢？也不是，自10世纪初的白河天皇和鸟羽天皇父子以后，历代天皇开始找人绘画自己的肖像画，但仅作私用。在父皇去世后，其子女也会命画师画肖像，供凭吊之用。另外，现时负责皇宫事务的宫内厅也保存了中世纪以后天皇的肖像画，称为“御影”，但基本上是千篇一律的大众脸，很难想象是在天皇本人面前画的，恐怕只是为了纪念天皇们而凭想象绘制的作品而已。

而明治维新后，天皇的相貌成为近代日本的象征之一，政府对于天皇在绘画、照片中的长相尤其重视，力求突显其君威和神圣，与古代的观念当然无法相提并论。

## 2. 为什么天照大神时为男身，时为女身？

### （1）天照大神的性别

相信有不少读者去过日本三重县伊势市的伊势神宫，也知道那里供奉的是传说中的创造天地之神——天照大神。

天照大神在后来又被尊称为“天照皇大神”，如前文所言，它是开创天地的至尊，地位凌驾于其他神祇之上，同时也是天皇家的祖先神。因此，伴随着神道的发展，天照大神的故事越来越普及，成为备受知识分子以及百姓敬仰的“皇祖神”。就连外国人也耳闻过他的存在和故事。

不过，由于日本的神道不像外国宗教一样设置雕像，供人膜拜，而是主张神祇无相无形。因此，神道里的“八百万神祇”究竟长什么样子，一直都只能靠文字资料的描述来想象。也因为这个原因，各神祇在历代不同的美术作品里，样子都不太一样。

即使是尊贵的天照大神，在各种画作里的样子也是千差万别。其中一个值得关注的问题，就是天照大神的性别。说到神祇的性别，放眼世界各大宗教，有明显的男性神、女性神，也有性别难断、不分性别的神祇。那么，天照大神究竟是哪一种呢？

其实，在古今诸多关于天照大神的美术作品，如绘画、雕像之中，天照大神既曾被塑造成童子，也曾以威风凛凛的男神形象示人。另外，有一些神道家主张天照大神是两性兼备的神。到了明治时代以后，天照大神被描绘成女神形象登场的作品越来越多，“天照大神等于女神”的说法也逐渐成形。

### （2）女神天照大神与近代日本

天照大神化为男神形象的原因，与伊势神宫的发展有很大关系。现在看来，伊势神宫是香火鼎盛的宗教圣地，但其实这个盛况是到了江户时代才出现的。在当时重男轻女的社会风气下，男性神的形象慢慢为人接受。直到幕末为止，天照大神以男性神形象为本的画作陆续出现，与仍属主流的女神形象一起流传。

那么，天照大神被定型为女神的原因又是什么呢？前面曾提到古代一般认可天照大神是女神，同时兼具男神的形象，而到了明治维新后尊崇神道，至二战为止，有意图地通过政策与法律贬抑女性的地位。既然如此，不是应该将天照大神描绘成男神，才更显得“政治正确”吗？

天照大神定型为女神的最盛时期，是二战时的昭和时代，当时日本政府为了强化国家对外扩张、侵略的正义，除了大力鼓吹出现在古代神话里的“神功皇后征韩传说”外，也借用《日本书纪》等的记载，将天照大神化为女神，与神功皇后的故事有所联系。而且那时代的“女”天照大神，并不是以温柔、高贵的典型女神形象示人，而是男性打扮，又手执武器，以威风凛凛的女战神样貌出现于各种教科书、绘画作品中，完美地将神话女神与军国主义融合在一起。

### （3）天照大神与天皇

以上可见，天照大神受到日本上下的敬仰，其过程其实相当曲折。在古代的神祇信仰里，天照大神并不是世俗之神，不太理会它“创造”的神国日本，也不像其他神祇会为百姓求福请益。在古代神话故事里，它甚至会突然出现，以各种方式加害国家与天皇，要求对方崇拜和祭祀。

前文已经提到，天照大神原本是天皇家的祖先神，而不是所有日本人的祖先神。祭祀也只限于天皇与王族，与其他阶层无关。

因此，长期以来，天照大神在天皇以外的日本人心目中，是一个极不明晰的存在。平安时代著名的贵族日记《更级日记》里，主人公便问：“天照大神究竟是活在哪里的神佛？”由此可见，天照大神的信仰本来便具有强烈的封闭性。

这个现象是到了什么时候才得以改变呢？早在镰仓时代开始，随着天皇家衰落，祭祀天照大神的伊势神宫逐渐式微，其势力和收入也受到了影响，不得不广开财源。而且因长期缺乏宣传，那时候的伊势神宫较少有人前往参拜，收入来源更显不足。

于是，为了图存，伊势神宫在室町时代中期开始派称为“御师”的神官到各地宣传，劝人捐献。为了加强宣传，原本不外传的天照大神的故事也成为宣传工具。而且，为了让更多人知道天照大神的伟大，神宫也决定接受天皇以外的各阶层参拜和供奉。也因为这个原因，天照大神由“任性”“自我”的恐怖之神，变成了与其他低一等的神祇一样，是为民请命、倾听百姓祈愿的入世之神。这个转化使得江户时代的神道思想得以广传，成为影响近世日本国家思想成型的基础。

## 3. 从江户时代的天皇肖像画能看到怎样的天皇观?

### (1) 过度平淡的肖像画

放眼古今中外，上至神祇、帝皇，下至著名人物，肖像画都是我们揣想其外貌的参考依据。然而，日本的天皇肖像画却不尽如此。

自古代至中世纪为止，在历任天皇的肖像画中，能说有个人特色的作品，屈指可数。例如，改变天皇与日本史的天武天皇、桓武天皇、后醍醐天皇等，其肖像画渗透了同时代的中国画风。但大部分的天皇画作可谓千篇一律，都是差不多的表情，差不多的装扮。

与欧洲、中国不同，天皇的画作并没有随时代进步而越来越写实，一直要到明治维新改走西洋风格后，才有了根本性的改变。这是为什么呢?

先说明，除了传说中的天皇和古代的大王外，大部分天皇都有肖像画，称为“御影”。现存最早的肖像画是10世纪的鸟羽天皇。

而画师的身份也没有硬性指定，以江户时代的天皇肖像为例，画者有专业的画师，也有皇族出身善于绘画的贵族，也有出身已不可考的画师。

纵然画师不尽相同，也不是来自同一画派，但是江户时代的天皇肖像画却没有明显的分别，也没有象征皇权、威严的神器在其中，只是一幅幅千篇一律的肖像画。与中国、欧洲的君主相比，极为内敛。

另外，各代天皇肖像画完成后，并不是所有画作集中统一管理。在江户时代以前，大多数画作会在天皇驾崩后，安放在相关寺院中；江户时代以后，大多数画作则统一存放于京都泉涌寺，有些则放在旧时的宫内厅仓库里。泉涌寺自镰仓时代开始，是多位天皇、太上天皇、皇子们死后安放灵位的皇家寺院，自然是存放画作的理想地点。接下来，我们便以泉涌寺的画作为例，谈谈天皇肖像画如何反映当时人们对天皇的理解和认知。

### （2）天皇肖像画的共同点

天皇的权威与权力时有起伏，到了太平安定的江户时代，天皇在政治上的威信低落，时人对其印象也越来越僵化，这些固定印象反映在肖像画里。

第一，没有女天皇的肖像画。江户时代曾出现两任女天皇——明正天皇与后樱町天皇。如今并没看到她们的肖像画，这肯定不是因为灾难而遗失，而是一开始便没有。

为什么“歧视”她们二人呢？那是因为她们的即位是政治考虑下的安排，完全出于偶然，一些皇家、天皇执行的祭祀仪式，按规定还是必须由男性天皇执行。另外，女性生理期也是“元凶”之一。

在古代日本，月经被视为污秽不堪的象征之一，即使天皇也无法阻止这个生理现象。“不完美”的身体限制了她们作为天皇的“完整性”，朝廷和幕府也没有将她们当作“完整”的天皇来看待。她们继位之后，没有真正执政，履行天皇之责，而是由当时的关白摄理朝廷事务。

第二，因为历代天皇肖像画中没有女帝的先例，创作自是困难，而且，男性画师无法直接观察女天皇，所以解决方式就是干脆不画。

而男性天皇的肖像画有什么共同点呢？最明显的是——不留胡子。中世纪至战国时代为止的天皇肖像画，还看得到部分天皇蓄须，但江户时代肖像画里的天皇是一律没有胡子的。虽然没有规定天皇必须留胡子，而且外国也有不蓄须的君主，但在大多数文明中，胡须是最明显的男性特征，是强调威严、权力的标志。所以江户时代的天皇不留胡子，是较罕见的现象。

江户时代，不只是天皇，德川幕府将军的肖像画，除了头三代将军家康、秀忠和家光外，以后的将军均没有留胡须。这又是为什么？

简单而言，江户时代初期，大约是 17 世纪 60 年代，时值四代将军德川家纲当政，幕府频频下令禁止各阶层的男性留胡子，这是因为当时幕府认为胡须代表蛮勇、粗鲁，想通过禁止蓄须，改变社会的暴戾风气。

结果，天皇与将军都受到这个规范的影响，起码在肖像画里贯彻了这个宗旨。一直到明治天皇，才重新留起胡须。

以上可见，江户时代的天皇肖像画虽然没有中国、欧洲帝王那些强调权威的表现手法，也没有用名贵艳丽的颜料来突显其气势，但作品活生生地反映了当时的天皇观，也让我们有机会了解当时的社会风尚与意识表象。

## 4. 明治天皇的肖像画和照片有什么秘密?

### (1)不爱拍照的明治天皇

本书上部谈到明治天皇在天皇史上的创举,他是数百年来第一位看到大海的天皇,是第一位与外国人见面聚餐的天皇。除此之外,他还是第一位拍照、成为西洋画主角的天皇。

我们现在能轻易地通过历史书籍和网络,看到这位传奇天皇的真面目。与从前的天皇肖像画相比,明治天皇在照片和油画中显得更加写实。不过,这些传神作品的背后其实存在两个秘密。

第一个秘密是,天皇其实不喜欢拍照,对肖像画也没有太多兴趣,这明确记录在官方记事里。除了天皇的个人喜恶外,那时日本人仍然觉得天皇是神,不应该也不需要留下真容;坊间也谣传西洋人的机器有问题,拍照的闪光灯会摄走人的灵魂云云。

无论如何,明治天皇在维新成功后的确进行了两次拍照。第一次是在 1872 年,照片里的年轻天皇穿着传统和式礼服。这张照片被用于宣传,证明天皇的确领导着新政府,带领国家走向新时代。第二次在 1873 年,是为了配合政府向全国颁布征兵令,强调天皇是国家军队的最高统帅和指挥。这次天皇穿上了西式军服,配有西式佩剑,坐在西式椅子上,旁边茶几上放了法式元帅使用的军帽,表现出天皇带头走向西化的决心,所以打扮也与西方君主看齐。与前一年的和式照片比较,第二次拍摄的用心和想表达的信息,明显比较多。

虽然如此,但天皇拍照不是公开的活动。当时政府并没有向外公布拍摄目的，一般相信是受到前一年在美国完成考察回国的岩仓具视的影响。明治政府也没有公布拍摄这两张照片的确切日期，更没有实时公开和发放。

至于负责这两次拍摄的摄影师是谁，倒是留下了记录，都是内田九一。他出身于长崎，在维新以前已是具有名气的摄影师，更曾拍摄幕府军队。他为天皇拍摄照片时，已经在浅草开设了摄影馆。他获政府任命为天皇的摄影师，还为英照皇太后和昭宪皇后拍摄照片，堪称初代皇家御用摄影师。

天皇照片的首要用途不是在国内发放，而是作为礼物送给当时的驻日外国大使。换句话说，是为了让外国对天皇留下印象。说得更直接一点，这是明治政府为天皇而设的宣传广告计划。

### （2）半复制半想象的二次创作——御真影

前文提到天皇不喜欢拍摄，也不喜欢画肖像，但我们现在看到的各式各样、不同时期的明治天皇油画和照片，又是怎么一回事呢？难道天皇“口嫌体正直”吗？这就是接下来的第二个秘密了。

除了上述两次拍照由天皇亲自出席，此后完成的照片和画作，他一次也没有参与。也就是说，后来完成的画作都不是在天皇面前绘制的，是政府雇用画师，根据之前拍摄的照片，尤其以1873年的西服照片为基础，配合画师的想象绘制而成，这些肖像画在当时被称为“御真影”。

1873年以后，所有“御真影”都是半复制半想象的二次创作。其实只要我们细心一看，就会发现这些作品里的天皇大多是同一个角度、同一个表情，只是容貌、样态随着时代变化而有所调整。

还有一点值得我们留意，自1873年后，明治政府一律禁止民间复制天皇、皇后和皇太后的照片和画作，更曾有摄影师因此被罚款。这是因为政府担心民间会出现滥用、污蔑天皇肖像等犯上的不敬行为，加上明治天皇的样子在当时还没有为大众熟识，政府为了确保不会被误传，于是对此进行严格的管理。

官方制作的“御真影”，当时只可以在宫中、驻外国使馆内张贴，直到19世纪90年代，随着《帝国宪法》推行，才大量向民间宣传。而民众要一睹天皇的风采，除了等待天皇到各地出巡（行幸），远距离瞻仰，便只能等待政府发布官方的复制肖像了。

基于同一道理，我们也就能明白为什么明治时代以及日本后来的货币，不会像外国那样铸印国王、女王的头像或照片，因为这对日本人来说是有辱神圣天皇的行为。一旦铸印天皇的头像或照片到货币上，涂鸦等不敬行为就越来越难杜绝和追查了。不只是明治天皇时期如此，之后的大正天皇、平成天皇，同样贯彻这个方针。

明治政府突然为天皇拍照，是为了进行“天皇外交”，向全世界介绍他们新国家的青年君主。随着时代发展，日本政府进一步强化对天皇和皇室的“神化”工作，使天皇“御真影”的用途日益广泛。直到二战战败，实行新宪法，昭和天皇宣布《人间宣言》为止，天皇的“御真影”都是政府用来维系、团结民心的政教工具。

## 5. 古代天皇怎样让人感知他们的存在？

### （1）天皇刷存在感的机会——鸣物禁止令

江户时代的天皇除了最初期的后水尾天皇，曾到二条城与第三代将军德川家光会面和游玩外，其他天皇都不会离开皇宫和京都。换句话说，那时候的天皇基本上不怎么跟外界接触。那么，江户时代的日本人，如何感知天皇的存在呢？这有赖一个重要的时机。

江户时代存在一个制度，即鸣物禁止令。所谓“鸣物”就是指奏乐、歌唱、舞蹈等发出的吵闹声响，甚至包括土木工程建设发出的声音。这个禁止一切活动声响的命令，每逢德川将军和天皇、上皇去世时便生效，而且范围广达全国，有效期大约为30—50日。

具体来说，一旦天皇、上皇和将军去世，在京都的鸣物禁止令大约维持50日；而在江户，天皇的鸣物禁止令一般只维持5日，而将军去世的话却是50日。可以说，江户时代的德川将军在当时京都人的心目中几乎与天皇、上皇同等，而江户人对天皇的敬意只属一般，甚至低于将军。

但是，到幕末时代却出现了例外的情况。当时，支持与幕府合作的孝明天皇患急病去世后，幕府为了维系人心，彰显幕府也是尊王的立场，宣布江户进行长达100天的鸣物禁止令，算是历来最长的一次，甚至比历代将军去世执行的时间都更长。

总的来说，除了幕末的孝明天皇外，鸣物禁止令是天皇在江户时代“刷存在感”的最重要时刻，但主要还是针对京都与江户两地，其他地方则不太受影响。

### （2）天皇唯一紧握的大权——更改年号

严格来说，天皇没有那么可怜，不是只能等到去世，民众才知道他们的存在。除那之外，还有一个历史更悠久的、同样间接的方式，能让国民感知到天皇的存在，那就是更改年号。

自公元701年大宝律令颁布，制定第一个年号“大宝”以来，天皇便握有了决定、更改年号的权力。

对于现代人来说，年号的意义已经十分模糊，其重要性也较难理解。对东方社会来说，在西方历法没有引入前，皇家制定的年号代表着一个时代，也就是时间的解释权和控制权。民间的交易、记事等，凡牵涉时间，都需要明记年号和干支来识别。因此，天皇一旦更改年号，对全体日本人来说都是牵一发而动全身的事。

自幕府登场后，天皇制定、更改年号时，多少受到将军或战国时代的天下人织田信长和丰臣秀吉的影响。很多年号都是天皇和朝廷在外界强烈要求下，才随之更改。即便如此，所有权力者都坚信更改年号的人只能是天皇，而不是他们自己。这是为什么呢？

第一，自大宝律令以来，天皇便一直握有控制“时间”的大权，这个历史的传统成为一种意识和信仰，这一点即便是幕府将军都难以轻易否定，更不用说普通民众了。第二，所有武士政权都以侍奉天皇、代理国政作为执政的大义名分，换言之，天皇的权威若不能得到彰显，将军存在的正当性也将受到打击。

因此，每代权力者都需要天皇保持一定的存在感，而年号控制权是能维持传统信仰以及当权者威信的象征。

### （3）扭转局面的“天明大饥馑”

在江户幕府的严格控制下，天皇“刷存在感”的机会屈指可数，只要幕府保持强势，这个局面便不易被打破。可是，时局变化无常，长久的强势统治本来就是不可能的事。扭转局面的契机终于在江户幕府成立 180 多年后出现了。

1787 年，史称“天明大饥馑”的天灾爆发，农作物歉收，各大城市的米价暴涨，责任重大的幕府却束手无策，以至于各地出现“米暴动”。饥饿的灾民袭击米商的仓库，大肆抢掠，就连天皇所在的京都也不能幸免。而京都市民首先找的是幕府派驻当地的京都町奉行（即京都市役所），但他们同样无法解决问题。

在这个时候，同样受米价高涨影响的朝廷与天皇当然没办法当英雄，但当走投无路的京都民众转向神明求助，希望奇迹发生时，便把久居深宫的天皇也当作神明膜拜，希望这个天照大神的子孙能拯救他们。

当时在位的，是出身天皇家族旁系、几经波折才继位的光格天皇。也因为这些经历，这位天皇决定不再沉默。他眼见京民之苦，终于忍不住想要做点回应，于是打破常规，派出朝廷使者要求幕府设法救民。

这个看似简单的呼吁却引起了巨大的政治动荡。天皇打破沉默，指示救灾不力的幕府加把劲，后来大致平息民怨后，京都民众记住的是天皇解救了他们，这使得以京都为中心的民众对于天皇极有好感，也刺激了当时有尊王之志的人。

“天明大饥馑”结束约半个世纪后，以“尊王攘夷”为口号，质疑幕府统治的呼声便在以京都为首的西日本日渐高涨。

## 6. 近代的“大元帅陛下”是如何形成的？

### （1）近代天皇的统帅权

1889年制定的《大日本帝国宪法》（简称《帝国宪法》），明确规定近代天皇拥有三大权限，即国务权、统帅权、授勋权。

我们先来说说统帅权。日本在二战时侵略东亚诸国，战败后被盟军主持的远东国际军事法庭判定为战争罪行，身为一国之君的昭和天皇虽然通过与美国谈判，得以免责脱身，但战时天皇握有的统帅权一直成为史家、政治家讨论的课题。

所谓的统帅权就是按照《帝国宪法》第11条，有关“天皇统帅（帝国的）陆、海军”一节，言明：“天皇是帝国最高军阶的军人——大元帅，拥有指挥、统率军队的权限。”自《帝国宪法》颁布后，明治天皇、大正天皇和战前的昭和天皇都被称为“大元帅陛下”，其统帅权具体分为三类：

第一，大元帅的发令称为“奉敕命令”，又称为“大本营命令”，进一步细分为对陆军下达的“大陆命”和对海军下达的“大海令”。不过，“大本营命令”虽然是以天皇的名义下达的，但原则上均需由海、陆两军的总长奏请，然后由天皇许可。换言之，天皇在“大本营命令”上，实际上只有许可权和最终发出权，没有提案权。

第二，天皇参考陆军参谋本部和海军军令部的意见后，对国家军队下达战略作战方针。最著名的例子是，昭和天皇在二战期间曾多次对已制定的作战方针发表意见，最终使海、陆军修正计划。

第三，鼓励士气，也就是让军队士兵感觉到天皇是军队最高统帅。阅兵、授旗和师团长任命等军务仪式，都是具体的方式。

### （2）天皇与《军人敕谕》

《帝国宪法》明确规定了天皇统帅权与“大元帅陛下”的具体职务，那么，天皇统帅权的源流为何？

先回想古代天皇与军事的关系，除了极少数传说中的天皇曾率领军队亲征，大多数天皇是不参与军事行动的，只会授予出征的将领象征天皇的节刀。到了中世纪则会颁授军旗，而到了幕末的鸟羽伏见战争时，萨摩藩曾伪造天皇御旗，一直到大政奉还后，才制作官方的天皇御旗。

军旗之外，天皇与近代军队的关系，到了维新政变成功后才逐渐成形。早在《帝国宪法》制定前，两者的关系便有雏形，就是1882年明治天皇向帝国军队下达的《军人敕谕》。

《军人敕谕》的制定与当时国家军队屡屡不稳有关。明治维新以来，日本各地出现了几次军人叛乱，1878年更爆发由守卫天皇的近卫炮兵团发起的“竹桥事件”。兵乱平息后，政府有鉴于军纪不良，于是以当时陆军大臣山县有朋的名义，率先向全体陆军发出了《军人训诫》，告谕天皇的绝对性和神圣性，要求军人严守军纪，禁止干政。

到了1882年，改为以天皇的名义向海、陆两军下达《军人敕谕》，这是山县有朋统筹、当代思想家西周起草的。《军人敕谕》与前述的《军人训诫》原则相近，开头便强调：“我国军队世代皆由天皇统率。”强调天皇对军队拥有绝对统帅权。

另外，《军人敕谕》强调五个军人操守和道德教条，即以忠为本、重视礼仪、崇尚武勇、重视信义和重视质素；又鼓励士兵无条件地服从上级指挥，确实执行命令，必要时慷慨就义、牺牲生命等。

### （3）无力的“大元帅陛下”

《帝国宪法》颁布后，军部与政府为了强化军队对天皇的忠心，陆续要求士兵背诵《军人敕谕》，视它为最重要的教条。在这种军人教育之下，表面上看似解决了军纪问题，但结果恰恰相反。问题的根源在于，《军人敕谕》和《帝国宪法》虽然强调天皇对军队有绝对统帅权，独立于行政之外，再由陆军参谋本部和海军军令部共同辅助。但是，对于天皇如何具体确保统帅权上行下效，又如何平衡军、政两方的利益，却十分暧昧。这些问题在二战以前，完全由天皇和维新时代的元老们努力协调。

可是，甲午战争、日俄战争后，军部对政府的干涉越来越明显。与此同时，努力协助天皇维持军政平衡的元老们在 20 世纪 20 年代陆续死去，“大元帅陛下”天皇便担起重责。结果证明天皇对军政只有名义上的指挥权，无力阻止军部尾大不掉。

虽然，功勋元老死去前后，天皇之下已经增设数名侍从武官长和侍从武官担任天皇的军事顾问，在海、陆两军间传达天皇指令，并向天皇呈交陆军参谋本部和海军军令部的请示案。然而，想单靠少数侍从武官长和侍从武官来统治海、陆两军，完全是不可能的（到了二战才增加到 43 人左右）。二战期间，天皇平常不会一直参与军事会议，身边又只有日常跟随的武官长和武官各一名，要及时获知战况和进行决断是十分困难的。

战败后，日本政府主张保住天皇，立即向盟军总部强调“天皇无责”，主张身为“大元帅陛下”的天皇根本无力只身制衡军队。但战后力主天皇有罪的澳大利亚等国，还有日本史学界及反战团体，列出诸多证据反驳这一说法。

## 7. 菊花、樱花与天皇各有什么关系？

### （1）樱花与菊纹的迷思

不知道读者想到日本的花时，会先想到菊花还是樱花呢？对于经常到日本赏樱的读者来说，必然十分熟悉樱花，甚至有不少外国游客以为樱花是日本的国花。纵然樱花俘获了国内外游人的心，事实上，日本法律并没有明文规定国花，樱花只能说是日本最具代表性的花种而已。

日本皇室使用菊纹（另外还有五七桐），这个纹章也用在日本国民的护照上，宛如日本人的标志。菊花是象征天皇的花纹，而依现行日本宪法，天皇是日本与日本国民的象征。然而宪法又标榜天皇与国政分离，因此我们只能勉强地说：菊花在意识形态上算是“准国花”，但恐难成为国花。

二战前的日本标榜天皇至上的“皇国思想”，但为什么没有将菊花定为国花呢？道理很简单，上文提到菊纹是天皇家的纹章，在明治维新后，为了最大限度提升天皇的权威，为发动政变打倒幕府的新政府正名，于是明治政府开始严格管制菊纹的使用，一开始限制平民百姓使用，到后来连皇族、华族也受到限制。

菊纹成为至高无上的、天皇才能使用的特别花纹。在“国家因为有天皇而存在”的意识形态下，自然不能将菊花定为国花。再说，由于菊纹是天皇家的独家纹章，而不是国家层面的，因此，明治维新时期的官方活动为免犯忌，自然不会大量张贴菊纹。当年新政府成立后，派遣军队打倒东日本各地的旧幕府军，当时动用的御旗其实是“日月之御旗”，而不是“菊纹旗”。近年根据漫画改编的电影《浪客剑心》第一部的开头，便错误地将“御之锦旗”描绘成“菊纹旗”，与“日月之御旗”混为一谈了。

总之，菊纹在日本政治与文化上具有特殊性，直至军国主义、皇国思想日渐远去，仍保持着暧昧的特别意义。菊花则降格成为普通的花种，在日本国民心目中，地位已难与樱花相比。

### （2）樱花的暗黑史

虽然樱花已经成为日本国民的“爱花”，但回首往昔，樱花也有过灰暗的过去。明治维新后，日本先后打败沙俄和清朝，一跃成为亚洲第一的帝国主义强国，强化了它的扩张野心。正所谓“贪胜不知输”，日本政府开始谋划进一步夺取其在中国的权益，同时，也在不断强化国民所谓的“爱国心教育”，其中一个重要的“教材”便是樱花。

日本人对樱花的钟爱，历史悠久。就近来说，从江户末期的国学大师本居宣长的作品，到明治初年的文学，赞赏樱花的文章多如星宿。而明治天皇为了与外国政要拉近距离所开设的“御观花会”（模仿西欧国家的宫廷宴游会），便以樱花为主题，即后来的“观樱会”。教育普及后所编写的国民中小学课本，也必然提到樱花。不过，在甲午战争、日俄战争前，对樱花的描述只停留在“名花”“日本的花中之王”，还没有特别将樱花与国民的爱国教育联系在一起。樱花以外，梅花和松也是能代表日本的名花名木。

甲午战争、日俄战争后，大量以樱花为主题的军歌，以及与靖国思想有关的文章，在军部主导下大量出现。樱花盛开后凄美地凋谢，被政府利用作为国民“忠君爱国”的理想形态。例如，明治晚期的一首陆军军歌《步兵的本领》，便有以下句子：“既生为大和男子，当化身为散兵战中之花凋落。”

这个“散兵战中之花”的花，当然就是樱花了。到了二战前夕，1933 年改版的《小学国语读本》里加入了以下句子：“开花了，开花了，樱花开花了！前进吧，前进吧，兵队前进吧。”

樱花盛开与军队前进（发动战争）紧密结合。这种利用樱花以及象征国民意识的“大和魂”教育和国家宣传，在 1937 年全面发动侵华战争后日趋强烈，与“皇国精神”“为君舍命”的军队思想，一起成为战时日本人的精神支柱和唯一被认可的价值观，甚至是协助日本在亚洲发动侵略战争的标签。军中、国内倡议在占领地广种樱花，即“进军之樱”，作为“建设大东亚共荣”的重要任务之一。

### （3）爱思哀愁交缠的“国之华”

随着日本战败，日本各地大量栽种的“国之华”樱花，在美军空袭中被大量烧毁。战败后，樱花作为军国主义的象征之一，一度成为民众避免谈及的话题，急求与军国主义划清界限的日本人也不在少数。

然而，自古以来对樱花的钟爱，以及维新以来耳濡目染的感觉，使得樱花对大部分日本人来说仍有无可抗拒的魅力，就连占领日本的美军也无意将樱花“赶尽杀绝”。战争完全结束后，日本国内在美军主导下实行新宪法，宣布与军国主义“分手”，一时被压抑的“樱花爱”也陆续复苏。

20 世纪五六十年代，以大阪、东京为首，重新种植樱花的运动在日本各地进行。配合 1964 年举办东京奥运会，政府更加积极推动，着手重建国民对国家的认同感，洗刷战败的污点，也将樱花打造成为推动日本旅游发展的法宝。这些措施维持到现在，日本借助樱花，增强“软实力”和文化输出。樱花在日本人心目中的地位，重新回到顶点，甚至超越战前，成为直接、纯粹的“国之华”。

# 第十章　天皇的家族

## 1. 皇太子如何产生？

### （1）新、旧《皇室典范》里的皇太子

2019年即位为新天皇的浩宫德仁是平成天皇的长子，也就是日本皇室制度下的皇太子。根据现行的《和平宪法》第二条，日本天皇实行世袭制，皇位继承依照国会决议订立的《皇室典范》的规定。第一条规定："皇位由归属皇统之男系男子继承。"

第二条则规定了继承的顺位：皇太子、皇长孙（皇太子的儿子）、皇太子的其他儿子及其子孙、皇次子（皇太子的弟弟）、皇次子的子孙。

另外，战前实施的旧《皇室典范》第一章第一条，也明确规定皇位继承的原则与皇太子的定义。

第一条：大日本国以祖宗之皇统，由男系男子继承之。

第二条：皇位传于皇长子。

第三条：皇长子不在，则传于皇长孙。

第四条：皇子孙继承皇位，以嫡出优先。

比较战前与战后的《皇室典范》，除取消了“嫡出”原则，基本精神不变，以传位给长男长孙为优先，而且将方法提高到“祖宗”规定，这意味着战后制定的《皇室典范》强调嫡、长继承乃源于古代的制度与传统，即所谓“万世一系”。

天皇制下的皇太子是法定的储君，在目前大多数君主立宪制的国家，以及中国古代不少王朝，皆遵此道。

但日本皇太子制与皇后制一样，曾中断数百年，也经历了很多演变，某种程度上可说是全新的产物。尤其关于“皇太子”是不是等于“长子”的问题，更是争议不断。接下来，看看在日本历史上，“储君等于皇太子”的演变，从而帮助我们理解现今的皇太子。

### （2）不稳定的皇位继承制度

日本历史上的确曾存在过皇太子制，但其中仍有诸多不明确的部分，皇太子既不一定是长子，他的权力也不多，而且从现存文献和出土文物里，也确认当时的王位继承制度似乎并没有硬性规定父子相承，实际上多次出现过兄弟相承。因此，我们只能说古代日本的皇太子制只是一个曾经出现、但没有成功落实和稳定推行的制度。公元6—7世纪时存在过“日之御嗣”，“日”就是天皇，真正意思是“天照大神的御子孙”，后来“日之御嗣”慢慢转化为皇太子的代名词。

不过，大和朝廷初期曾有过豪族酋长出身的大臣共同推举王子继承王位的情况，换言之，册定“日之御嗣”时也要考虑群臣的意见。这曾引发多场豪族与个别王族、王子勾结，与其他党派争夺王位的事件，王位继承处于极度不稳定的状态。

到了 7 世纪左右的律令时代，终于出现了名副其实的皇太子制，这是为了否定上述群臣干预王位继承的新政策。8 世纪订立的《大宝律令》与《养老律令》便有“继嗣令”，均明文规定“凡皇兄弟皇子皆为亲王（女帝子亦同）”。也就是说，公主可为天皇，而她所生的儿女都可为亲王，都有资格继承皇位。

因此，7 世纪时的大和朝廷承认女天皇及其子女的继承权。这是因为当时的天皇与皇后都是王族出身，所以按照这个道理，只要能保证继承人是王族血脉，皇太子不一定是天皇的长子，公主也可被立为皇太子，孝谦天皇就是例子。

古代的皇太子制并没有近代这样的硬性规定。到了中世纪，藤原家以外戚身份与天皇家结亲后，皇后不再是王族出身的女子。为了确保天皇家系血脉，以及维持与藤原家的关系，继承者从“必须是皇太子”，逐渐改为“男性直系亲族”，即天皇的儿子、孙子，这一规定成了后世遵循的原则。

此后的皇位继承人不一定是天皇的长子，中世纪以后的皇太子制度也形同虚设，渐渐成为历史。全由在任天皇“圣心独断”，决定继承人，而选择时会考虑当时的政治情况。

所谓的政治情况，是当时能左右人选的当权者，如摄关藤原家和幕府将军的意向。而镰仓幕府末期至南北朝时代则发生两大家系的皇子交互继承皇位，最后引发对抗分裂，史称“一天两帝南北朝”。到了室町时代，南朝天皇兵败，向胜利的室町幕府以及幕府扶持的北朝天皇屈服，皇统合而归一，王权分裂的问题才得以解决。综观天皇历史，南北朝时代是一个例外。

总而言之，自中世纪至近代为止，皇位继承在原则上转变为男子继承制，但又没有必然由嫡长子继承的规定。那段时期的天皇们，有近一半不是前天皇的长子。所以，明治维新以来所谓的“祖宗规定”，不过是当时人为了稳定皇位继承，继而强化天皇权威而想象出来的托词和理想，然后再强行使之成为不可违抗的“依据”。

## 2．一桩禁宫丑闻如何折磨后阳成天皇？

### （1）禁断的宫闱丑闻

婚外情是典型的剧情设定，各位读者有没有想过，这种让男主角“戴绿帽”的剧情曾真实发生在江户时代的某位天皇身上。这位遇上“男人最痛”的天皇，便是后阳成天皇，他见证了统一日本的丰臣家没落、德川幕府接掌天下大权的历史时刻。这位获得丰臣秀吉照顾扶持的天皇，怎么会遭受“戴绿帽”的奇耻大辱呢？这要从他治下的朝廷风气说起。

在不少人心目中，丰臣时代就是侵略战争的代名词，历时七年有余的朝鲜战争耗尽了丰臣政权的元气，但从文化史的角度而言，它仍然是以绚丽灿烂著称的文化复兴时代。以黄金茶室为代表的茶道文化，还有和歌、连歌的复兴，都是这十多年国内政治安定而成就的。

受惠者除了丰臣秀吉本人与他的丰臣政权，还有一直追求通过文化、文艺的复苏，恢复权威的朝廷与后阳成天皇。在丰臣政权大力资助下，天皇与他的后宫，还有侍奉天皇的贵族们，得以重享往日的文化宴会，可谓夜夜笙歌，风流逍遥，战国时代的困苦日子早已被抛诸脑后。

然而，困苦生活造成的风纪败坏问题，却没有随着生活安逸而消失，仍然残留在宫中。而且，宫廷里虽然逐步恢复了文艺活动，但由于战国时代的阻隔，文艺并未发展，反而是以回想往昔为基调。其中,《源氏物语》成为天皇和贵族喜爱的文学作品，成为他们追思往昔风流生活的凭借。

后阳成天皇万万没有想到，这会成为他的噩梦。那时的禁宫里，他与其他时代的天皇一样，身边尽是一群贵族家庭出身的女官，负责天皇的起居饮食以至性生活。当时的后宫没有后来江户城大奥那样的禁令，因为所有的女官都知道自己是为了侍奉这个国家的最高代表而存在的。也因为这个原因，天皇的女官通过自己的家族出身来划分阶级，然后互相监督。

前文提到的各种文艺宴会，天皇与女官自然会积极参与。表面看来是纯属诗文歌舞的交流活动，但随着交流日趋频繁，女官与天皇以外的男性贵族的接触也多起来，结果让天皇痛心疾首的禁宫丑闻便发生了。

时间是 1609 年 7 月。揭发的过程已不可考，只知道有五名获天皇宠幸的女官与十多名中上级男性贵族有染，而且是多角恋的关系。更让天皇难堪的是，这十多名贵族中不乏自己重用的臣子。换言之，天皇心爱的女人与自己宠信的臣下联手给了天皇最大的羞辱。

### （2）德川家康的介入与处断

五名女官与十多名男贵族有染的丑闻，如果发生在当今社会，足以让各大媒体日夜追踪报道。幸好在那个时代，丑闻只在宫中扩散，但这宗十分火爆的事件很快也传到了幕府前任将军德川家康那里（他当时已退休，被尊称为“大御所”）。

事实上，早在这桩丑闻爆发的几年前，后阳成天皇的后宫便有过几次零星个案，也是由德川家康协助处理。只是当时涉案的女官身份低，而且人数少，所以没有闹成大事件。

可以想象当时天皇后宫风纪败坏的严重性，而且这些事件中都出现了同一个名字——猪熊（山科）教利。这位中上级贵族是在天皇身边侍奉颇久的人物，但操守记录不好，不难想象他利用了天皇的宠信。

1609年的丑闻规模之大，前所未有，猪熊教利也涉事其中，终于惊动了天皇、太后、其他女官和德川家康。身为最大受害者，天皇本想将涉案的贵族、女官通通处死，以泄怒火。由此可见面对这般羞辱，他是何等愤慨。但他心知不能无视刚成立的幕府，便命令幕府协助。

不过，家康与幕府却不打算按天皇的心思处理。家康在回复天皇时提到，丑闻说明宫内风纪问题已不是一两天的事，杀人无助于解决问题，反而会损害天皇的仁德。言下之意，天皇没有管好自己的后宫，本身也有失职之处，杀人解恨只会显得天皇德行有亏，有损王威。结果，家康代替天皇处理了肇事人等，五名通奸的女官被流放孤岛，了此残生；至于轻罪的贵族，不久后还获得了家康的赦免。

猪熊教利在事件曝光后便与另一名同样重罪的贵族潜逃到九州日向国（现在的宫崎县），之后被抓捕归案，两人最终在同年10月被押回京都，均被家康判处死刑，在京都上善寺伏法。丑闻虽然就此了结，但是最大受害人后阳成天皇受到如此大的羞辱，却不能顺意处决肇事女官和贵族，反而遭到家康与幕府暗讽、批评，更让他感到郁闷无趣、心灰意冷。于是在同年底，后阳成天皇便向幕府提出有意让位给三皇子（后来的后水尾天皇）。

家康与幕府对此也本无异议，只是家康当时希望自己的小女儿市姬，能在三皇子成为天皇前，确定成为他日后的妃子。可是正当天皇让位几近成功之际，市姬夭折而死，使得家康要另想办法。为此，家康与幕府喊停了后阳成天皇的让位准备工作。最后因为后阳成天皇再三派人催促，终于在4个月后（1611年3月底）成功让位，迎来解脱的一天。

回到宫闱丑事，事件结果让德川幕府找到介入朝廷事务的口实，使幕府进一步管控朝廷，为日后制定著名的《禁中并公家诸法度》带来契机，不知道这是天意还是巧合。

## 3. 禁宫女官们与天皇是什么关系？

### （1）身肩多种职责的女官

古今中外的国王都需要有人执勤侍奉，而他们身边的配偶则有养育后代的责任。在诸多王国之中，较少出现必须兼顾上述两种责任的国家，日本算是其中之一。

自古代以来，在天皇身边负责其起居饮食的职员，称为女官。当然，女官以外也曾有男官，但随着时代演进，宫中的职务大多由女官负责。

女官源自律令制时代，是在皇宫里执勤的女性官员，又称为“宫人”，后来又被称为“女房”。她们负责的职务繁多，按部署分为十二司，即内侍、藏、书、药、兵、闱、殿、扫、水、膳、酒和缝。不过，随着律令制效能低下，朝廷职能萎缩，最后只剩下内侍司，而且一直保留到明治维新后。

内侍司由尚侍、典侍、掌侍和女孺组成（前三者被称为“三等官”），以尚侍为长。尚侍是侍奉天皇左右的重要职位，在平安时代还负责传达天皇旨意。典侍、掌侍也有同样的职能，但只能在尚侍不在时传达天皇旨意。至于女孺，一般是下级贵族和民间妇女，只是打杂的女工，地位远比前三者低。

除了侍奉天皇左右外，内侍司的女官在中世时代开始，负责守护安放在宫内温明殿中、俗称“三种神器”（镜、剑和勾玉）之一的镜。我们曾经提过，从那时候开始，镜被认为是天皇的皇祖天照大神的灵魂所在，以及它显灵的媒介。因此，比起常伴天皇身边的剑和勾玉，镜更须悉心保护。

另外，由于中世纪以来的天皇生活在女官包围之中，其饮食起居的一举一动自然由女官来记录。而天皇在宫内行走或出宫时，三种神器中的剑要与他同行，捧剑、护剑的工作也由女官负责。

以上这些重要的工作都落在内侍司的女官身上，可见中世时代开始，随着其他十一司逐渐消失，内侍司的功能越来越强大，走向多功能发展。

### （2）女官也为天皇生育后代

内侍司里的尚侍、典侍和掌侍还负责侍候天皇，为天皇生儿育女。这里先说明，在大王时代，大王的配偶是大后，大王改称天皇后，大后也改称为皇后或后。

至于其他妃嫔，则没有严谨的制度。天皇自中世纪以后便很少设立皇后，而是从各个上级贵族家里招纳未婚少女入宫，成为“女御”。但是，除了这些出身高贵的“女御”，天皇还将侍寝的工作扩大到内侍司的尚侍、典侍和掌侍。三者渐渐与“女御”一样，为天皇繁衍后代。他们生下的儿女当然也成为正式的皇族子孙，甚至成为皇位继承人。

如近代的明治天皇与大正天皇的生母便是典侍、掌侍出身。虽然在她们之上还有摄白出身的女性成为天皇的正室，但生下天皇继承人的典侍、掌侍也能母凭子贵，获得特别的荣誉。不过要留意，因为明治时代奉行一夫一妻多妾制，到了后期更只强调“一天皇一皇后”（一夫一妻）的精神，加上《帝国宪法》确立后，也废除了纳妾制。因此，大正天皇的生母柳原爱子不是明治天皇的正室，无法在明治天皇逝世后成为皇太后，官方也不承认她是大正天皇的母后。

### （3）女官制度的细分与改革

回到女官的发展。在平安时代后期，高级的尚侍越来越少出现，典侍、掌侍成为主要的“多功能女官”。随着尚侍、典侍和掌侍的功能多样化，以及活动增加，种类和等级也开始细分。往后数百年直至明治维新，三者陆续被细分为尚侍、典侍、掌侍、命妇、女藏人、女孺、御末、御差等，再按出身，分为上臈、小上臈、中臈和下臈。尚侍和典侍属于上臈、小上臈，掌侍和命妇是中臈，女藏人以下皆是下臈。

随着女官人数越来越多，负责的工作也越来越广泛，随时都会看到这些女官。例如，从室町时代开始，女官里的典侍、掌侍为天皇宣读旨意之余，还会以天皇使者的身份，用文书向外界传递天皇的旨意，这一度还成为制度。这些写给外界的文书，便是有名的“女房奉书”，是现在研究中世、近世天皇动向的重要史料。

明治维新后，在木户孝允和西乡隆盛的强烈要求下，后宫的女官制度迎来巨大的改革。从以前宫内只有天皇与女官的局面，改为由复置的皇后来统率女官们。传宗接代的工作，原则上也属于皇后（只有在皇后无法完成任务时，才由典侍和掌侍来负责）。不过到了昭和时代，曾到英国交流的昭和天皇强调一夫一妻制，不再设置典侍和掌侍等侧室（但在法理上，仍然有复置的空间）。

负责宫内行政、杂务的女官，到战前为止，分属皇后和皇太后；战后则只剩下女官长、女官、侍女长与侍女长补，分置皇后与皇太子之下。

从昭和时代开始，作为“特别公务员”的女官的入职资格逐步放宽，平民女子、已婚妇人也可以成为女官。与从前女官不同的是，她们不可住在宫中，而是像普通上班族一样，从自家到宫内出勤。女官们也因为职务的特殊关系，原则上不可向外界透露工作情况和宫中之事（一般相信她们签署了保密协议）。

## 4. 明治天皇如何进行“皇宫现代化”？

### （1）明治维新前后的后宫与天皇

在幕末的动荡时代，积极维持朝廷与幕府合作关系的孝明天皇因急病去世，少年太子睦仁匆忙即位成为明治天皇，他与宫廷处于怎样的局面？为什么他们也成了“维新”的对象呢？

明治天皇是孝明天皇唯一顺利长大的儿子，曾经患上天花，幸好大难不死，最终在父皇去世后，接任了天皇之位。

幕末宫廷是怎样的风景呢？那时候的天皇是在女官丛中长大的男性，除了少数的年轻男性侍从外，天皇的日常起居、饮食、房事，以及政令和消息，都由一群女官负责。睦仁小时候曾短暂住在外祖父中山忠能的宅第里，由于急忙继位，才回到皇宫继续接受这些女官的照顾。因为这个原因，少年天皇在改革女官制度前的数年里，生活在被女官包围的环境里。

按照传统，睦仁脸上会被抹上轻白的薄粉，牙齿会被染黑，这是传统京都贵族的风气，在江户时代是再正常不过的。然而，身处日本历史转型之时，在成功夺取政权的维新派眼里，却是不合时宜的。

可是，既然天皇的事务大多由女官负责，而后宫也是天皇的“圣域”，外臣要跟天皇取得联系，就要通过女官来传话，从而获得批准。就算夺取了国家政权，维新派公卿贵族与新政府要员一时也难以从女官手中夺得与天皇直接联系的权力。因此，要更有效地利用天皇来推动国家走向现代化，首先要革新的就是后宫传统。

这般大刀阔斧的宫廷改革，也会刺激那些原则上同意抬高王权、尊王倒幕，但骨子里反对西化、现代化的京都贵族，当中的政治风险不言而喻。

不过，在成功结束幕府统治的维新政权面前，这些反抗已然微不足道。带动政变的西乡隆盛、大久保利通和木户孝允等人，毅然发动了这个巨大的改革。

### （2）“皇宫现代化”与维新

对维新派而言，他们真正关心的是如何尽快使天皇和宫廷成为国家现代化的标志。因为标榜“王政复古”，天皇带领国家向前走的同时，如果宫廷仍是自古以来的样子，将会自相矛盾。他们要塑造的天皇，是坚强、威风的男性，而不是活在女人圈中，化着薄妆的懦弱贵族。

1871 年 2 月，西乡隆盛上京接受政府恩赏，6 月正式接受官职。之后，他便与木户孝允、大久保利通以及贵族出身、支持宫廷改革的德大寺实则等人，在没有天皇的指令下，率先对宫廷进行“大扫除”，事后再获天皇追认和批准。

8 月 1 日，宫中的女官全数被辞退。之后再以新政府的名义重新任命部分女官，废除了旧有的门第制度，降低任职女官的资格。

另外，为了不让一众女官身处天皇与外臣之间，导致隔阂，新政府让当年才 20 岁的皇后一条美子（后来的昭宪皇太后）负责统驭新改组的后宫。

下一步便是让政府介入皇宫。早在发动“大扫除”的两年前，即 1869 年，新政府内新设的宫内省便是为管理天皇与皇宫事务而设立的机构。初步实施“大扫除”后，政府便指令宫内省的次官（宫内大辅）万里小路博房在名义上辅助年轻皇后，同时又任命主导旧萨摩藩和长州藩出身的官员成为天皇的侍从长，与改革派的贵族们一起协助政府接管皇宫，扫除“百年之害”。

然而，留下来的女官们也不是省油的灯，她们试图阻止皇后接管宫内事宜，结果政府正式奏请少年天皇和英照皇太后支持政府以皇后为中心，对宫内进行改革。这毫无疑问获得了批准。

在天皇的圣旨下，强硬的女官们失去了大义名分，被迫接受皇后的管辖。到了 1872 年 4 月，英照皇太后与昭宪皇后追随天皇迁居东京，这些不愿离开京都的强硬派女官正式被革职弃用。自此，在东京新皇宫里，由昭宪皇后管理的宫廷正式成立，新政府改革皇宫形象的目标也算基本完成了。

## 5. 为什么日本必须有天皇，但不一定需要皇后？

### （1）皇后的诞生与册立仪式

日本在中世纪后，整整500年内没有皇后（最后一任皇后出现在14世纪中期）。那么，为什么天皇不再需要立后呢？

大和朝廷仿照唐朝的典章制度，在8世纪初实施《大宝律令》和《养老律令》。在平安时代成书，专门解说前述诸律令内容和精神的《令义解》便提到了皇后的定义：天子之嫡妻，按例只设置一人。此外，天皇册立皇后的仪式和大婚的仪式，理论上有着密切关系，但两者却不一定同时执行，到了平安时代，两者大多分开处理，大婚先行，立后在后。

由于现代册立皇后的方式与古代不同，背后的意识形态也有很大差异，近现代的皇后事宜将另外详述，这里先谈古代的立后仪式。

在平安时代，朝廷所用的礼仪书详细记载了天皇册立皇后的程序，即天皇大婚的仪式和做法。在13世纪以前，日本的社会各阶层仍然流行“婿入婚”，即女婿到妻子家中居住的习俗。但由于天皇是一国之主、皇祖天神的子孙，他的婚礼一直是现代普遍的“嫁入婚”，即妻子到夫家居住。

按照平安时代的礼法，获选为皇后（当时一般称“中宫”）的贵族女子，会在入宫前先获天皇赐予位阶，提升身份，一般是三位或四位。入宫（当时称为“入内”）当日，会由近卫中将或近卫少将迎接，时间均定在晚间。

整装待发的准皇后会由家人送到皇宫的北门，然后在宫门前，敬听宣旨，再转坐专用的辇车到达夜御殿，等待天皇到来。天皇到达后，先共进晚餐，然后成婚。第二天，天皇照例临朝，接受祝贺。然后，他会指派宣命使在殿前正式册封皇后，并宣布皇后寝宫的职员任命等事宜。

### （2）昙花一现的皇后

按照上述律令制，皇后作为“天子之嫡妻”，只能是皇族出身的女子（称为“内亲王”）。其他非皇族出身的妃妾则称为“女御”和“女官”，负责宫中庶务和繁衍后代，地位是低于皇后的。换言之，大和时代和奈良时代，为了保证皇族血脉的纯正和神圣，皇后基本上是天皇的近亲女子。

可是，这个原则在 729 年被打破。当时的豪族藤原不比等的女儿光明子，被圣武天皇册立为皇后，这是史上第一位非皇族女子成为皇后。不过，9 世纪以后，皇后不再是常设、必设之位，或不一定只有一人担任皇后。

这个特异的例子，发生在摄关藤原道长之女彰子身上。当时的一条天皇已有皇后藤原定子（彰子的远房亲戚），但在道长的策划下，成功让天皇再纳彰子为皇后。换句话说，一条天皇同时拥有两位皇后。

11 世纪以后，“皇后乃天子之嫡妻”的规定，逐渐成为形式，除了出现两位皇后外，也曾经有天皇的姊妹成为皇后的例子。11 世纪，堀河天皇年幼，他的姐姐媞子内亲王被立为皇后，以养母的身份扶持他。当然，这种做法只是形式，不代表有乱伦关系，不过皇后的身份也由此变得含糊，不再是天皇的法定妻子、“天子之嫡妻”。

与此同时，随着 11 世纪以后朝廷统治能力衰退，武士政权崛起，朝廷无力负担册立皇后仪式所需的费用，而且朝廷也不需分置多个部门去维持营运，皇后寝宫里的职员也被裁去。

随着与中国王朝交流日疏，仿照唐朝设立的皇后制、律令制度已成为过去。到了 14 世纪的室町时代开始，便几乎没有再册立皇后，皇后职能由宫中女官们高级别的尚侍、典侍、常侍取代。

不过在江户时代初期，曾出现一次复古的册立皇后例子。天下太平后，德川幕府第二代将军德川秀忠，按照亡父德川家康的遗训，积极策划让自己的五女儿和子，成为后水尾天皇的皇后。这个计划是为了强调天皇与幕府同心协力，带有强烈的政治意图。而且自和子以后，江户时代的天皇均不再立后，所以和子是个特例。

在江户时代 260 多年的岁月里，皇后继续成为历史名词。经过动荡多变的幕末和明治维新后，明治政府才在“天皇万机亲裁”的精神下，重整相关制度，包括皇后制。当然，其意义已经与古代皇后制迥然不同了。

## 6. 昭宪皇后的“国母”形象是怎么确立的?

### （1）明治维新后的皇后定位

在王朝时代，皇后一般称“后”或者“中宫”，是天皇的“妻室之首”，负责为天皇生育继承人，以及在前天皇去世后作为新天皇之母，扶持新君。

中世纪以后，皇后已不常置，明治维新以前的后宫是“一个男人被很多女人包围”的空间和架构，天皇的所有事情皆由这些女性代劳、主持。那么维新后的皇后又是怎样的呢?

我们再次重申，明治维新既标榜进步（向西方学习），同时也主张复古，这个“古”就是追溯传说中第一个天皇神武天皇的理想统治形态。这是源自江户时代中期以来的国学构想：天皇以天神子孙的身份统治世界，万民百姓忠诚相随，诸国信服。

不论这个理想有多虚幻，在这个将进步与复古混为一谈，看似矛盾的构想下，维新政府除了恢复天皇统治国家的复古模式外，也不忘恢复自古以来的理想家族模式——复置作为天皇配偶的皇后。

复置皇后就是为了实现源自中国儒家思想的理想夫妻关系，即“男耕女织”“夫主外，妻主内”“夫唱妇随”。男耕女织的观念早已存在，《日本书纪》便提到传说中的继体天皇，曾主张帝王应该亲自耕作，作为劝农的表率；后妃则亲自种桑养蚕织衣，作为妇女持家的模范。

虽然这个理想在明治维新以前基本上从未实践过，与复古思想一样，只是假托古人来刻画理想，但是近现代天皇与皇后一直秉承着这个理想。以 2019 年刚退位的平成天皇与皇后为例，他们会在每年 4 月举行一个仪式。天皇亲自到东京皇居里的水田播种，而美智子皇后则到红叶山御养蚕所亲自授桑，利用蚕丝来编织，亲身实践男耕女织的理想。

虽说这个仪式的象征意义大于实质意义，但可见明治维新赋予皇后的功能已经不再局限于“生育天皇继承人”，更重要的是以“天皇之妻”“贤内助”以及日本女性总代表的身份辅助天皇，同心协力去统御国家。

### （2）昭宪皇后的西化

明治维新赋予皇后“内助之功”的任务，那么第一个担当此重任的昭宪皇后做得怎样呢?

昭宪皇后乃贵族出身，本是一位深有教养的女性，她精通和歌与《源氏物语》，又跟其他待嫁的贵族女子一样，学习各种为人妻子应有的涵养。但是在国家变革的时代，旧时代的教养显然不足以应对。而且，皇后一开始与明治天皇聚少离多，一直没机会正式涉入新时代皇后的工作。一直到 1877 年的西南战争后，年轻的明治天皇意识到自己是一国之君，开始积极地与皇后一同担负起革新国家的使命。

昭宪皇后的第一个任务，是在西乡隆盛等人进行后宫改革后，成为后宫领导者。除此之外，她的例行公事就是以天皇之妻的身份，陪同天皇巡视各地，检阅军队军舰，以及接见外国驻日公使。

对于明治政府而言，接见外国驻日大使的重要性不言而喻。特别在伊藤博文、岩仓具视等政府首脑极力主张学习西方的方针下，天皇、皇后与皇室作为国民表率和国家代表，必须展现出积极与西方国家打交道的态度，从衣着到公开活动都尽量以德、法两国为蓝本，进行改革。

例如，19 世纪 80 年代开始定期举行的赏樱赏菊会、国宴，还有与外国使节夫妇进行社交等，都是皇后必须陪同天皇出席、主持的国家活动。另外，在当时外务卿井上毅的推动下，日本政府在 19 世纪七八十年代，先后聘请精通欧洲宫廷典章制度的德国驻日公使奥特·格拉夫·冯·德霍夫夫妇与奥特玛·冯·莫尔夫妇到宫中，亲自指导皇后与皇室成员学习西方社交礼仪。

透过德霍夫夫妇与莫尔夫妇的帮助，昭宪皇后更有自信地与各国驻日大使和夫人们进行社交，并继续学习西方国家皇后与贵妇的社交模式和礼仪。到了后来，皇后更获授权，在天皇外出时代为接见各国使节。对此，堪称昭宪皇后师父的莫尔更在自己的日记中，夸赞皇后是“王侯贵妇的典型模范”。

### （3）“国母陛下”的诞生

昭宪皇后成功落实西化政策，获得西方国家的青睐和肯定，这只是外交上的成就。昭宪皇后的另一个使命在国内，以天皇之妻的身份，彰显“国母”“贤后”的典范。

自维新政府成立以来，各地不断发生大大小小的叛乱和战事，昭宪皇后便以皇后的名义下赐药品给政府军，以为抚恤。这个工作原本是出于皇后的仁爱之心，但随着日本的对外扩张，在 19 世纪 90 年代开始与周边国家相继出现矛盾，从江华岛事件、甲午战争，再到日俄战争，标志着日本从改革转为对外扩张，皇后的角色与职能也随之改变。

尤其是日俄战争时，为了激励国民士气，祈求战事胜利，皇后与由贵族妇女领导的“爱国妇人会”联手，通过发行刊物和公益活动，鼓励全国妇女在大后方投入生产和劳动，又要求全国节俭，以支援前线将士和国家。

那时候曾传出一件事，皇后梦见已故的维新志士坂本龙马，坂本龙马清她协助守护日本海军。该传闻流出后，当时日本国民士气大振，更愿意一致对外。皇后又代表皇族、贵族妇女，以“爱国妇人会”的会员身份到前线基地广岛的医院，亲自慰问因伤被送回国的将士，又赐予各种医疗物品、义肢、义眼、纱布等。自此，日本国内媒体纷纷高呼皇后为“国母陛下”，受万民爱戴，人气更是一时无两。

日俄战争胜利后，日本全国沉浸在喜悦与光荣之中，但战争的后遗症，以及当时社会因为过快发展导致的社会问题陆续发生，肺结核也在战后急速蔓延，成为国民的致命杀手。

昭宪皇后配合天皇的救济政策，与“爱国妇人会”、日本红十字会合作，拨出资金进行救济，多次以行动支持上述两会的慈善活动，又走访多家医院慰问住院病人。

昭宪皇后这种救苦、扶弱、怜恤的仁爱形象，成为后来的贞明皇后、美智子皇后以及现在的雅子皇后的表率，是近现代日本皇后的典范。

经过昭宪皇后改造后的皇后形象，不再是从前那个“天皇的生育机器”，而是恤民爱民、扶持夫君的女性模范。昭宪皇后在晚年更受敬仰，被称为“天皇之御后，国民之国母陛下”。

## 7. 为什么第一代“平民皇后”美智子成为改变皇室形象的象征？

### （1）Micchi-Boom——平民皇后的诞生

有多少读者听过 Micchi-Boom？ Micchi 是平成上皇之妻美智子（Michiko）在读书时的昵称，而 Micchi-Boom 一词用中文来说，就是“美智子热潮”或“美智子旋风”，这是 20 世纪 50 年代末期的流行语。为什么美智子上皇后的名字会成为 Micchi-Boom 的来源呢？

上皇后美智子是大企业日清制粉前社长正田英三郎的长女，1957 年毕业于圣心女子大学，不久便被选为皇太子明仁亲王（现在的平成上皇）的太子妃。

时值日本在二战中战败投降，国家急需喜事来安抚人心，重振皇室声威。刚好皇太子通过网球活动认识了美智子，很快便有了与她结婚的意愿。当时负责皇太子事务的“管家”东宫职参与小泉信三也留意到皇太子的意思，后来他在回忆录里提到，当时皇太子深深赞叹美智子的学识及教养，认为她是太子妃以及将来皇后的理想人选。

然而，美智子本人有两个大麻烦。一方面，她不是皇族、华族出身。事实上，在平成天皇以前的所有天皇，包括明治天皇、大正天皇和昭和天皇的皇后都是名门贵族之后，没有例外。一旦接受了美智子成为太子妃，便意味着日本将迎来史上第一位“平民皇后”。这个转变在当时引起了保守势力的质疑和不安。皇太子的生母香淳皇后认为太子妃身份过低，两人结婚并不合适，因此表示愤慨。

另一个比平民皇后更为棘手的问题是，美智子所在的正田家的宗教背景。正田家是基督教徒，美智子就读的圣心女子大学也是基督教背景的私立大学，但皇族、华族子女都会就读东京的学习院大学。美智子的基督教信仰对于当时刚卸下“现御神”信仰的天皇家，以及仍然强烈信奉国家神道、“天皇是神”的保守派而言，自然是难以接受的。

不过，这些来自保守派的质疑与阻挠，在皇太子的强烈要求下被一一扫清。更重要的是，当时的首相岸信介积极带领日本走出战败国的阴影，他对皇太子与美智子的婚事表示欢迎，认为能给国内外人士一个良好印象，去除日本皇室保守落后的观感。

于是，在 1958 年 11 月 27 日，经过皇室与首相参与的皇室会议后，皇太子与美智子的婚约得以正式确认，并且向全国国民通报。由于美智子是第一位平民太子妃，大众媒体在官方消息发出后，一连串关于她的大小报道和花边新闻占据了报章的头版。各大女性杂志纷纷刊登美智子的照片，分析她的日常衣着打扮，使得年轻女性争相模仿。而且，借由追访美智子的新闻、故事而创刊的大小杂志，也在当年如雨后春笋般涌现。

不只如此，皇太子与美智子交往的消息传出后，反对保守主义的民间团体热烈地对两人交往表达支持，女权组织纷纷祭出自由恋爱、万民平等等口号。

由此可见，战后日本民间同样希望一洗战败的颓废，并且借机改革，迎来新的社会风尚。这些希望、期待与呼声寄托在皇太子与美智子的婚事上。当政府公布两人的婚礼将于1959年4月10日举行，并且会直播婚礼过程时，民众开始争相抢购黑白电视机。据统计，单是当年4月便卖出了200万台电视机。自此，Micchi-Boom便出现在各大杂志报纸中。

### （2）与保守思想抗衡的皇后与妃子们

盛况空前的Micchi-Boom，正是岸信介政府想看到的。战后初期，日本政府的一个重要工作就是保有皇室，而重建天皇形象更是当务之急。当时重点都放在如何改造天皇的形象，皇后的形象和定位都不是讨论的重点。美智子成为平民太子妃后，也将成为平民皇后，入宫后的她如何力抗皇族的保守势力和声音，成为当时媒体另一个关注的重点。

美智子在婚后生下了两个皇子和一个公主，在皇室与政府的推动以及美智子本人的意愿下，改由她亲自给孩子喂哺母乳，又废止了三名子女接受特别教育的惯例。虽然这些改革和意志广受平民欢迎和支持，但皇宫以及宫内厅则有迥然不同的反应。

日本国民为拥有平民皇后而雀跃，政府也利用这机会去推动天皇亲民化，并向外国力证“天皇是日本万民所望的存在”，但保守派一直没有放弃攻击美智子，“面粉屋的女儿”“霸凌美智子事件”等更成为当时的新闻话题。

种种压力，还有外界对理想皇后的期许，皆让美智子承受巨大压力，1993年，她患上了短期的失语症，无法说话。可见，嫁入皇室的女性并不一定就能从此荣华富贵，飞上枝头变凤凰。

美智子承受的压力，也转移到她的媳妇，现在的新皇后雅子身上。尤其是雅子始终未能生下皇子，使她与爱子公主承受着揶揄。出身外交官世家的雅子在压力下被迫放弃工作，只能成为一位贤妻良母，她患上抑郁症的消息也多次传出。

至于将来的皇后纪子，虽然她生下了唯一的男嗣悠仁亲王，但也同样受到来自保守派、普罗大众的“监察”。日本皇后的重担随着天皇、皇室走向亲民化，似乎仍未减轻。

# 结　语

本书是我三年来的第三部著作，此前的两部作品都以日本战国时代史为主题，那是我在日本攻读博士学位的研究领域。这次特意以天皇为主题，其原因之一当然是因为日本在2019年迎来又一次天皇更替的历史时刻，也是我们重新思考、认识日本这个一衣带水的邻国的好时机。

我这样说并不是认为华人对日本这个国家的文化、历史不关心，事实上恰恰相反，随着时代的发展，华人对日本的好奇度与日俱增。到现在，走访日本各地名胜古迹的游客，也以华人为最多，这是我旅居日本十余年亲眼看见的变化。

然而，正因为如此，我认为华人对于日本的了解，不应只是表层上的文化潮流，或者一边倒、不求甚解地吹捧，我们应该多接触其深层的历史、文化、民俗及思想等各领域。

说到这里，我回想起三段类似的经历。我当年在香港参加日本文部科学省公费留学奖学金的面试，后来到日本国立广岛大学考硕士班的面试，再后来到国立一桥大学考博士班的面试，考官们不约而同地问我一个问题："为什么你这个外国人想研究日本历史呢？”

我每次的回答都是一样的：“想为促进华人与日本人相互了解做出贡献，想成为一座桥梁。”虽然无法知道老师们听到之后的反应和想法，但不管如何，我至今为止的作品、写作的根本动机仍是如此，从未改变。对于我而言，在这个自设命题里，日本的历史、文化和思想核心，其中一个必不可少的部分就是天皇。

我一直在日本研究日本历史，在日本生活，当我听闻本应终身在位的天皇要退位，那一瞬间，除了深感日本历史又翻开重要的一页，更因此再次肯定历史并不是一种只为追溯过去的学问，历史的转变一直都会突然发生。而且，我们往往是在那一刻之后，才意识到转变的意义。

我在十多年前踏进日本史的世界后，不仅对武士的历史，也一直对天皇与天皇制抱有浓厚兴趣。如同本书“序言”所说，那时候的我与一般华人读者一样，都曾经将中国的帝王观套到包括天皇在内的其他国家君主上，以便自己去理解。更甚者，除了权力强弱外，对“天皇是什么”“天皇对日本而言有什么意义”等问题的关心度不高，仿佛事不关己，只将帝王视为一种权力的生物，除此之外，别无其他。

随着自己对日本史的研究深度与日俱增，我痛感这样的理解实在不合适（对其他国家，情况亦然）。但与其只是抱怨、不满，实际行动才是最重要的。这次天皇退位、新天皇登基，正是唤起华人读者关注度与好奇心的好机会。

为此，我写作本书，摆脱过去以政治通史为主的单一述说方式，改以多角度向读者介绍、说明天皇和天皇制。不知道各位读完本书后，有什么看法？如果能让读者重新唤起对相关问题的好奇心，重新思考天皇对日本的意义，乃至与中华文化的关系，本书的价值便得以体现了。

最后，我想感谢一直以来支持我的各位朋友和家人。我完成本书时，刚好结束在日本国立一桥大学的博士学位课程，人生即将翻开新页。在这长达六年有余的求学时期，父母、亲姊，还有岳父母的默默支持和帮助，自不待言。我更庆幸获得妻子对于我远赴日本求学的谅解和同意，并义无反顾地给予鼓励和支持。这些都是我一生难忘的恩情。今后将会学以致用，继续将所学所知化为著作的原动力，努力发挥所长，以为报答。

在本书末，我深感本书得以完成，有赖“故事：写给所有人的历史”的主编胡川安先生的协助和宝贵意见，在此表示衷心的感谢。

恩义情谊，尽在心中。

胡炜权

2019 年 1 月 25 日

写于日本国立国会图书馆，眺望东京皇居的早上

# 历代年号一览表（附年号出典）

| 天皇代数 | 在位天皇 | 年号 | 历时 | 改元原因 |
|---|---|---|---|---|
| 飞鸟、白凤时代 | | | | |
| 36 | 孝德 | 大化 | 645—650 | 天下安宁（《释日本纪》） |
| | | 白雉 | 650—654 | 祥瑞（《日本书纪》） |
| | | 白凤 | 672—682 | 未详 |
| 40 | 天武 | 朱鸟 | 686 | 祥瑞（《一代要纪》） |
| 42 | 文武 | 大宝 | 701—704 | 吉事（《神皇正统记》） |
| | | 庆云 | 704—708 | 祥瑞 |
| 奈良时代 | | | | |
| 43 | 元明 | 和铜 | 708—715 | 吉事（《续日本纪》） |
| 44 | 元正 | 灵龟 | 715—717 | 即位 |
| | | 养老 | 717—724 | 未详 |
| 45 | 圣武 | 神龟 | 724—729 | 即位 |
| | | 天平 | 729—749 | 祥瑞 |
| | | 天平感宝 | 749 | 吉事（《续日本纪》） |
| 46 | 孝谦 | 天平胜宝 | 749—757 | 即位 |
| 46—48 | 孝谦、淳仁、称德 | 天平宝字 | 757—765 | 未详 |
| 48 | 称德 | 天平神护 | 765—767 | 未详 |
| | | 神护景云 | 767—770 | 未详 |
| 49 | 光仁 | 宝龟 | 770—780 | 祥瑞（《续日本纪》） |
| 49—50 | 光仁、桓武 | 天应 | 781—782 | 祥瑞（《续日本纪》） |
| 平安时代 | | | | |
| 50 | 桓武 | 延历 | 782—806 | 即位 |
| 51 | 平城 | 大同 | 806—810 | 即位 |
| 52 | 嵯峨 | 弘仁 | 810—824 | 即位 |
| 53 | 淳和 | 天长 | 824—834 | 即位 |

| 年号出典 | | | | | |
|---|---|---|---|---|---|
| 飞鸟、白凤时代 | | | | | |
| 《荀子》 | 《汉书》 | 《晋书》 | 《宋书》 | | |
| 《日本书纪》 | 《后汉书》 | | | | |
| | | | | | |
| 《礼记》 | 《淮南子》 | 《日本书纪》 | | | |
| 《神皇正统记》 | | | | | |
| 《汉书》 | | | | | |
| 奈良时代 | | | | | |
| 《续日本纪》 | | | | | |
| 《易经》 | | | | | |
| 《孟子》 | | | | | |
| 《大戴礼》 | | | | | |
| 《礼记》 | | | | | |
| 《续日本纪》 | | | | | |
| 未详 | | | | | |
| 未详 | | | | | |
| 未详 | | | | | |
| 《晋书》 | | | | | |
| 《礼记》 | | | | | |
| 《汉书》 | 《后汉书》 | | | | |
| 平安时代 | | | | | |
| 未详 | | | | | |
| 《礼记》 | | | | | |
| 未详 | | | | | |
| 《老子》 | | | | | |

| 天皇代数 | 在位天皇 | 年号 | 历时 | 改元原因 |
| --- | --- | --- | --- | --- |
| 54 | 仁明 | 承和 | 834—848 | 即位 |
| | | 嘉祥 | 848—851 | 祥瑞（《续日本后纪》） |
| 55 | 文德 | 仁寿 | 851—854 | 即位、祥瑞 |
| | | 齐衡 | 854—857 | 未详 |
| | | 天安 | 857—859 | 祥瑞（《续日本后纪》） |
| 56 | 清和 | 贞观 | 859—877 | 即位 |
| 57 | 阳成 | 元庆 | 877—885 | 祥瑞（《三代实录》） |
| 58 | 光孝 | 仁和 | 885—889 | 即位 |
| 59 | 宇多 | 宽平 | 889—898 | 即位 |
| 60 | 醍醐 | 昌泰 | 898—901 | 即位 |
| | | 延喜 | 901—923 | 辛酉革命 |
| | | 延长 | 923—931 | 灾害 |
| 61 | 朱雀 | 承平 | 931—938 | 即位 |
| | | 天庆 | 938—947 | 灾害、兵乱 |
| 62 | 村上 | 天历 | 947—957 | 即位 |
| | | 天德 | 957—961 | 灾害 |
| | | 应和 | 961—964 | 辛酉革命 |
| | | 康保 | 964—968 | 甲子革命 |
| 63 | 冷泉 | 安和 | 968—970 | 兵乱 |
| 64 | 圆融 | 天禄 | 970—973 | 即位 |
| | | 天延 | 973—976 | 灾害 |
| | | 贞元 | 976—978 | 灾害 |
| | | 天元 | 978—983 | 灾害 |
| | | 永观 | 983—985 | 灾害 |
| 65 | 花山 | 宽和 | 985—987 | 即位 |
| 66 | 一条 | 永延 | 987—989 | 即位 |
| | | 永祚 | 989—990 | 灾害 |
| | | 正历 | 990—995 | 灾害 |
| | | 长德 | 995—999 | 灾害 |

| | | | | | |
|---|---|---|---|---|---|
| 年号出典 | | | | | |
| 未详 | | | | | |
| 《续日本后纪》 | 《毛诗正义》 | 《文选》 | | | |
| 《论语》 | | | | | |
| 《文德实录》 | | | | | |
| 《文德实录》 | 《史记》 | | | | |
| 《易经》 | | | | | |
| 《张华诗》 | | | | | |
| 《礼记》 | | | | | |
| 《旧唐书》 | | | | | |
| 《旧唐书》 | | | | | |
| 《尚书》 | | | | | |
| 《文选》 | 《汉书》 | | | | |
| 《后汉书》 | | | | | |
| 《汉书》 | | | | | |
| 《论语》 | 《史记》 | | | | |
| 《易经》 | 《礼记》 | | | | |
| 《董巴议》 | | | | | |
| 《尚书》 | | | | | |
| 《汉书》 | 《宋书》 | | | | |
| 《论语》 | | | | | |
| 未详 | | | | | |
| 未详 | | | | | |
| 《史记》 | 《后汉书》 | | | | |
| 《尚书》 | | | | | |
| 《汉书》 | | | | | |
| 《后汉书》 | 《艺文类聚》 | | | | |
| 《晋书》 | 《旧唐书》 | | | | |
| 《史记》 | | | | | |
| 未详 | | | | | |

| 天皇代数 | 在位天皇 | 年号 | 历时 | 改元原因 |
| --- | --- | --- | --- | --- |
| 66 | 一条 | 长保 | 999—1004 | 灾害 |
| | | 宽弘 | 1004—1012 | 灾害 |
| 67 | 三条 | 长和 | 1012—1017 | 即位 |
| 68 | 后一条 | 宽仁 | 1017—1021 | 即位 |
| | | 治安 | 1021—1024 | 辛酉革命 |
| | | 万寿 | 1024—1028 | 甲子革命 |
| | | 长元 | 1028—1037 | 灾害、兵乱 |
| 69 | 后朱雀 | 长历 | 1037—1040 | 即位 |
| | | 长久 | 1040—1044 | 灾害 |
| | | 宽德 | 1044—1046 | 疫病 |
| 70 | 后冷泉 | 永承 | 1046—1053 | 即位 |
| | | 天喜 | 1053—1058 | 灾害 |
| | | 康平 | 1058—1065 | 灾害 |
| | | 治历 | 1065—1069 | 灾害 |
| 71 | 后三条 | 延久 | 1069—1074 | 即位 |
| 72 | 白河 | 承保 | 1074—1077 | 即位 |
| | | 承历 | 1077—1081 | 疫病 |
| | | 永保 | 1081—1084 | 辛酉革命 |
| | | 应德 | 1084—1087 | 甲子革命 |
| 73 | 堀河 | 宽治 | 1087—1094 | 即位 |
| | | 嘉保 | 1094—1096 | 疫病 |
| | | 永长 | 1096—1097 | 灾害 |
| | | 承德 | 1097—1099 | 灾害 |
| | | 康和 | 1099—1104 | 灾害、疫病 |
| | | 长治 | 1104—1106 | 灾害 |
| | | 嘉承 | 1106—1108 | 天象异变 |
| 74 | 鸟羽 | 天仁 | 1108—1110 | 即位 |
| | | 天永 | 1110—1113 | 天象异变 |
| | | 永久 | 1113—1118 | 天象异变、疫病 |

| 年号出典 | | | | | |
|---|---|---|---|---|---|
| 《国语》 | | | | | |
| 《汉书》 | | | | | |
| 《礼记》 | | | | | |
| 《会稽记》 | 《汉书》 | | | | |
| 《汉书》 | | | | | |
| 《诗经》 | | | | | |
| 《六韬》 | | | | | |
| 《春秋》 | | | | | |
| 《老子》 | | | | | |
| 《后汉书》 | | | | | |
| 《宋书》 | | | | | |
| 《抱朴子》 | | | | | |
| 《后汉书》 | | | | | |
| 《尚书》 | | | | | |
| 《尚书》 | | | | | |
| 《尚书》 | | | | | |
| 《维城典训》 | | | | | |
| 《尚书》 | | | | | |
| 《白虎通义》 | | | | | |
| 《礼记》 | | | | | |
| 《史记》 | | | | | |
| 《后汉书》 | 《礼记正义》 | | | | |
| 《周易》 | | | | | |
| 《崔寔政论》 | | | | | |
| 《汉书》 | | | | | |
| 《汉书》 | | | | | |
| 《文选》 | | | | | |
| 《尚书》 | | | | | |
| 《毛诗》 | | | | | |

| 天皇代数 | 在位天皇 | 年号 | 历时 | 改元原因 |
|---|---|---|---|---|
| 74 | 鸟羽 | 元永 | 1118—1120 | 天象异变、疫病 |
| | | 保安 | 1120—1124 | 天象异变 |
| 75 | 崇德 | 天治 | 1124—1126 | 即位 |
| | | 大治 | 1126—1131 | 疫病 |
| | | 天承 | 1131—1132 | 灾害 |
| | | 长承 | 1132—1135 | 灾害、疫病 |
| | | 保延 | 1135—1141 | 灾害、疫病 |
| | | 永治 | 1141—1142 | 辛酉革命 |
| 76 | 近卫 | 康治 | 1142—1144 | 即位 |
| | | 天养 | 1144—1145 | 甲子革命 |
| | | 久安 | 1145—1151 | 天象异变 |
| | | 仁平 | 1151—1154 | 灾害 |
| | | 久寿 | 1154—1156 | 天象异变 |
| 77 | 后白河 | 保元 | 1156—1159 | 即位 |
| 78 | 二条 | 平治 | 1159—1160 | 即位 |
| | | 永历 | 1160—1161 | 兵乱 |
| | | 应保 | 1161—1163 | 疫病 |
| | | 长宽 | 1163—1165 | 疫病 |
| | | 永万 | 1165—1166 | 天皇病患 |
| 79 | 六条 | 仁安 | 1166—1169 | 即位 |
| 80 | 高仓 | 嘉应 | 1169—1171 | 即位 |
| | | 承安 | 1171—1175 | 天象异变 |
| | | 安元 | 1175—1177 | 疫病 |
| | | 治承 | 1177—1181 | 灾害 |
| 81 | 安德 | 养和 | 1181—1182 | 即位 |
| | | 寿永 | 1182—1184 | 疫病 |
| 镰仓时代 | | | | |
| 82 | 后鸟羽 | 元历 | 1184—1185 | 即位 |
| | | 文治 | 1185—1190 | 灾害、兵乱 |

| 年号出典 | | | | | |
|---|---|---|---|---|---|
| 未详 | | | | | |
| 未详 | | | | | |
| 《易经》 | | | | | |
| 《河图挺佐辅》 | | | | | |
| 《汉书》 | | | | | |
| 《史记》 | | | | | |
| 《文选》 | | | | | |
| 《晋书》 | 《魏文典论》 | | | | |
| 《宋书》 | | | | | |
| 《后汉书》 | | | | | |
| 《晋书》 | | | | | |
| 《后汉书》 | | | | | |
| 《抱朴子》 | 《隋书》 | | | | |
| 《颜氏家训》 | | | | | |
| 《史记》 | | | | | |
| 《后汉书》 | | | | | |
| 《尚书》 | | | | | |
| 《维城典训》 | | | | | |
| 《汉书》 | | | | | |
| 《毛诗正义》 | | | | | |
| 《汉书》 | | | | | |
| 《尚书》 | | | | | |
| 《汉书》 | | | | | |
| 《河图挺作辅》 | | | | | |
| 《后汉书》 | | | | | |
| 《毛诗》 | | | | | |
| 镰仓时代 | | | | | |
| 《尚书》 | | | | | |
| 《礼记》 | | | | | |

| 天皇代数 | 在位天皇 | 年号 | 历时 | 改元原因 |
|---|---|---|---|---|
| 82 | 后鸟羽 | 建久 | 1190—1199 | 灾害 |
| 83 | 土御门 | 正治 | 1199—1201 | 即位 |
| | | 建仁 | 1201—1204 | 辛酉革命 |
| | | 元久 | 1204—1206 | 甲子革命 |
| | | 建永 | 1206—1207 | 天皇病患 |
| | | 承元 | 1207—1211 | 疫病、天灾 |
| 84、85 | 顺德（仲恭） | 建历 | 1211—1213 | 即位 |
| | | 建保 | 1213—1219 | 天象异变 |
| | | 承久 | 1219—1222 | 天象异变 |
| 86 | 后堀河 | 贞应 | 1222—1224 | 即位 |
| | | 元仁 | 1224—1225 | 天象异变 |
| | | 嘉禄 | 1225—1227 | 疫病 |
| | | 安贞 | 1227—1229 | 疫病 |
| | | 宽喜 | 1229—1232 | 天象异变 |
| | | 贞永 | 1232—1233 | 饥馑 |
| 87 | 四条 | 天福 | 1233—1234 | 即位 |
| | | 文历 | 1234—1235 | 天象异变 |
| | | 嘉祯 | 1235—1238 | 天象异变 |
| | | 历仁 | 1238—1239 | 天象异变 |
| | | 延应 | 1239—1240 | 天象异变 |
| | | 仁治 | 1240—1243 | 天象异变 |
| 88 | 后嵯峨 | 宽元 | 1243—1247 | 即位 |
| 89 | 后深草 | 宝治 | 1247—1249 | 即位 |
| | | 建长 | 1249—1256 | 天象异变 |
| | | 康元 | 1256—1257 | 疫病 |
| | | 正嘉 | 1257—1259 | 灾害 |
| | | 正元 | 1259—1260 | 疫病、饥馑 |
| 90 | 龟山 | 文应 | 1260—1261 | 即位 |
| | | 弘长 | 1261—1264 | 辛酉革命 |

| 年号出典 | | | | | |
|---|---|---|---|---|---|
| 《晋书》 | 《吴志》 | | | | |
| 《庄子》 | | | | | |
| 《文选》 | | | | | |
| 《毛诗正义》 | | | | | |
| 《文选》 | | | | | |
| 《通典》 | | | | | |
| 《后汉书》 | 《宋书》 | | | | |
| 《尚书》 | | | | | |
| 《诗经》 | | | | | |
| 《周易》 | | | | | |
| 《周易》 | | | | | |
| 《博物志》 | | | | | |
| 《周易》 | | | | | |
| 《后魏书》 | | | | | |
| 《周易注疏》 | | | | | |
| 《尚书》 | | | | | |
| 《唐书》 | 《文选》 | | | | |
| 《北齐书》 | | | | | |
| 《隋书》 | | | | | |
| 《文选》 | | | | | |
| 《书仪》 | | | | | |
| 《宋书》 | | | | | |
| 《春秋繁露》 | | | | | |
| 《后汉书》 | | | | | |
| 不详 | | | | | |
| 《艺文类聚》 | | | | | |
| 《毛诗》 | | | | | |
| 《晋书》 | | | | | |
| 《贞观政要》 | | | | | |

| 天皇代数 | 在位天皇 | 年号 | 历时 | 改元原因 |
|---|---|---|---|---|
| 90 | 龟山 | 文永 | 1264—1275 | 甲子革命 |
| 91 | 后宇多 | 建治 | 1275—1278 | 即位 |
| | | 弘安 | 1278—1288 | 疫病 |
| 92 | 伏见 | 正应 | 1288—1293 | 即位 |
| | | 永仁 | 1293—1299 | 天象异变 |
| 93 | 后伏见 | 正安 | 1299—1302 | 即位 |
| 94 | 后二条 | 干元 | 1302—1303 | 即位 |
| | | 嘉元 | 1303—1306 | 天象异变 |
| | | 德治 | 1306—1308 | 天象异变 |
| 95 | 花园 | 延庆 | 1308—1311 | 即位 |
| | | 应长 | 1311—1312 | 疫病 |
| | | 正和 | 1312—1317 | 天象异变 |
| | | 文保 | 1317—1319 | 灾害 |
| 96 | 后醍醐 | 元应 | 1319—1321 | 即位 |
| | | 元亨 | 1321—1324 | 辛酉革命 |
| | | 正中 | 1234—1326 | 甲子革命 |
| | | 嘉历 | 1326—1329 | 疫病 |
| | | 元德 | 1329—1331 | 疫病 |
| | | 元弘 | 1331—1334 | 兵乱 |
| 南北朝 / 室町时代 | | | | |
| | | （北 朝） | | |
| 北一 | 光严 | 正庆 | 1332—1333 | 即位 |
| | | 建武 | 1334—1338 | 不详 |
| 北二 | 光明 | 历应 | 1338—1342 | 即位 |
| | | 康永 | 1342—1345 | 不详 |
| | | 贞和 | 1345—1350 | 疫病、灾害 |
| 北三 | 崇光 | 观应 | 1350—1352 | 即位 |
| 北四 | 后光严 | 文和 | 1352—1356 | 即位 |
| | | 延文 | 1356—1361 | 兵乱 |

| 年号出典 | | | | | |
|---|---|---|---|---|---|
| 不详 | | | | | |
| 《周礼》 | | | | | |
| 《太宗实录》 | | | | | |
| 《诗经》 | | | | | |
| 《晋书》 | | | | | |
| 《孔子家语》 | | | | | |
| 《周易》 | | | | | |
| 《艺文类聚》 | | | | | |
| 《尚书》 | 《后魏书》 | | | | |
| 《后汉书》 | | | | | |
| 《旧唐书》 | | | | | |
| 不详 | | | | | |
| 《梁书》 | | | | | |
| 《唐书》 | | | | | |
| 《周易》 | | | | | |
| 《易经》 | | | | | |
| 《唐书》 | | | | | |
| 《周易》 | | | | | |
| 不详 | | | | | |
| 南北朝 / 室町时代 | | | | | |
| | | | | （南 朝） | |
| 《易经》 | | | | | |
| 不详 | | 96（南一） | 后醍醐 | 建武 | 1334—1336 |
| 《帝王世纪》 | | | | 延元 | 1336—1340 |
| 《汉书》 | | | | 兴国 | 1340—1346 |
| 《艺文类聚》 | | | | | |
| 《庄子》 | | 97（南二） | 后村上 | 正平 | 1346—1370 |
| 《吴志》 | | | | | |
| 《汉书》 | | | | | |

| 天皇代数 | 在位天皇 | 年号 | 历时 | 改元原因 |
| --- | --- | --- | --- | --- |
| 北四 | 后光严 | 康安 | 1361—1362 | 疫病 |
| | | 贞治 | 1362—1368 | 灾害、兵乱 |
| | | 应安 | 1368—1375 | 疫病、天象异变 |
| 北五 | 后圆融 | 永和 | 1375—1379 | 即位 |
| | | 康历 | 1379—1381 | 疫病、兵乱 |
| | | 永德 | 1381—1384 | 辛酉革命 |
| 100 | 后小松 | 至德 | 1384—1387 | 甲子革命 |
| | | 嘉庆 | 1387—1389 | 疫病 |
| | | 康应 | 1389—1390 | 天皇病患 |
| | | 明德 | 1392—1394 | 天象异变、兵乱 |
| 室町时代 | | | | |
| 100—101 | 后小松、称光 | 应永 | 1394—1428 | 疫病 |
| 101 | 称光 | 正长 | 1428—1429 | 即位 |
| 102 | 后花园 | 永享 | 1429—1441 | 即位 |
| | | 嘉吉 | 1441—1444 | 辛酉革命 |
| | | 文安 | 1444—1449 | 甲子革命 |
| | | 宝德 | 1449—1452 | 疫病、天象异变 |
| | | 享德 | 1452—1455 | 疫病 |
| | | 康正 | 1455—1457 | 兵乱 |
| | | 长禄 | 1457—1460 | 天皇病患、灾害 |
| | | 宽正 | 1460—1466 | 饥馑 |
| 103 | 后土御门 | 文正 | 1466—1467 | 即位 |
| | | 应仁 | 1467—1469 | 兵乱 |
| | | 文明 | 1469—1487 | 兵乱 |
| | | 长享 | 1487—1489 | 兵乱、疫病 |
| | | 延德 | 1489—1492 | 天象异变、疫病 |
| | | 明应 | 1492—1501 | 天象异变、疫病 |
| 104 | 后柏原 | 文龟 | 1501—1504 | 辛酉革命 |
| | | 永正 | 1504—1521 | 甲子革命 |

| 年号出典 | | | | | |
|---|---|---|---|---|---|
| 《史记》 | | | | | |
| 《周易》 | | | | 建德 | 1370—1372 |
| 《毛诗正义》 | | | | 文中 | 1372—1375 |
| 《尚书》 | 《艺文类聚》 | 98（南三） | 长庆 | | |
| 《唐书》 | | | | 天授 | 1375—1381 |
| 不详 | | | | 弘和 | 1381—1384 |
| 《孝经》 | | | | | |
| 《毛诗正义》 | | 99（南四） | 后龟山 | 元中 | 1384—1392 |
| 《文选》 | | | | | |
| 《礼记》 | | | | | |
| 室町时代 | | | | | |
| 《会要》 | | | | | |
| 《礼记正义》 | | | | | |
| 《后汉书》 | | | | | |
| 《周易》 | | | | | |
| 《晋书》 | 《尚书》 | | | | |
| 《旧唐书》 | | | | | |
| 《尚书》 | | | | | |
| 《史记》 | | | | | |
| 《韩非子》 | | | | | |
| 《孔子家语》 | | | | | |
| 《荀子》 | | | | | |
| 《维城典训》 | | | | | |
| 《周易》 | | | | | |
| 《春秋左传》 | 《后汉书》 | | | | |
| 《孟子》 | | | | | |
| 《文选》 | 《周易》 | | | | |
| 《尔雅》 | | | | | |
| 《周易纬》 | | | | | |

| 天皇代数 | 在位天皇 | 年号 | 历时 | 改元原因 |
|---|---|---|---|---|
| 104 | 后柏原 | 大永 | 1521—1528 | 兵乱、天象异变 |
| 105 | 后奈良 | 享禄 | 1528—1532 | 即位 |
| | | 天文 | 1532—1555 | 兵乱 |
| | | 弘治 | 1555—1558 | 兵乱 |
| 106 | 正亲町 | 永禄 | 1558—1570 | 即位 |
| | | 元龟 | 1570—1573 | 兵乱 |
| | | 天正 | 1573—1592 | 兵乱 |
| 107 | 后阳成 | 文禄 | 1592—1596 | 即位 |
| | | 庆长 | 1596—1615 | 天象异变 |
| 江户时代 | | | | |
| 108 | 后水尾 | 元和 | 1615—1624 | 即位 |
| 108—109 | 后水尾、明正 | 宽永 | 1624—1644 | 甲子革命 |
| 110 | 后光明 | 正保 | 1644—1648 | 即位 |
| | | 庆安 | 1648—1652 | 天皇病患 |
| | | 承应 | 1652—1655 | 将军更替 |
| 111 | 后西 | 明历 | 1655—1658 | 即位 |
| | | 万治 | 1658—1661 | 灾害 |
| | | 宽文 | 1661—1673 | 灾害 |
| 112 | 灵元 | 延宝 | 1673—1681 | 即位 |
| | | 天和 | 1681—1684 | 辛酉革命 |
| | | 贞享 | 1684—1688 | 甲子革命 |
| 113 | 东山 | 元禄 | 1688—1704 | 即位 |
| | | 宝永 | 1704—1711 | 灾害 |
| 114 | 中御门 | 正德 | 1711—1716 | 即位 |
| | | 享保 | 1716—1736 | 天象异变 |
| 115 | 樱町 | 元文 | 1736—1741 | 即位 |
| | | 宽保 | 1741—1744 | 辛酉革命 |
| | | 延享 | 1744—1748 | 甲子革命 |
| 116 | 桃园 | 宽延 | 1748—1751 | 即位 |

| 年号出典 | | | | | |
|---|---|---|---|---|---|
| 《杜氏通典》 | | | | | |
| 《周易》 | | | | | |
| 《易经》 | | | | | |
| 《北齐书》 | | | | | |
| 《群书治要》 | | | | | |
| 《毛诗》 | | | | | |
| 《文选》 | | | | | |
| 《杜氏通典》 | | | | | |
| 《毛诗》 | | | | | |
| 江户时代 | | | | | |
| 不详 | | | | | |
| 《毛诗朱氏注》 | | | | | |
| 《尚书正义》 | | | | | |
| 《周易》 | | | | | |
| 《周易》 | | | | | |
| 《汉书》 | | | | | |
| 《史记》 | | | | | |
| 《荀子》 | | | | | |
| 《隋书》 | | | | | |
| 《尚书》 | 《后汉书》 | | | | |
| 《周易》 | | | | | |
| 《宋史》 | | | | | |
| 《旧唐书》 | | | | | |
| 《尚书正义》 | | | | | |
| 《后汉书》 | | | | | |
| 《文选》 | | | | | |
| 《国语》 | | | | | |
| 《艺文类聚》 | | | | | |
| 《文选》 | | | | | |

| 天皇代数 | 在位天皇 | 年号 | 历时 | 改元原因 |
| --- | --- | --- | --- | --- |
| 116 | 桃园 | 宝历 | 1751—1764 | 天象异变 |
| 117—118 | 后樱町、后桃园 | 明和 | 1764—1772 | 即位 |
| 118—119 | 后桃园、光格 | 安永 | 1772—1781 | 灾害 |
| 119 | 光格 | 天明 | 1781—1789 | 不详 |
| | | 宽政 | 1789—1801 | 灾害 |
| | | 享和 | 1801—1804 | 辛酉革命 |
| | | 文化 | 1804—1818 | 甲子革命 |
| 120 | 仁孝 | 文政 | 1818—1830 | 即位 |
| | | 天保 | 1830—1844 | 灾害 |
| | | 弘化 | 1844—1848 | 灾害 |
| 121 | 孝明 | 嘉永 | 1848—1854 | 即位 |
| | | 安政 | 1854—1860 | 灾害 |
| | | 万延 | 1860—1861 | 不详 |
| | | 文久 | 1861—1864 | 辛酉革命 |
| | | 元治 | 1864—1865 | 甲子革命 |
| | | 庆应 | 1865—1868 | 兵乱、灾害 |
| 现代 | | | | |
| 122 | 明治 | 明治 | 1868—1912 | 即位 |
| 123 | 大正 | 大正 | 1912—1926 | 即位 |
| 124 | 昭和 | 昭和 | 1926—1989 | 即位 |
| 125 | 平成 | 平成 | 1989—2019 | 即位 |

| 年号出典 | | | | | |
|---|---|---|---|---|---|
| 《贞观政要》 | | | | | |
| 《尚书》 | | | | | |
| 《文选》 | | | | | |
| 《尚书》 | | | | | |
| 《春秋左传》 | | | | | |
| 《文选》 | | | | | |
| 《周易》 | | | | | |
| 《尚书》 | | | | | |
| 《尚书》 | | | | | |
| 《书经》 | 《晋书》 | | | | |
| 《宋书》 | | | | | |
| 《群书治要》 | | | | | |
| 《后汉书》 | | | | | |
| 《后汉书》 | | | | | |
| 《周易》 | | | | | |
| 《文选》 | | | | | |
| 现代 | | | | | |
| 《周易》 | 《孔子家语》 | | | | |
| 《易经》 | | | | | |
| 《书经》 | | | | | |
| 《史记》 | 《书经》 | | | | |

# 新、旧《皇室典范》

## 著者志

一、第一项的旧《皇室典范》现在已为历史资料，与第二项的新《皇室典范》无关。

二、第二项的新《皇室典范》及第三项的《平成天皇退位特别法》为日本现行法律之一，官方版本并没有中文翻译。本翻译仅为方便本书读者阅读和参考，一切条文解释以日本官方的日本语原文为准。

我日本帝国享有天佑，宝祚万世一系，历代继承。以至朕（注：明治天皇）躬，惟祖宗肇国之初，大宪定一，昭如日星，如今之时，宜当明彻遗训，制立皇家成典，以永远巩固丕基。兹经咨询枢密顾问，裁定皇室典范，为朕之后嗣及子孙所遵守。

明治二十二年二月十一日

# 旧《皇室典范》

## 第一章　皇位继承

第一条　大日本国以祖宗之皇统，由男系男子继承之。

第二条　皇位传于皇长子。

第三条　皇长子不在时，（皇位）传于皇长孙。皇长子及其子皆不在时，传于皇次子及其子孙，以下皆以之为例。

第四条　皇子孙继承皇位，以嫡出为先，皇庶子孙继承皇位，皆限皇嫡子孙不在之时。

第五条　皇子孙皆不在时，（皇位）传于皇兄弟及其子孙。

第六条　皇兄弟及其子孙皆不在时，（皇位）传于皇伯叔父及其子孙。

第七条　皇伯叔父及其子孙皆不在时，（皇位）传于其以上最近亲之皇族。

第八条　皇兄弟以上，于同等之内，以嫡为先，庶为后，长为先，幼为后。

第九条　若皇嗣有精神、身体不治之重患，又或者有重大之事故时，咨询皇族会议及枢密顾问，可依前诸条，更换继承顺序。

## 第二章　践祚即位

第十条　天皇驾崩之时，皇嗣随即践祚，承祖宗之神器。

第十一条　即位之礼及大尝祭于京都进行。

第十二条　践祚后，建元号。一世之间，不再改之，遵从明治元年之定制。

## 第三章　成年后立太子

第十三条　天皇及皇太子、皇太孙以年满十八岁为成年。

第十四条　前条以外，其他皇族则以二十岁为成年。

第十五条　以储嗣之皇子为皇太子，皇太子不在时，以储嗣之皇孙为皇太孙。

第十六条　册立皇后、皇太子、皇太孙时，以诏书公布之。

## 第四章　敬称

第十七条　天皇、太皇太后、皇太后、皇后之敬称为“陛下”。

第十八条　皇太子、皇太子妃、皇太孙、皇太孙妃、亲王、亲王妃、内亲王、王、王妃、女王之敬称为“殿下”。

## 第五章　摄政

第十九条　天皇未达成年之时，置“摄政”。天皇因恒久之故障，不能亲大政时，经皇族会议及枢密顾问之议而置“摄政”。

第二十条　“摄政”由到达成年之皇太子，或皇太孙任之。

第二十一条　皇太子、皇太孙不在，或未达成年之时，依下列顺序委任“摄政”。

第一，亲王及王；

第二，皇后；

第三，皇太后；

第四，太皇太后；

**第五，内亲王及女王。**

第二十二条　皇族男子将遵从皇位继承之顺序，担任“摄政”，其女子亦以之为准。

第二十三条　只限未有配偶之皇族女子担任“摄政”。

第二十四条　最近亲之皇族未达成年，或因其他事故，需由其他皇族担任“摄政”时，即使后来最近亲之皇族到达成年，或其事故已解决，除皇太子、皇太孙外，不让他人担任“摄政”之位。

第二十五条　若“摄政”或将任“摄政”者身体有重患，或有重大事故之时，经皇族会议及枢密顾问之议，可更换其顺序。

## 第六章　太傅

第二十六条　天皇未达成年之时，置太傅，掌管天皇保育。

第二十七条　以先帝遗命担任太傅时，需由摄政咨询皇族会议及枢密顾问后，再行选任。

第二十八条　摄政及其子孙不可担任太傅。

第二十九条　摄政未经咨询皇族会议及枢密顾问，不可辞退太傅。

## 第七章　皇族

第三十条　“皇族”乃指太皇太后、皇太后、皇后、皇太子、皇太子妃、皇太孙、皇太孙妃、亲王、亲王妃、内亲王、王、王妃、女王。

第三十一条　由皇子至皇玄孙，男为“亲王”，女为“内亲王”，五世以后，男为“王”，女为“女王”。

第三十二条　由天皇支系继承大统时，（其）皇兄弟姊妹中之

“王”“女王”将获特别宣赐“亲王”“内亲王”。

第三十三条　皇族之诞生、命令、婚嫁、薨去皆由宫内大臣公告。

第三十四条　《皇统谱》及关于前面诸条的记录皆藏于图书寮。

第三十五条　皇族由天皇监督。

第三十六条　摄政在任之时，摄行前面诸条之事。

第三十七条　皇族男女幼年丧父者，将任命宫内省官僚掌管保育。依事宜，天皇或认可其皇族父母选定之监护人，或以敕命选之。

第三十八条　皇族之监护人只限成年以上之皇族。

第三十九条　皇族婚嫁（的对象）只限同族，或天皇敕旨特准之华族。

第四十条　皇族婚嫁需敕旨批准。

第四十一条　天皇准许皇族婚嫁之敕书，需由宫内大臣副署。

第四十二条　皇族不得收纳养子。

第四十三条　皇族欲出国旅行时，需请敕旨批准。

第四十四条　下嫁臣籍者之皇族女子将不再在皇族之列，但依特旨，其人仍可获称为“内亲王”“女王”。

## 第八章　世传御料（财产）

第四十五条　不得分割、让与已经定为世传御料之土地物件。

第四十六条　已编为世传御料之土地物件，咨询枢密顾问后，以敕书定之，再由宫内大臣公告。

## 第九章　皇室经费

第四十七条　皇室诸般经费特定常额，由国库支出。

第四十八条　皇室经费之预算检查及其他规则，依《皇室会计法》所定。

## 第十章　皇族诉讼及惩戒

第四十九条　皇族相互之民事诉讼将依天皇敕旨，命裁判员于宫内省内裁判。经天皇敕裁后，执行之。

第五十条　人民对皇族行民事诉讼，将于东京控诉院（注：法院）裁决。但皇族当以代理人出席裁判，无须亲自出庭。

第五十一条　未得天皇敕准，不可逮捕或传召皇族到法庭。

第五十二条　皇族犯下有辱其身份之行为，或对皇室缺乏忠顺时，天皇当以敕旨惩戒，若有重罪者，其部分或全部皇族特权将遭剥夺。

第五十三条　皇族犯有倾家荡产之行为时，天皇以敕旨宣告禁止其人管治资产，改任他人为管理者。

第五十四条　以上诸条咨询皇族会议后，再由天皇敕裁。

## 第十一章　皇族会议

第五十五条　皇族会议由成年以上的男性皇族组成，内大臣、枢密院议长、宫内大臣、司法大臣、大审院长参列其中。

第五十六条　天皇当亲临皇族会议，或任命一名皇族成员为议长。

## 第十二章　补则

第五十七条　现在（注：明治二十二年）之皇族五世以下，获宣赐“亲王”称号者，仍如旧制。

第五十八条　皇族继承之顺序全依真实血缘，现时之皇养子、皇义子，或者其他继嗣不可以故混乱之。

第五十九条　废除亲王、内亲王、王、女王之品位。

第六十条　废除所有亲王家格及其他抵触此典范之规例。

第六十一条　皇族之财产岁费及诸规则，将另而定之。

第六十二条　当将来有必要改正或增补此典范条项时，需咨询皇族会议及枢密顾问后，再由天皇敕定。

## 附一：旧《皇室典范》增补（明治四十年二月十一日）

第一条　依天皇敕旨或情况，（皇族中的）王家可获赐家名，配列华族。

第二条　依天皇敕旨或情况，（皇族中的）王家可指名华族的当家为继承人，或以继承当家之位为目的，成为华族养子。

第三条　依前两条，降为臣籍之“王家”，其妻直系、卑属及其妻当从其分，但嫁入其他皇族之女子及其直系卑属，则不在此例。

第四条　已遭剥夺特权之皇族，可经敕旨降为臣籍。

第五条　于第一条、第二条及第四条之情况，需咨询皇族会议及枢密顾问。

第六条　皇族降为臣籍后，不可复为皇族。

第七条　关于皇族之身份及其他权益之规程，将于此典范之外，另作定规。又，牵涉皇族与人民之间的事项，遇有异于现行相关法规之情况时，将依前项之规程处理。

第八条　法律命令中适用于皇族之规定，只限此典范或以此典范为基础所发布之规则里并无特别规定时，方能适用。

## 附二：旧《皇室典范》增补（大正七年十一月二十八日）

补：皇族女子可下嫁王族或公族。

## 新《皇室典范》

### 第一章　皇位继承

第一条　皇位由归属皇统之男系男子继承。

第二条　皇位依照下列顺序，在皇族中传承。

一、皇长子；

二、皇长孙；

三、其他皇长子之子孙；

四、皇次子及其子孙；

五、其他皇子孙；

六、皇兄弟及其子孙；

七、皇伯叔父及其子孙。

前项各皇族皆不在时，皇位由以上各人里持有最近亲血统的皇族继承。在前述两项的情况下，以长子家系为先，同等兄弟以长为先。

第三条　若皇嗣有精神、身体不治之重患，又或者有重大之事故时，可由皇室会议按前述所定顺序，改变皇位继承的顺序。

第四条　天皇死去时，皇嗣立即继位。

### 第二章　皇族

第五条　“皇族”乃指皇后、太皇太后、皇太后、亲王、亲王妃、内亲王、王、王妃、女王。

第六条　嫡出皇子及嫡男系之皇嫡孙，男为“亲王”，女为“内亲王”。三世以下的嫡系子孙，男为“王”，女为“女王”。

第七条　（前条的）王继承皇位时，其（皇室身份为）王的兄弟姊妹可特封为亲王及内亲王。

第八条　获定为皇嗣之皇子为“皇太子”，皇太子不在时，获定为皇嗣之皇孙为皇太孙。

第九条　天皇及皇族皆不可收纳养子。

第十条　天皇立后及皇族男子的婚姻，需经过皇室会议审议。

第十一条　年满十五岁以上的内亲王、王及女王，可按其意愿，经皇室会议审议，脱离皇族身份。

除了前述情况外，（皇太子及皇太孙以外的）亲王、内亲王、王及女王遇上特别事故时，经皇室会议审议后，可以脱离皇族身份。

第十二条　皇族女子与天皇及皇族以外的人士结婚时，即脱离皇族身份。

第十三条　除了与其他皇族结婚之女子及其直系卑属外，脱离皇族身份的亲王、亲王妃及其直系卑属将同时脱离皇族身份。但是，经皇室会议审议，直系卑属及其妃可免除脱离皇室身份。

第十四条　（1）皇族以外的女子兼曾经身为亲王妃或王妃的女子丧夫后，可按其意愿，脱离皇族身份。（2）前项的亲王妃或王妃于丧夫之时，又或者在同项所述情况之外，遇有特别情况因由时，经皇室会议审议后，其人可以脱离皇族身份。

第一项情况的亲王妃或王妃于离婚后脱离皇族身份。

第十三条中，与其他皇族结婚的女子可适用于第一项及第二项的规定。

第十五条 除了女儿成为皇后，或与皇族男子结婚外，皇族以外之人及其子孙皆不会成为皇族。

## 第三章 摄政

第十六条 （1）天皇未达成年之时，置“摄政”。（2）天皇若因精神或身体的重大病患，不能亲自参与国事时，皇室会议经审议后，设置“摄政”。

第十七条 “摄政”将依下列顺序，并由成年皇族担任。

第一，皇太子或皇太孙；

第二，亲王及王；

第三，皇后；

第四，皇太后；

第五，太皇太后；

第六，内亲王及女王。

前项第二种情况，依照皇位继承的顺序，第六种情况则准据皇位，继承的顺序来安排。

第十八条 摄政与按顺序成为摄政之人，其精神或身体得重大病患，又或者有重大事故时，经皇室会议审议，并按前一条的顺序，摄政的担任顺序可以改变。

第十九条 摄政与按顺序成为摄政之人因未达成年，又或者出现前条所谓的事故，由其他的皇族代为摄政，即使原本的顺位者已达成年，或事故已经解决，除非其人为皇太子或皇太孙，否则时任摄政之人无须让出摄政之位。

第二十条 第十六条第二项里提到的天皇重大病患、问题消除后，经皇室会议审议后，废除摄政。

第二十一条　摄政在任期间可免除被提告，但不能因此而侵害他人的提告权。

## 第四章　成年、敬称、即位之礼、大丧之礼、皇统谱及陵墓

第二十二条　天皇、皇太子及皇太孙的成人年龄为十八岁。

第二十三条　天皇、皇后、太皇太后及皇太后敬称为“陛下”。其余以外的皇族敬称为“殿下”。

第二十四条　继承皇位后，随即举行即位之礼。

第二十五条　天皇死去后，随即举行大丧之礼。

第二十六条　天皇及皇族身份的相关事项，皆登录到《皇统谱》中。

第二十七条　天皇、皇后、太皇太后及皇太后下葬之地为“陵”，其他皇族的下葬地为“墓”。“陵”“墓”的相关事项，将登录在《陵籍》及《墓籍》中。

## 第五章　皇室会议

第二十八条　（1）皇室会议由十名议员组成。（2）议员由两名皇族、众议院议长、参议院议长及副议长、内阁总理大臣、宫内厅长官、最高裁判所裁判官长及一名裁判官组成。（3）位列议员的皇族及最高裁判所裁判官长以外的裁判官需各自通过成年皇族最高裁判所裁判官长以外的裁判官互选产生。

第二十九条　由内阁总理大臣兼任皇室会议的议长。

第三十条　（1）皇室会议设置十名后备议员。（2）位列后备议员的皇族及最高裁判所裁判官长以外的裁判官须按第二十八条第三项的规定选出。（3）众议院议长、参议院议长及副议长的后

备议员需由参、众两院的议员互选产生。（4）前两项的后备议员人数与正议员相同，行使职务的顺序将于互选时决定。（5）内阁总理大臣的后备议员需按内阁法的规定，由获指定为署任内阁总理大臣职务的国务大臣担当。（6）宫内厅长官的后备议员需由内阁总理大臣指定的宫内厅职员担任。（7）各议员遇有事故时，或出现缺员时，由其后备议员充当职务。

第三十一条　第二十八条及第三十条中，担任皇室会议的众议院议长、副议长或议员在众议院解散后，直至确定后任者为止，将由解散前的众议院议长、副议长或议员继续担任。

第三十二条　担任皇室会议议员的皇族及最高裁判所裁判官长以外的裁判官，以及其后备议员的任期为四年。

第三十三条　（1）由议长召开皇室会议。（2）本典范的第三条、第十六条第二项、第十八条及第二十条的情况发生时，并且有四名以上的皇室会议议员提出要求下，必须召开皇室会议。

第三十四条　皇室会议内，如有六名以上的议员缺席，不可展开议事及决议。

第三十五条　（1）皇室会议的议事在本典范的第三条、第十六条第二项、第十八条及第二十条的情况发生时，需要三分之二以上的出席议员通过决定，其他情况则需要有过半数议员支持决定，方能通过。（2）于前项后半段的情况里，遇到正反双方同数时，由议长决定。

第三十六条　议员不可参加与自身利弊有特别相关的议事。

第三十七条　皇室会议基于此典范及其他法律赋予的权限而举行。

## 附则

一、此法律于日本国宪法实行当日（一九四七年五月三日）开始实施。

二、现时的皇族乃基于此典范获确认为皇族，第六条规定的情况，则由嫡系嫡出男子担任。

三、现时的皇室陵、墓按第二十七条定义。

## 附：平成天皇退位特例法本文内容

法律第六十三号［平成二十九（二〇一七）年六月十六日］

## 《关于天皇退位等皇室典范特例法》

第一条　此法律乃因（平成）天皇陛下自昭和六十四年一月七日即位以来，超过二十八年间，在长期努力从事国事行为、到全国各地进行访问、探访受灾地等各种象征性公务活动之中，迎来八十三岁之高龄。我们深感天皇在今后，将越来越难以继续以上的诸公务活动，国民亦深深敬爱已达高龄，仍然努力进行以上诸公务的天皇陛下，十分理解和体会天皇陛下的感受。加上鉴于现时身为皇储，现年五十七岁的皇太子殿下长期致力于为天皇陛下代行诸国事行为的公务，现以《皇室典范》（昭和二十二年法律第三号）第四条规定的特例方式，实现天皇陛下的退位和皇嗣即位，以及对天皇陛下退位后的地位、其他因退位而来的诸必要事项做出规定。

第二条　天皇于此法律施行日起退位，皇嗣（皇太子浩宫德仁）实时即位。

第三条　（1）按前一条的规定，退位后的（平成）天皇称为“上皇”。（2）上皇的敬称为“陛下”。（3）上皇的相关身份事项的登录、葬礼及陵墓事宜以天皇之例为准。（4）除了前述两项中规定的事项外，关于上皇于新《皇室典范》（第二条、第二十八条第二项及第三项、第三十条第二项除外）的事项，将以皇族之例为准。

第四条　（1）上皇之后为“上皇后”。（2）关于上皇后于新《皇室典范》所定事项，将以皇太后之例为准。

第五条　按照第二条规定，伴随是次皇位继承而成为皇嗣的皇族（秋篠宫文仁亲王），于新《皇室典范》里所定事项，将以皇太子之例为准。

# 主要参考文献

[1] 历史学研究会,《日本史史料一～五》，岩波书店，1997—2005年。

[2]《神皇正统记》，岩波文库，2013年。

[3]《日本思想大系1古事记》，岩波书店，1982年。

[4]《新订增补国史大系　日本书纪》，吉川弘文馆，1986年。

[5]《新订增补国史大系　续日本纪》，吉川弘文馆，1972年。

[6]《新订增补国史大系　日本三代实录一～二》，吉川弘文馆，1974年。

[7]《古事类苑14帝王部》，吉川弘文馆，1967年。

[8]《孝明天皇实录一～三》,ゆまに书房，2006—2019年。

[9]《明治天皇纪一～三》，吉川弘文馆，1968年。

[10]《天皇的历史一～十》，讲谈社，2005年。

[11]《昭和天皇实录一～十九》，宫内厅，2015—2019年。

[12]《后村上天皇实录　长庆天皇实录　后龟山天皇实录》,ゆまに书房，2009年。

[13]《后醍醐天皇实录一～二》,ゆまに书房，2009年。

[14]《后圆融天皇实录》,ゆまに书房，2009年。

[15]《后小松天皇实录一～二》,ゆまに书房，2009年。

[16]《神武天皇实录　绥靖天皇实录　安宁天皇实录　懿德天皇实录　孝昭天皇实录　孝安天皇实录　孝灵天皇实录　孝元天皇实录　开化天皇实录　崇神天皇实录　垂仁天皇实录》,ゆまに书房，2008年。

[17]《用明天皇实录—弘文天皇实录》,ゆまに书房，2008年。

[18]《天武天皇实录》,ゆまに书房，2008年。

[19]《后白河天皇实录一～三》,ゆまに书房，2008年。

[20]《后鸟羽天皇实录一～四》,ゆまに书房，2008年。

[21]《白河天皇实录一～三》,ゆまに书房，2007年。

[22]《鸟羽天皇实录一～三》,ゆまに书房，2007年。

[23]《桓武天皇实录》,ゆまに书房，2007年。

[24]《光格天皇实录》,ゆまに书房，2006年。

[25]《灵元天皇实录一～三》,ゆまに书房，2006年。

[26]《后水尾天皇实录一～三》,ゆまに书房，2005年。

[27]《正亲町天皇实录一～二》,ゆまに书房，2005年。

[28]《后阳成天皇实录一～二》,ゆまに书房，2005年。